Detlef Wahl

Handbuch der privaten Kapitalanlage

BANKPraxiswissen

DG VERLAG

2. Auflage, Stand November 2017

Autor: Detlef Wahl, Wirtschaftsmathematiker und langjähriger Dozent im Kreditgewerbe sowie der Dualen Hochschule Heidenheim mit den Schwerpunkten Finanzmathematik, Volkswirtschaftslehre, Geldanlage und Steuern.

Foto: MEV-Verlag, Germany

Herstellung: SDV Direct Word GmbH, Dresden

Art.-Nr. 947 011 DG VERLAG
ISBN 978-3-87151-217-9

Handbuch der privaten Kapitalanlage

■ Inhalt

1 Volkswirtschaftliche Rahmenbedingungen ... 7
1.1 Wie Geld entsteht ... 7
1.2 Der Preis des Geldes: der Zins ... 10
1.3 Geldmengensteuerung (geldpolitische Instrumente) ... 11
1.4 Konjunktur und Geldmenge ... 19
1.5 Konjunkturprognoseinstrument Renditestrukturkurve ... 23
1.6 Ein praktisches Beispiel oder: Nach dem Crash ist vor dem Crash ... 26
2 Anlagestrategische Rahmenbedingungen ... 29
2.1 Warum Vermögen bilden ... 29
2.2 Basisanforderungen an eine Geldanlage ... 31
2.3 Anlagerisiko ... 34
3 Rechtliche Rahmenbedingungen ... 39
3.1 Wertpapierhandelsgesetz ... 39
3.2 Prospekthaftung ... 43
3.3 Allgemeine Geschäftsbedingungen ... 43
3.4 Bankgeheimnis ... 44
3.5 Erbschaftsangelegenheiten ... 45
3.6 Geldwäschegesetz ... 45
3.7 Automatisierter Abruf nach §24c KWG ... 46
4 Verzinsliche Wertpapiere ... 47
4.1 Wesen ... 47
4.2 Rentenhandel und Rentenerwerb ... 53
4.3 Ertrag verzinslicher Wertpapiere ... 55
4.4 Risiko verzinslicher Wertpapiere ... 67
5 Unternehmensbeteiligung Aktie ... 77
5.1 Wesen ... 77
5.2 Aktionärsrechte ... 81
5.3 Aktienhandel und Aktienmärkte ... 85
5.4 Aktienrisiko ... 90
5.5 Korrelation und Beta-Faktor ... 99
5.6 Aktienkennzahlen ... 100
6 Investmentfonds ... 105
6.1 Wesen ... 105
6.2 Fondsarten im Überblick ... 108
6.3 Performance ... 109
6.4 Risiko ... 111

6.5 Fondsansparpläne ... 114
6.6 Fondsverzehrpläne ... 117

7 Termingeschäfte ... 119
7.1 Wesen ... 119
7.2 Optionen ... 121
7.3 Grundlagen der Optionspreisbewertung ... 126
7.4 Futures ... 133

8 Wertpapiersonderformen mit Kapitalgarantie ... 137
8.1 Anleihen mit variablem Zins ... 137
8.2 Festzinsanleihen mit Kündigungsrecht ... 140
8.3 Optionsanleihen ... 141
8.4 Wandelanleihen ... 141
8.5 Garantiezertifikate ... 142

9 Wertpapiersonderformen ohne Kapitalgarantie ... 145
9.1 Full-Indexzertifikate ... 145
9.2 Aktienanleihen ... 146
9.3 Discountzertifikate ... 147
9.4 Bonuszertifikate ... 149
9.5 Anleihen mit Kreditausfallrisiko (Credit Linked Note) ... 150

10 Staatliche Sparförderung ... 153
10.1 Vermögenswirksame Leistungen (VL) nach dem 5. Vermögensbildungsgesetz ... 153
10.2 Anlageformen nach dem Wohnungsbau-Prämiengesetz (WoPG) ... 158

11 Einkommensteuer ... 161
11.1 Grundlagen der Einkommensteuer ... 161
11.2 Das zu versteuernde Einkommen und dessen Besteuerung ... 165
11.3 Einkünfte aus nichtselbstständiger Arbeit ... 168
11.4 Einkünfte aus Kapitalvermögen ... 171
11.5 Sonstige Einkünfte ... 182

12 Staatlich geförderte Altersvorsorge ... 185
12.1 Das Modell der drei Schichten ... 185
12.2 Die erste Schicht: Basisvorsorge ... 186
12.3 Die zweite Schicht: Kapitalgedeckte Zusatzvorsorge ... 188
12.4 Die dritte Schicht: Sonstige Vorsorge ... 196

13 Ergänzungen zur Besteuerung von Wertpapieren ... 197
13.1 Aktien ... 197
13.2 Aktienanleihen ... 198
13.3 Banksparplan ... 198

13.4 Bausparvertrag 199
13.5 Bonuszertifikate 199
13.6 Discountzertifikate 200
13.7 Finanzinnovationen 200
13.8 Floater 201
13.9 Full-Index-Zertifikate 201
13.10 Genossenschaftsanteile 201
13.11 Genussscheine 202
13.12 Gewinnschuldverschreibungen, Gewinnobligationen 203
13.13 Indexanleihen, Indexzertifikate mit Rückzahlungsgarantie 203
13.14 Industrieschuldverschreibungen 203
13.15 Inflationsindexierte Anleihen 203
13.16 Investmentfonds 204
13.17 Optionen 208
13.18 Optionsanleihen 210
13.19 Stufenzinsanleihen 211
13.20 Umtauschanleihen 211
13.21 Wandelanleihen 211
13.22 Zerobonds (Null-Zins-Kuponanleihen) 212

Handbuch der privaten Kapitalanlage

1 Volkswirtschaftliche Rahmenbedingungen

1.1 Wie Geld entsteht

Um Wertpapiere oder Immobilien erwerben zu können, braucht man Geld. Geld spielt in hoch entwickelten Volkswirtschaften eine bedeutende Rolle und hat – wie jede käuflich erwerbbare Ware – seinen Preis: den Zins. Ist der Zinssatz hoch, wird die Nachfrage nach Geld zurückgehen, ist der Zins dagegen niedrig, wird die Nachfrage nach Geld steigen. Diese im Prinzip einfache Gesetzmäßigkeit beeinflusst nicht nur erheblich die Konjunktur einer Volkswirtschaft, sondern bestimmt auch das Anlageverhalten unterschiedlichster Personengruppen.

Wenden wir uns zunächst dem Gegenstand zu, um den es in den folgenden Kapiteln geht: die Ware „Geld". Als „Geld" wird ein allgemein anerkanntes Tauschmittel bezeichnet, das zumindest die folgenden drei Eigenschaften erfüllt:

- Seltenheit: Geld sollte in einer Volkswirtschaft relativ zum Volumen der Sachgüter und Dienstleistungen knapp sein. Erst dann wird es auch als Wertaufbewahrungsmittel akzeptiert.
- Teilbarkeit: Da die käuflich zu erwerbenden Güter von unterschiedlich hohem Wert sind, sollte Geld ohne Wertverlust stückelbar sein. Dadurch können Güter ähnlicher Beschaffenheit exakt miteinander verglichen werden.
- Werterhaltung: Sparen darf nicht zu Wertverlusten führen. Damit sollte es möglich sein, Konsumwünsche mit „heute" erworbenem Geld in die Zukunft zu verlagern. Steigt die Geldmenge allerdings schneller als das Volumen der Sachgüter und Dienstleistungen an, reagieren die Märkte mit Preissteigerungen. Für die in der Vergangenheit gehortete Geldmenge kann so zukünftig weniger konsumiert werden (Kaufkraftverlust durch Inflation).

Beispiel (Kaufkraftverlust)

	heute	morgen
Sparvolumen (zinslos)	40	40
Euro/Fisch	10	20

Bei einem Sparvolumen von „heute" 40 Euro würde der Sparer auf den Konsum von vier Fischen verzichten. „Morgen" jedoch könnte er von den 40 Euro nur noch zwei Fische erwerben. Sparen hat sich demnach nicht gelohnt.

Im Allgemeinen umfasst der Begriff „Geld" die gesetzlichen Zahlungsmittel in Form von Münzen und Noten. „Gesetzlich" werden diese Zahlungsmittel deshalb genannt, weil jede Person verpflichtet ist, sie als Tilgungsleistung von Schulden anzunehmen. Das Genehmigungsrecht der Banknotenausgabe liegt seit der Teilnahme Deutschlands an der Europäischen Währungsunion bei der Europäischen Zentralbank. Über die Geschäftsbanken bzw. nationalen Notenbanken werden die Banknoten in Umlauf gebracht (früher: Deutsche Bundesbank und ihre Landeszentralbanken). Dagegen unterliegt die Ausgabe von Münzen auch weiterhin dem Bundesfinanzministerium.

Handbuch der privaten Kapitalanlage

In einer Volkswirtschaft wird zudem das Buchgeld (auch: Giralgeld oder Sichteinlage) als Geld anerkannt. Darunter werden alle schnell verfügbaren und nicht verbrieften Forderungen von Nichtbanken an Banken verstanden. Das Segment der „geldnahen Forderungen" schließlich besteht aus kurzfristigen und ohne Wertverlust liquidierbaren Spar- und Termineinlagen. Langfristige Spareinlagen gelten nicht als „Geld", da ihre schnelle Verfügbarkeit durch unterschiedlich lange Kündigungssperrfristen äußerst eingeschränkt ist.

Die einer Volkswirtschaft zur Verfügung stehende Geldmenge setzt sich wie folgt zusammen:

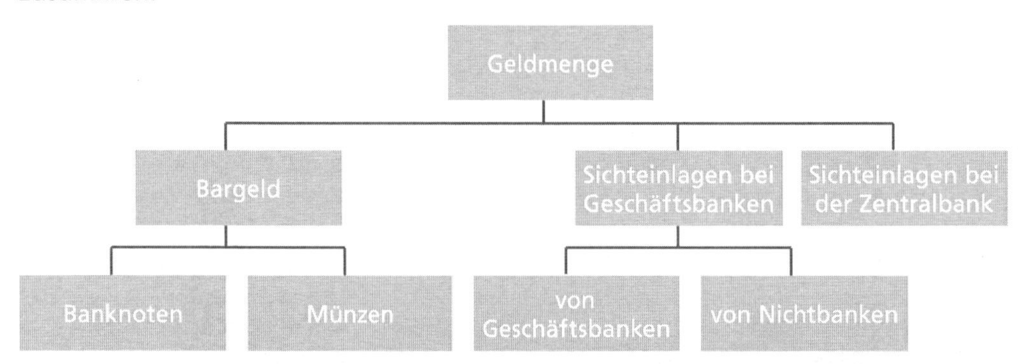

Die Geldmenge beeinflusst maßgeblich die gesamtwirtschaftliche Entwicklung, also die Beschäftigung, Produktion und den Abs. eines Landes. Aber auch der Kapitalanleger verfolgt die Entwicklung der Geldmenge mit berechtigtem Interesse, denn der Erfolg einer Kapitalanlage hängt entscheidend von der richtigen Prognose über die zukünftige Geldmengenpolitik der Europäischen Zentralbank und damit auch von der Zinspolitik ab. Gegenwärtig bekannte Gradmesser für das Erkennen von Zinsänderungstendenzen sind die Geldmengen M1, M2 und M3:

Geldmenge	Bestand	Interpretation
M1	Bargeld und Sichtguthaben des Nichtbankensektors	sofort konsumierbar
M2	M1 zuzüglich Einlagen ■ mit einer Ursprungslaufzeit ≤ 2 Jahren ■ mit einer Kündigungsfrist ≤ 3 Monaten	kurzfristig konsumierbar
M3	M2 zuzüglich ■ Geldmarktfondsanteile ■ Geldmarktpapiere ■ Schuldverschreibungen mit Laufzeit ≤ 2 Jahren	mittelfristig konsumierbar (dient als zentrale geldpolitische Zielgröße zur Wahrung der Preisstabilität)

Die Geldmengenentwicklung kann den in periodisch veröffentlichten saisonbereinigten Wirtschaftszahlen der Europäischen Zentralbank entnommen werden.

Wie gelangt nun Geld in den Wirtschaftskreislauf (Geldschöpfung) bzw. mit welchen Mitteln kann Geld dem Wirtschaftskreislauf entzogen werden (Geldvernichtung)?

Eine aktive Geldschöpfung (= Geldmengenerhöhung) resultiert beispielsweise aus dem Wertpapierankauf, eine Geldvernichtung (= Geldmengenreduzierung) aus dem Wertpapierverkauf durch die Zentralbank.

Beispiel (Geldschöpfung und Geldvernichtung)

(1/1) **Geldschöpfung durch Ankauf von Sachwerten:** Die Zentralbank erwirbt von einer Nichtbank ein Grundstück im Wert von 1 Mio. Euro. Das Grundstück erscheint daher in der Zentralbankbilanz als Vermögensposition und der dadurch hervorgerufene Notenumlauf als Verbindlichkeit gegenüber den Banknoteninhabern. Das Unternehmen hingegen muss seine Vermögensposition „Grundstücke" um 1 Mio. Euro reduzieren, wogegen der Kassenbestand um denselben Betrag zunimmt (Vermögensumschichtung).

Bilanz Zentralbank		Bilanz Unternehmen	
Vermögen	**Schulden**	**Vermögen**	**Schulden**
Grundstücke + 1.000.000	Banknoten + 1.000.000	Grundstücke – 1.000.000 Kasse + 1.000.000	

(1/2) **Geldschöpfung durch Ankauf von Devisen:** Die Zentralbank kauft von einer Nichtbank Devisen an. Die angekauften Devisen erhöhen das Vermögen der Zentralbank, der mit dem Kauf verbundene Banknotenumlauf erhöht hingegen deren Schulden.

(2/1) **Geldvernichtung durch Verkauf von Sachwerten**: Die Zentralbank verkauft an eine Nichtbank ein Grundstück im Wert von 1 Mio. Euro. Die Zentralbank muss ihren Vermögensposten „Grundstücke" und den Schuldenposten „Notenumlauf" um 1 Mio. Euro reduzieren (Rücknahme der Banknoten). Das Unternehmen erhöht seinen Posten „Grundstücke" um 1 Mio. Euro. Der Kassenbestand nimmt hingegen um denselben Betrag ab (Vermögensumschichtung).

Bilanz Zentralbank		Bilanz Unternehmen	
Vermögen	**Schulden**	**Vermögen**	**Schulden**
Grundstücke – 1.000.000	Banknoten – 1.000.000	Grundstücke + 1.000.000 Kasse – 1.000.000	

(2/2) **Geldvernichtung durch Verkauf von Devisen:** Die Zentralbank verkauft an eine Nichtbank Devisen. Der Fremdwährungsbestand innerhalb der Volkswirtschaft steigt und die Höhe des Bestands an Inlandswährung geht zurück („Stützungskäufe" zugunsten der inländischen Währung).

Nur die Zentralbank kann direkt durch Ankauf eines Wirtschaftsgutes Banknoten in Umlauf bringen und damit die Geldmenge steuern. Indirekte Geldschöpfung entsteht hingegen über Kreditvergaben durch Geschäftsbanken an Nichtbanken. Das Prinzip dieser multiplen Giralgeldschöpfung fußt auf der Annahme, dass ein bei der Bank A aufgenommener Kredit als Sichteinlage bei einer Bank B erscheint und diese Bank den Betrag erneut als Kredit einem weiteren Kunden ausleihen kann. Dieser Prozess würde sich ewig fortsetzen, wenn die Banken nicht von der Zentralbank gehalten wären, bei ihr einen bestimmten Prozentsatz der Kundeneinlagen als verzinsliche Sichtguthaben (Mindestreserven) zu unterhalten.

Dadurch reduziert sich bei Fortdauer der multiplen Giralgeldschöpfung sukzessive das den Geschäftsbanken zur Verfügung stehende Kreditvolumen.

Beispiel (multiple Giralgeldschöpfung)

Es wird angenommen, dass die Kreditinstitute 10 % ihrer Kundeneinlagen als Mindestreserve bei der Zentralbank unterhalten müssen. Außerdem erhält die Bank 1 eine Kundeneinlage in Höhe von 1.000 Euro. Nach Abzug der Mindestreserve können damit 900 Euro als Kredit weitergereicht werden. Dieser Betrag erscheint bei einem Gläubiger der Bank 2 als Sichtguthaben. Setzt sich dieser Vorgang fort, wächst der Giralgeldbestand bereits bei vier Banken durch den Schöpfungsprozess auf 3.439 Euro:

Bank	Kredite	Mindest-reserve	Sichteinlage	Summe
1	900,00	100,00	1.000,00	1.000,00
2	810,00	90,00	900,00	1.900,00
3	729,00	81,00	810,00	2.710,00
4	656,10	72,90	729,00	3.439,00

Hinweis: Bei unendlich vielen Ausleihungen ist das Ergebnis der multiplen Geldschöpfung mit 10.000 Euro dennoch endlich.

1.2 Der Preis des Geldes: der Zins

Jede Ware, die knapp ist, hat ihren Preis, so auch die Ware Geld. Die Knappheit des Geldes drückt sich in Form des Zinses aus. Ist Geld in einer Volkswirtschaft im Überfluss vorhanden (wie 2017), so ist der Zins sehr gering. Eine Geldverknappung führt umgekehrt zu steigenden Zinsen. Da es in der Praxis eine Vielzahl von Zinsdefinitionen gibt, verwundert es nicht, dass diese Begriffsunsicherheit im Anlagengeschäft gelegentlich auch zum Nachteil des Anlagesuchenden missbraucht wird. Dabei ist im Wesentlichen nur zwischen zwei Spielarten des Zinses zu unterscheiden: dem Nominalzins und dem Effektivzins.

1.2.1 Nominalzins

Die Angabe eines Nominalzinses (bei festverzinslichen Wertpapieren verbrieft durch den Kupon) bezieht sich immer auf den Nennwert (Substanzwert) der zugrunde liegenden Anlage (ein Kredit oder festverzinsliches Wertpapier). Als „Nennwert" bezeichnet man i. d. R. den Betrag, zu dem die Investition bei Fälligkeit zurückgezahlt wird. Dabei kann der Nennwert der Anlage vom Ankaufs- oder Verkaufswert, auch Kurswert genannt, erheblich abweichen. Diese Kurse ermitteln sich durch Angebot und Nachfrage auf dem freien Markt.

Beispiel (Nominalzins)

(1) Ein Investor bindet sein Kapital in ein Wertpapier mit einer Nominalverzinsung von 5 % pro Jahr (Abk.: p. a. per annum) an. Er zahlt jedoch pro 100 Euro Nennwert nur 98 Euro (d. h. gegenwärtiger Kurswert 98 % pro 100 Euro Nennwert). Werden die Zinsen jährlich ausgeschüttet, erhält er 5 % aus nominal 100 Euro, also 5 Euro. Wird das Papier bei Fälligkeit vom Schuldner zum Nennwert zurückgenommen, realisiert der Kapitalanleger neben den Zinsen noch einen Kursgewinn von 2 Euro.

(2) Ein Unternehmer benötigt von einem Kreditinstitut ein Darlehen. Ihm wird ein Nominalbetrag von 10.526,32 Euro zugesichert. Effektiv ausgezahlt werden jedoch nur 95 % des Nominalbetrages, also 10.000 Euro.

Da die Nennschuld zurückzuzahlen ist, erwirtschaftet das Kreditinstitut zusätzlich einen Rückzahlungsgewinn (Disagio) in Höhe von

10.526,32 Euro – 10.000 Euro = 526,32 Euro.

1.2.2 Effektivzins (Rendite)

Der Nominalzins erklärt nur den Ertrag, der aus dem Substanzwert dem Anleger prozentual zufließt. Dagegen berücksichtigt der Effektivzins oder die Rendite auch realisierte Rückzahlungsgewinne bzw. Rückzahlungsverluste. Zudem fließen die Zeitpunkte der aus der Anlage resultierenden Zahlungen in den Effektivzins mit ein. Damit wird beispielsweise die Rendite einer Kapitalanlage umso geringer sein, je weiter zu erhaltende Rückzahlungen in der Zukunft liegen (in der Tat misst der Mensch einem Rückfluss umso weniger Wert bei, je später er realisiert wird). Obwohl die Rendite damit den gesamten Zahlungsstrom einer Anlage erfasst und analysiert, ist sie als Vergleichsmaßstab von Kapitalanlagen nicht ganz unproblematisch.

Die Höhe der Rendite verzinslicher Wertpapiere übt einen erheblichen Einfluss auf das Investitionsverhalten der Unternehmen und das Konsumverhalten der Privathaushalte aus.

1.3 Geldmengensteuerung (geldpolitische Instrumente)

1.3.1 Geldpolitische Zielsetzung

Seit dem 01.01.1999 gibt es keine nationale Geldpolitik mehr, vielmehr ist die Geldpolitik einheitlich für alle Teilnehmerländer der Europäischen Währungsunion durchzuführen (bei den unterschiedlichen Wirtschaftsstrukturen keine leichte Aufgabe!).

Das Europäische System der Zentralbanken (ESZB) setzt sich zusammen aus:

- Europäischer Zentralbank (EZB): Sie bestimmt über den Einsatz geldpolitischer Instrumente zur Erfüllung des Ziels „Preisstabilität".
- Nationalen Zentralbanken der Mitgliedstaaten der EU: Sie sind die ausführenden Instanzen der EZB und an deren Weisungen gebunden.

Ziel des ESZB ist gemäß Artikel 105 des EG-Vertrages, die Preisstabilität zu gewährleisten. „Preisstabilität" wird im Europäischen Wirtschaftsraum definiert als ein maximaler Anstieg des Harmonisierten Verbraucherpreisindex (HVPI) von unter 2 %. Dabei ist die Stabilität mittelfristig, d. h. unbeschadet kurzfristiger externer Preisschocks (beispielsweise der temporären Erhöhung von Rohstoffpreisen oder einer Mehrwertsteuererhöhung), zu halten.

Handbuch der privaten Kapitalanlage

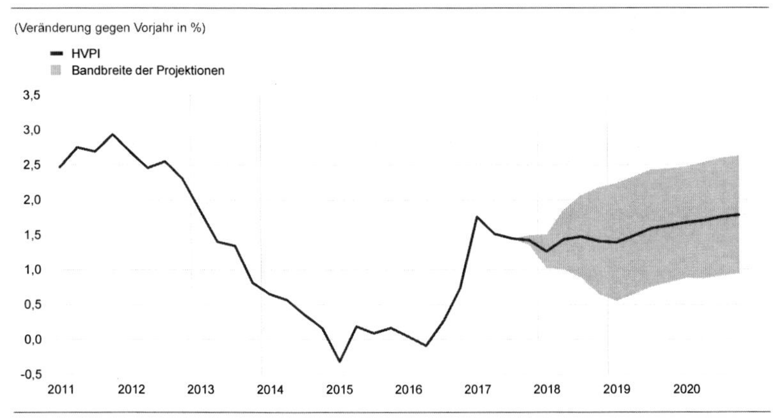

Quellen: Eurostat und EZB. Von Experten des Eurosystems erstellte gesamtwirtschaftliche Projektionen für das Euro-Währungsgebiet, Dezember 2017, veröffentlicht am 14. Dezember 2017 auf der Website der EZB.

Quelle: EZB Wirtschaftsbericht 8/2017, Seite 28

Geldpolitischer Handlungsbedarf besteht nicht nur bei einem Anstieg des HVPI über 2 %, sondern auch bei einem übermäßig hohen Geldmengenwachstum, das einen vorgegebenen Referenzwert übersteigt. Dann steht gemäß der Meinung der EZB einem nur begrenzten Waren- und Dienstleistungsangebot ein zu hohes Geldvolumen gegenüber. Mit anderen Worten: Die Nachfrage nach Gütern und Dienstleistungen übersteigt das volkswirtschaftliche Angebot. Unter der Voraussetzung gleichbleibender Löhne ist die praktische Konsequenz einer hohen Inflationsrate, dass der Privathaushalt für 1 Euro weniger Ware erhält als zuvor und die Produktion aufgrund mangelnder Kaufkraft eingeschränkt wird.

Zur Ableitung des Referenzwerts für das Geldmengenwachstum der Geldmenge M3 legt die EZB die „Quantitätsgleichung" zugrunde:

Ursprüngliche Quantitätsgleichung: $V \cdot M = P \cdot BIP_{Menge}$

- V bezeichnet die Umlaufgeschwindigkeit des Geldes: Sie gibt an, wie oft eine Geldeinheit innerhalb eines Jahres zur Durchführung von Zahlungszwecken benutzt wird.
- M bezeichnet die Geldmenge M3.
- P bezeichnet den Durchschnittspreis aller Güter und Dienstleistungen.
- BIP_{Menge} bezeichnet das mengenmäßige Bruttoinlandsprodukt, also die Summe aller für den Endverbraucher bestimmten Güter und Dienstleistungen, die innerhalb eines Landes während eines bestimmten Zeitraums hergestellt wurden. Das nominale Bruttoinlandsprodukt BIP_{nom} beschreibt dann das zu gegenwärtigen Marktpreisen bewertete BIP_{Menge} ($BIP_{nom} = BIP_{Menge} \cdot P$).

Die Quantitätsgleichung besagt nun, dass ein geldwirtschaftliches Gleichgewicht dann erreicht wird, wenn das Produkt aus Geldmenge und Umlaufgeschwindigkeit dem Produkt von Preis und Handelsvolumen entspricht, mit anderen Worten: Im Marktgleichgewicht entspricht das in der Volkswirtschaft verfügbare Geld (Güternachfrage) dem in Marktpreisen bewerteten Güterangebot.

Wird angenommen, dass die Umlaufgeschwindigkeit des Geldes konstant bleibt und das Bruttoinlandsprodukt kurzfristig nicht von der Geldmenge abhängt, muss eine Geldmengenänderung vorrangig eine Preisänderung nach sich ziehen. Damit kommt der Geldmengensteuerung eine zentrale Aufgabe zu, bestimmt sie doch maßgeblich (zumindest nach der theoretischen Lehrmeinung der „Monetaristen") das Preisniveau der Volkswirtschaft.

Wie entwickelt nun die EZB aus diesen Überlegungen ihre Geldmengensteuerung bzw. in welcher Bandbreite wird ein Wachstum der Geldmenge von ihr toleriert?

Um den Referenzwert für das M3-Geldmengenwachstum abzuleiten, legt sie die Quantitätsgleichung in abgewandelter Form zugrunde:

Geldmengensteuerung der EZB: $\Delta V + \Delta M = \Delta P + \Delta BIP_{Menge}$

Das bedeutet: Die Summe aus Geldmengenänderung und Umlaufgeschwindigkeitsänderung ist identisch der Summe aus Preisniveauänderung und BIP-Änderung.

Beispiel (Referenzwertbestimmung)

Die Preissteigerungsrate sollte maximal 2 % betragen. Die Wachstumsrate des BIP wird auf 2,5 % geschätzt. Bei einer angenommenen Konstanz der Umlaufgeschwindigkeit des Geldes (also: 0 % Änderung) ergibt sich für den Referenzwert der Geldmenge M3 ein Wert von 4,5 %.

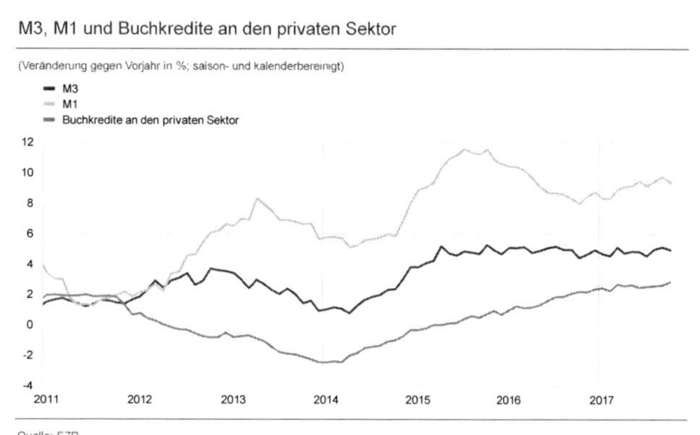

Quelle: EZB Wirtschaftsbericht 8/2017, Seite 29

Bis 2008 lag das Geldmengenwachstum deutlich über dem Referenzwert von 4,5 %. Ursachen waren beispielsweise der Börsencrash im Jahre 2001 und damit Umschichtungen von Aktien in sichere und liquide Geldanlagen, eine starke Kreditausweitung (Giralgeldschöpfung) oder Geldtransfers vom Ausland ins Inland aufgrund eines in Europa höheren Zinsniveaus. Nachdem jedoch Ende 2008 die Immobilienblase platzte und ausfallgefährdete Kredite die Kreditvergabebereitschaft in Europa einschränkten, ging das Geldmengenwachstum deutlich zurück zurück und stagnierte bis 2014 auf niedrigem Niveau. Danach führte eine moderate Belebung der Kreditnachfrage zu einem Anstieg des Geldmengenwachstums. Das seit März 2015 durch die EZB eingeleitete Anleihekaufprogramm im Gesamtumfang von ca. 2,2 Billionen Euro (2017) beschleunigt nun diese Entwicklung.

1.3.2 Restriktive Geldpolitik zur Inflationsbekämpfung

Erhöht sich die Geldmenge stärker als das Angebot an Gütern und Dienstleistungen, wird die Zentralbank zur Geldmengenreduzierung beispielsweise Vermögenswerte gegen Banknoten verkaufen, um der Wirtschaft Geld zu entziehen. Damit soll einer inflationär preistreibenden Tendenz in konjunkturellen Boomphasen begegnet werden. Ein weiterer Effekt dieser restriktiven Geldpolitik ist eine Verteuerung der Kredite und nachfolgende Konjunkturabkühlung:

Geldmenge ↓ ⇒ Kredit-, Refinanzierungskosten ↑ ⇒
⇒ Konsumerhalt privater Haushalte durch Wertpapierverkäufe ⇒
⇒ Kurse („Wertpapierpreise") verzinslicher Wertpapiere ↓ ⇒

⇒ Renditen verzinslicher Wertpapiere ↑ (= Kreditkosten der Unternehmen ↑) ⇒
⇒ Investitions- und Konsumgüternachfrage ↓ ⇒ Arbeitskraftnachfrage ↓ ⇒
⇒ Löhne, Preise ↓

Kann die Inflation trotz Geldmengenreduzierung nicht aufgehalten werden, treten für die Volkswirtschaft unerwünschte Effekte auf:

- Die aus den gestiegenen Preisen resultierende Geldentwertung wirkt sich nachteilig für die Bezieher fester Beträge aus.
- Schuldner können sich mit wertlos gewordenem Geld schneller entschulden.
- Außerdem ist zu beachten, dass die Sorge um zukünftig weiter steigende Preise den Verbraucher ermuntert, preistreibende Vorziehkäufe zu tätigen.
- Auch in der wirtschaftlichen Beziehung zum Ausland machen sich negative Effekte bemerkbar: Bei unveränderten Wechselkursen werden inländische Produkte für Ausländer zunehmend teurer und damit unattraktiv (Beispiel Griechenland).
- Im Umlauf befindliche Anleihen reagieren auf Inflationstendenzen mit Kursrückgängen. Entscheidend ist die Realverzinsung des Papiers. Was nützt dem Anleger eine Verzinsung von 4 % pro 100 Euro, wenn die Inflationsrate gleichzeitig 6 % beträgt? Real hat der Anleger damit an Kaufkraft eingebüßt. Ausländische Investoren werden aus Furcht vor Kursverlusten Kapital aus dem Inland abziehen.

Beispiel (Kaufkraftverlust und Realverzinsung)

Ein Anleger investiert in ein zu 4 % verzinsliches Wertpapier 100 Euro. Nach einem Jahr erhält er 104 Euro zurück. Bei einer Inflationsrate von 6 % stiegen die Güterpreise innerhalb dieses Zeitraums allerdings von 100 Euro auf 106 Euro. Demnach können nach einem Jahr mit 104 Euro nur noch 98,11 % der zum Anlagezeitpunkt 0 möglichen Warenmenge gekauft werden:

$$\text{Warenmenge}_{\text{real}} = \frac{104 \text{ Euro}}{106 \text{ Euro}} \cdot 100\,\% = 98{,}11\,\%$$

Aufgrund des erwirtschafteten Kaufkraftverlusts ist die reale Verzinsung des angesparten Kapitals negativ.

Interessant ist die Beobachtung, dass die um die Inflationsrate bereinigte Realverzinsung in Niedrigzinsphasen deutlich höher liegt als in Hochzinsphasen:

So wurden beispielsweise in den Zeiträumen 1981 bis 1982 und 1991 bis 1992 sehr hohe Renditen von teilweise über 10 % beobachtet. Da (geringfügig zeitversetzt) jedoch die Inflationsrate ebenfalls sehr hoch anstieg, blieb die Realverzinsung mit 1 % bis 3 % gering. Zwischen 1986 und 1987 hingegen betrug die Umlaufrendite zwar „nur" ca. 6 %, führte aber aufgrund einer Deflation (Inflationsrate negativ) zu einer überdurchschnittlich hohen Realverzinsung. Erwähnenswert ist zudem die negative Realverzinsung zwischen 1945 und 1980. Hohe Inflationsraten in Verbindung mit niedrigen Zinsen führten innerhalb dieser Zeitspanne zu einer deutlichen Staatsentschuldung und Enteignung der Sparer („finanzielle Repression"). Seit 2012 lässt sich auch in den Euro-Ländern die finanzielle Repression beobachten.

Dass die Rendite- und Kursentwicklung börsennotierter verzinslicher Wertpapiere entgegengesetzt verlaufen, lässt sich an dem folgenden Beispiel einfach erklären:

Beispiel (gegensätzliche Kurs- und Renditeentwicklung)

(1) Rendite > Zinskupon: Nehmen wir an, ein Kapitalanleger interessiert sich für ein festverzinsliches Wertpapier, das mit einem Zinssatz von 4 % pro 100 Euro ausgestattet ist und nach einem Jahr zu 100 % (= 100 Euro) vom Schuldner zurückgenommen wird. Es soll weiter unterstellt werden, dass das gegenwärtige Zinsniveau für Papiere mit einer Restlaufzeit von einem Jahr jedoch bei 6 % (= 6 Euro pro 100 Euro) liegt.

Da sich das Wertpapier mit nur 4 % verzinst (der Markt aber gegenwärtig 6 % vorgibt), kann die Differenz von 2 % nur über einen sehr günstigen Kaufkurs von 98 % erwirtschaftet werden. Nach einem Jahr wird das Wertpapier zu 100 % zurückgenommen und der Käufer realisiert neben der laufenden Zinszahlung noch einen Kursgewinn, der die fehlenden 2 % (100 % – 98 %) liefert.

Je höher also die aktuelle Rendite im Verhältnis zum gegebenen Zinskupon ist, umso niedriger muss der Ankaufskurs der Anleihe ausfallen:

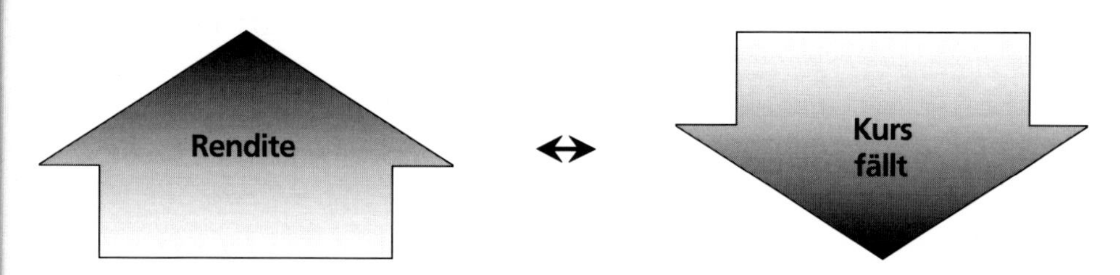

(2) Rendite < Zinskupon: Es soll nun unterstellt werden, dass das gegenwärtige Zinsniveau für Papiere mit einer Restlaufzeit von einem Jahr bei 2 % liegt.

Der Kaufkurs beträgt nun 102 %. Nach einem Jahr wird das Papier zu 100 % zurückgenommen und der Käufer realisiert neben der Zinszahlung von 4 % einen Kursverlust von 2 % (102 % – 100 %). Je niedriger also die aktuelle Rendite im Verhältnis zum gegebenen Zinskupon ist, umso höher muss der Ankaufskurs der Anleihe ausfallen.

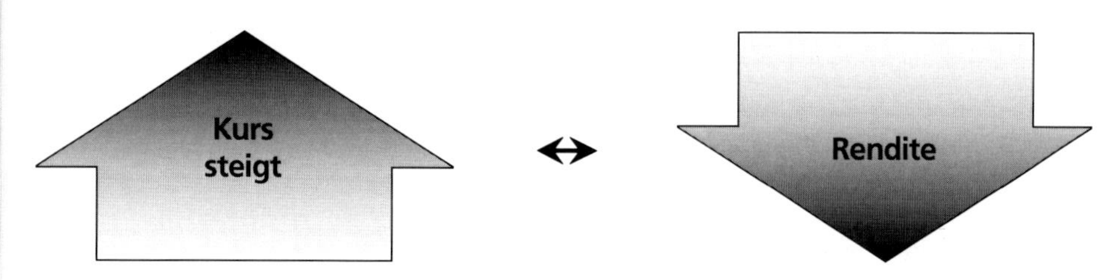

Nicht immer lässt sich die Inflation erfolgreich über eine Geldmengenreduktion bzw. Zinserhöhung eindämmen. Als Ursache für eine nicht kontrollierbare Vermehrung des Geldes über den volkswirtschaftlichen Bedarf hinaus nennt die Literatur die Staatsinflation. Ursache ist eine übermäßige Kreditinanspruchnahme (Anleiheemissionen) und damit steigende Staatsverschuldung oder das Ankurbeln der Notenpresse ohne Gegenwerte zu schaffen. Die Rohstoffinflation findet ihren Ursprung im Erwerb von in US-Dollar gehandelten Rohstoffen bei gleichzeitig schwacher Inlandswährung und/oder steigender Rohstoffknappheit. Die importierte Inflation wird aufgrund erhöhter Auslandsnachfrage nach inländischen Gütern, begünstigt durch eine Zunahme der Einkommen im Ausland, in das Inland hineingetragen.

Umgekehrt führt eine Flutung der Volkswirtschaften mit Geld nicht unbedingt zu einer Inflation. So lassen die internationalen Notenbanken seit 2008 nichts unversucht, der internationalen Wirtschaftsflaute mit ungebremsten Gelddrucken zu begegnen. In 2013 „produzierte" die amerikanische Zentralnotenbank Federal Reserve („FED") durch Ankauf amerikanischer Staatsanleihen monatlich ca. 85 Mrd. Dollar und verfünffachte damit die Geldmenge seit 2005. Die Bank of Japan („BoJ") förderte im gleichen Zeitraum das Geldmengenwachstum durch Ankauf japanischer Staatsanleihen mit ca. 50 Mrd. Dollar pro Monat.

Auch die Europäische Zentralbank hatte 2012 angekündigt, zur Rettung des Euro notfalls unbegrenzt Euro-Staatsanleihen zu kaufen, die mit frisch gedruckten Euro-Scheinen bezahlt werden. Über alternative Geldschöpfungsquellen stieg die Geldmenge in Europa seit 2005 um den Faktor 4. Allerdings erreichte das geschaffene Geld aufgrund einer restriktiven Kreditvergabepraxis der Kreditinstitute bisher nicht den Wirtschaftskreislauf (demzufolge erhöhte sich auch nicht die Geldmenge M3), sondern floss direkt in den Erwerb von Aktien, Anleihen und Immobilien. Dieser unheilvolle vermögensblasenbildende Prozess ist auch zu Beginn 2017 nicht gestoppt.

1.3.3 Expansive Geldpolitik zur Deflationsbekämpfung

Sinkt die Geldmenge stärker als das Angebot an Gütern und Dienstleistungen, wird die Zentralbank zur Geldmengenausweitung bzw. zum Absenken des Zinsniveaus Vermögenswerte gegen Banknoten ankaufen, um Geld der Wirtschaft zuzuführen. Damit soll einer deflationären Tendenz bzw. zu starken und für die Unternehmen ruinösen Preisrückgängen in konjunkturellen Rezessionsphasen begegnet werden. Ein weiterer Effekt dieser expansiven Geldpolitik ist eine Kreditverbilligung, gekoppelt mit einer Stärkung der Kreditnachfrage und Konjunkturbelebung. Auch für Investoren erscheinen renditeträchtige Realinvestitionen bei fallenden Zinsen zunehmend lohnender:

Geldmenge ↑ ⇨ Kredit-, Refinanzierungskosten ↓ ⇨
⇨ freigewordene Geldmittel werden zu Wertpapierkäufen genutzt ⇨
⇨ Kurse verzinslicher Wertpapiere („Wertpapierpreise") ↑ ⇨
⇨ Renditen verzinslicher Wertpapiere ↓ (= Kreditkosten der Unternehmen ↓) ⇨
⇨ Investitions- und Konsumgüternachfrage ↑ ⇨ Arbeitskraftnachfrage ↑ ⇨
⇨ Löhne, Preise ↑

Leider zeigt die jüngste Vergangenheit, dass Zinssenkungseffekte nicht unbedingt den gewünschten Erfolg haben: Obwohl die Zinsen seit Jahren bis 2009 auf niedrigem Niveau verharren, ist die Konsumfreudigkeit bei den Haushalten nur schwach ausgeprägt. So haben das Fehlen neuartiger Basisinnovationen, die weitere Automatisierung des Produktionsprozesses mit der Folge stetiger Rationalisierungsmaßnahmen, die staatliche Finanzierung der Immobilien- und Bankenkrise mit der Folge leerer Staatskassen (Beispiel 2015: China), wirtschaftliche Sanktionen gegen ausländisch Staaten (Beispiel 2015 Russland) in den unterschiedlichsten Volkswirtschaften der Welt zu einer ungünstigen gesamtwirtschaftlichen Entwicklung bei. Ohne aktives Handeln verschärfen der ungebremste globale Raubbau an Rohstoffen, die weitere Verschmutzung der Umweltmedien Boden, Wasser, Luft und religiöse Konflikte die wirtschaftlichen Probleme dramatisch (Stichwort: „Umwelt"flüchtlinge).

Kreditinstitute kämpfen mit dem Problem, über niedrige Kreditzinsen noch nicht einmal die Risikoprämie für einen Kreditausfall erwirtschaften zu können. Dies führt zu einer verstärkten Kreditzurückhaltung und Risikobereitschaft in spekulative Investitionen („Aktien- und Immobilienblase"). Zudem besteht bei geringem

Zinsniveau die Möglichkeit der „keynesianischen Liquiditätsfalle". Sie besagt, dass auf Wertpapierkäufe und damit Kredite an die Unternehmen verzichtet wird, da nur steigende Zinsen bzw. Kursverluste in Anleihen erwartet werden. Ein Beispiel dazu liefert Japan, dessen Wirtschaft unabhängig historisch niedriger Zinsen im Jahre 2008 erneut in die Rezession glitt. Europa droht mit der Niedrigzinspolitik der EZB das gleiche Schicksal.

Beispiel (niedrige Zinsen und kein Wirtschaftswachstum)

In Japan beträgt seit 1994 der Zinssatz für kurzfristige Geldausleihungen weniger als 1 % (seit 2017 weniger als 0,00 %).

Quelle: EZB Monatsbericht historische Daten

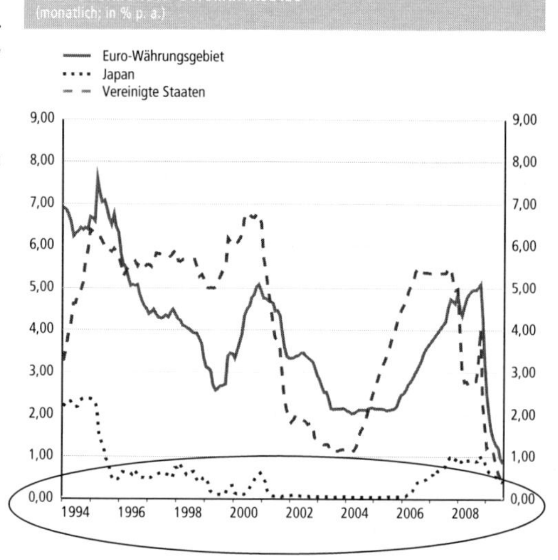

Diese Zinspolitik führte jedoch bis 2014 zu keinem nachhaltigen Wirtschaftswachstum. Seit 2014 bewegen sich die Wachstumsraten des realen BIP bei ca. 1 % p. a. (nicht im Schaubild dargestellt).

Quelle: EZB Monatsbericht historische Daten

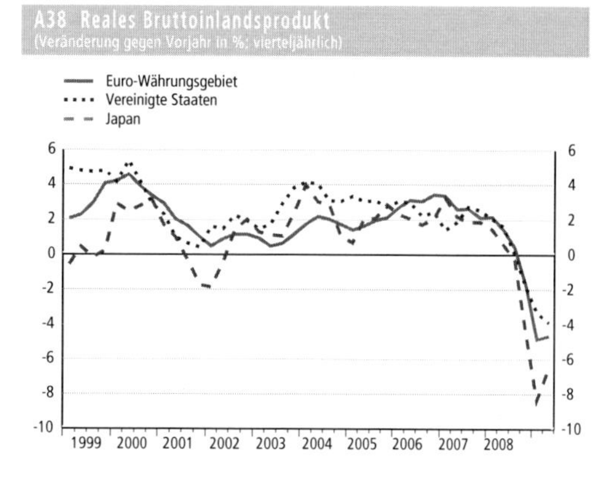

Die Auswirkungen einer Deflation werden wesentlich dramatischer eingeschätzt als die Folgen einer Inflation: Der Verbraucher quittiert eine Deflation mit Konsumverzicht, da in Zukunft alles noch billiger zu haben ist. Zwischen den Unternehmen kommt es daher zu ruinösen Preiskämpfen (Dumping, Rabatte) mit erheblichen Gewinnrückgängen und notleidenden Krediten. Tarifliche Lohnstarrheit führt zu Entlassungen und die Wirtschaft bricht zusammen.

1.3.4 Geldpolitische Instrumente im Überblick

Eine Steuerung der Geldmenge erfolgt in der Praxis im Rahmen der Offenmarktpolitik, der Fazilitätenpolitik und der Mindestreservepolitik. Der frühere Diskontsatz (Zinssatz für Kredite gegen Verkauf von Handelswechseln) als Zinsuntergrenze wurde durch die kurzfristige Einlagenfazilität abgelöst. Dabei handelt es sich um die Verzinsung von Geldanlagen bei der EZB über Nacht. Der Lombardsatz (Zinssatz für Kredite gegen Verpfändung von Wertpapieren) als Zinsobergrenze ist durch die Spitzenrefinanzierungsfazilität ersetzt worden. Dabei handelt es sich um die Verzinsung eines von einem Kreditinstitut aufgenommenen Kredites gegen Sicherheiten.

(1) Wertpapierpensionsgeschäfte (Offenmarktgeschäfte)

Unter „Offenmarktgeschäften" wird der An- und Verkauf von Wertpapieren durch die Zentralbank verstanden. Zu unterscheiden ist:

- expansive Offenmarktpolitik:
  - Liquidität wird den Banken gegen Wertpapierankauf mit Rückkaufsvereinbarung oder über Kredite gegen Sicherheiten zugeführt (Refinanzierungsgeschäfte)
  - im Rahmen der Feinsteuerung wird Liquidität den Banken fallweise bei unerwarteten Liquiditätsschwankungen über definitive Wertpapierankäufe zugeführt (Feinsteuerungsoperationen)
- restriktive Offenmarktpolitik:
  - Liquidität wird durch Rückabwicklung der Refinanzierungsgeschäfte abgeschöpft
  - im Rahmen der Feinsteuerung wird Liquidität den Banken fallweise bei unerwarteten Liquiditätsschwankungen über definitive Wertpapierverkäufe entzogen (Feinsteuerungsoperationen)

Sind die Offenmarktgeschäfte befristet und werden die Wertpapierkäufe zu einem bestimmten Zeitpunkt rückabgewickelt, wird von einem „reversiblen Offenmarktgeschäft" gesprochen. Im Rahmen dieser Geschäfte unterscheidet man zwischen dem

- wöchentlich durchgeführten Hauptrefinanzierungsgeschäft mit einer Laufzeit von einer Woche (Haupttender) und dem
- Refinanzierungsgeschäft mit einer Laufzeit von grundsätzlich 3 Monaten (Basistender).

Die Kosten der Inanspruchnahme eines Offenmarktgeschäfts durch das Kreditinstitut sind durch den Leitzins der EZB für Refinanzierungsgeschäfte festgelegt (Ende 2017: 0 %). Hierbei handelt es sich um den Mindestbietungssatz, den die Banken zumindest bieten müssen, um Geschäfte mit der EZB abschließen zu können. Bei der anschließenden Kreditzuteilung bedient sich die Zentralbank entweder des Mengentender- oder des Zinstenderverfahrens:

- Mengentender: Verfahren, bei dem der Zinssatz im Voraus von der Zentralbank festgelegt wird und die teilnehmenden Banken den Geldbetrag bieten, für den sie zum vorgegebenen Zinssatz abschließen wollen. Da jedoch die von den Kreditinstituten gewünschten Geldmittel oftmals höher sind, erfolgt die Zuteilung anteilig (Repartierung).
- Zinstender: Tenderverfahren, bei dem die Geschäftsbanken den Geldbetrag sowie den Zinssatz des Geschäfts bieten, das sie mit der Zentralbank tätigen wollen.

(2) Mindestreservepolitik

Die Kreditinstitute müssen einen gewissen Prozentsatz ihrer Kundeneinlagen als verzinsliche Sichtguthaben bei der Zentralbank hinterlegen (Mindestreserve). Die Höhe der Mindestreservesätze hängt von der Liquidität der Anlageform ab. So sind in 2017 mit einem Mindestreservesatz von 1 % reservepflichtig:

- täglich fällige Einlagen,

- Einlagen mit vereinbarter Laufzeit von bis zu zwei Jahren,
- Einlagen mit vereinbarter Kündigungsfrist von bis zu zwei Jahren,
- Schuldverschreibungen mit vereinbarter Laufzeit von bis zu zwei Jahren,
- Geldmarktpapiere.

Das bedeutet eine Bargelddeckung der reservepflichtigen Einlagen von nur 1%! Bei einem „Banken-Run" wären die Kreditinstitute demnach hoffnungslos überfordert und zur Schließung gezwungen.
Eine Erhöhung (Reduzierung) der Mindestreservesätze bewirkt nun tendenziell eine Liquiditätsverknappung (Liquiditätserhöhung) der Banken und bei den kurzfristigen Kapitalanlagen eine Zinserhöhung (Zinssenkung).

(3) Fazilitätenpolitik

Bei den ständigen Fazilitäten handelt es sich um die Einlagen- und Spitzenrefinanzierungsfazilität.

- Einlagenfazilität: Überschüssige Liquidität kann von den Geschäftsbanken bis zum nächsten Geschäftstag bei den nationalen Zentralbanken angelegt werden.
- Spitzenrefinanzierungsfazilität: Zentralbankkredite können bis zum nächsten Geschäftstag von den Geschäftsbanken aufgenommen werden, um eine Liquiditätslücke zu decken.

Längerfristige Zinsentwicklungen können dem monatlich erscheinenden EZB-Bericht entnommen werden:

Als Zinskorridor bezeichnet die EZB die Differenz zwischen dem Zinssatz der Spitzenrefinanzierungsfazilität und dem Zinssatz der Einlagenfazilität. Der Zinssatz der Spitzenrefinanzierungsfazilität bildet die obere Grenze, die Einlagenfazilität die untere Grenze des kurzfristigen Zinskorridors. Für Mitte 2017 gilt:

Einlagenfazilität	Hauptrefinanzierungs-fazilität	Spitzenrefinanzierungs-fazilität
-0,4% (Zinsuntergrenze)	0,0%	0,25% (Zinsobergrenze)

Um die Banken anzuregen, ihr Geld vorrangig als Kredite der Volkswirtschaft zur Verfügung zu stellen, als bei der EZB zu horten, ist der „Minus"-Zins eine praktische Option. Sollten allerdings die Banken sich der Kreditvergabe verweigern, würde der „Minus"-Zins als Kostenfaktor in neue Kundenkredite eingerechnet werden, was paradoxerweise zu einer Erhöhung der Kundenkreditzinsen führen dürfte.

1.4 Konjunktur und Geldmenge

1.4.1 Was ist „Konjunktur"?

Wissenschaftlich gesprochen, versteht man unter dem Begriff „Konjunktur" periodische Schwankungen der wirtschaftlichen Aktivität, also Produktions- und Nachfrageschwankungen. Nehmen Nachfrage und Produktion bei gegebener oder steigender Menge an Produktionsmitteln zu (Geld, Maschinen, Arbeitskräfte, Bodenschätze), spricht man von einem Konjunkturaufschwung, andernfalls von einem Konjunkturabschwung. Konjunkturabschwung und Konjunkturaufschwung gemeinsam bilden einen Konjunkturzyklus. Gemessen wird die „Güte" der gegenwärtigen konjunkturellen Situation durch den Auslastungsgrad der Produktionsmittel (Geldmengenentwicklung, Investitionsentwicklung, Arbeitslosenentwicklung etc.) oder durch die quartalsmäßige Veränderung des BIP. Bei den Auftragsbestands- oder Auftragseingangszahlen handelt es sich um typische Frühindikatoren, die den zukünftigen Verlauf des Konjunkturbildes beeinflussen. Ebenfalls als Frühindikatoren können Aktienkurse angesehen werden, in denen sich zukünftige Erwartungen bereits „heute" widerspiegeln.

Bei genauerer Betrachtung eines Konjunkturzyklus sind vier unterschiedliche Phasen erkennbar: Tief (Depression), Aufschwung (Expansion), Hoch (Boom) und Abschwung (Rezession).

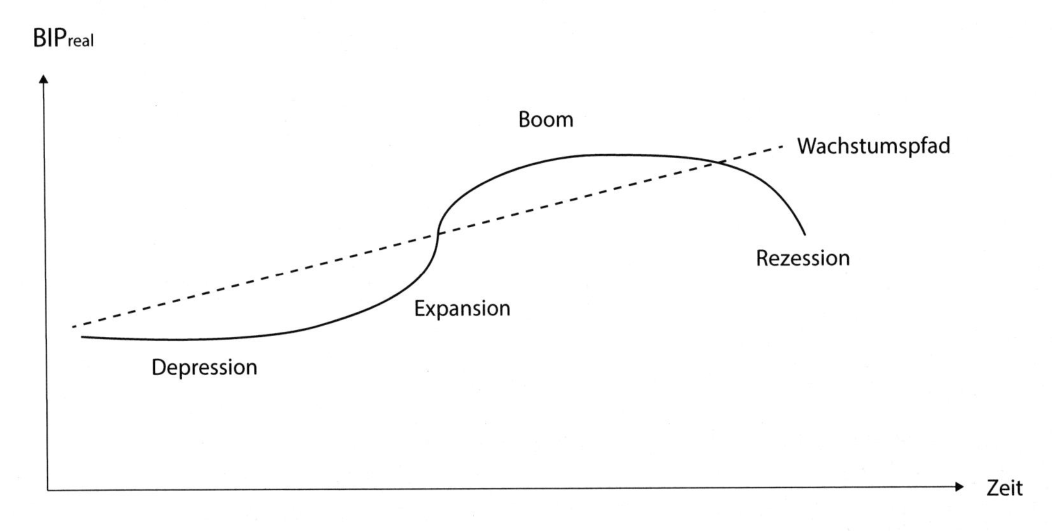

Handbuch der privaten Kapitalanlage

	Traditionelle Auswirkungen eines ...			
	...Tiefs (Phase 1)	... Aufschwungs (Phase 2)	... Booms (Phase 3)	... Abschwungs (Phase 4)
Kapazitätsauslastung	gering	sich beschleunigende Produktionsauslastung; später Engpassbildung	Vollauslastung; Engpassverschärfung	langsame, dann sich beschleunigende Freistellung
Investitionsbereitschaft	gering	zunehmend	hoch	abnehmend
Arbeitslosigkeit	hoch	abnehmend	gering	zunehmend
Preise	fallend	fallend, später stagnierend, dann steigend	steigend	steigend, später stagnierend, dann fallend
Zinsen	fallend	fallend, später stagnierend, dann leicht steigend	steigend	steigend, später stagnierend, dann fallend
Rentenkurse	steigend	steigend, später stagnierend, dann leicht fallend	fallend	fallend, später stagnierend, dann steigend
Rentenrenditen	fallend	fallend, später stagnierend, dann leicht steigend	steigend	steigend, später stagnierend, dann fallend
Aktienkurse	stagnierend, später steigend	steigend	stagnierend, später fallend	fallend
Kauf	gegen Phasenende: Aktien			Phasenbeginn bis Phasenmitte: Renten
Verkauf		Phasenbeginn bis Phasenmitte: Renten	gegen Phasenmitte: Aktien	
Unterstellte Gesetzmäßigkeit des Zyklus: Die Geldmenge beeinflusst zunächst die Kurse verzinslicher Wertpapiere, die Kurse beeinflussen die Zinsen (Renditen) und die Renditen beeinflussen schließlich die Aktienkurse.				

Wie lange ein Konjunkturzyklus dauert, kann nicht generell beantwortet werden, da in der Praxis Konjunkturzyklen unterschiedlicher Länge beobachtet werden. In der Regel wird der klassische Industriezyklus (Schwankungen der Kapazitätsauslastung) in fünf bis zehn Jahren durchlaufen. Der von Nicolai D. Kondratieff entdeckte Innovationszyklus beträgt ca. 40 bis 60 Jahre und schließt sechs bis acht klassische Industriezyklen ein. Nach Kondratieff basiert ein über mehrere Jahrzehnte andauernder Aufschwung auf der Entwicklung grundlegender und revolutionärer Basisinnovationen. Bisher wurden vier Innovationszyklen entdeckt:

- 1. Kondratieff (1790–1840): Schwermetall („industrielle Revolution")
- 2. Kondratieff (1840–1890): Eisenbahn, Dampfmaschine
- 3. Kondratieff (1890–1945): Automobil, Elektrizität
- 4. Kondratieff (1945–2000): Chemie, 2. Automobilwelle, Mikroelektronik
- 5. Kondratieff seit 2000: Wasserstofftechnologie, Biotechnologie

Handbuch der privaten Kapitalanlage

Der Konjunkturzyklus im langjährigen Überblick

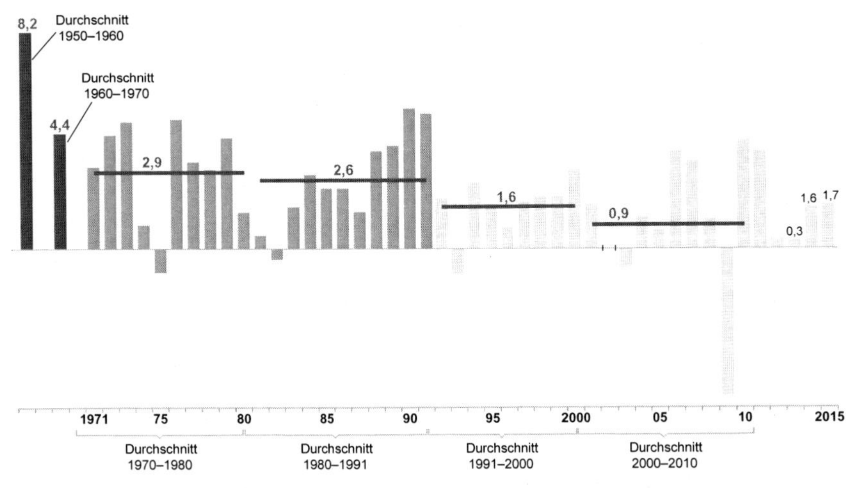

1 Die Ergebnisse von 1950 bis 1970 (Früheres Bundesgebiet) sind wegen konzeptioneller und definitorischer Unterschiede nicht voll mit den Ergebnissen von 1970 bis 1991 (Früheres Bundesgebiet) und den Angaben ab 1991 (Deutschland) vergleichbar. Die preisbereinigten Ergebnisse von 1950 bis 1970 (Früheres Bundesgebiet) sind in Preisen von 1991 berechnet. Die Ergebnisse von 1970 bis 1991 (Früheres Bundesgebiet) sowie die Angaben ab 1991 (Deutschland) werden in Preisen des jeweiligen Vorjahres als Kettenindex nachgewiesen. Bei der VGR-Revision 2014 wurden zudem nur die Ergebnisse für Deutschland bis 1991 zurückgerechnet; Angaben vor 1991 sind unverändert geblieben.

2016 - 16 - 0002

(Quelle: Bruttoinlandsprodukt 2015 für Deutschland – Statistisches Bundesamt 2016)

Es gibt zahlreiche Versuche, die zyklischen Wellenbewegungen zu erklären. Industriezyklen basieren auf einer sich periodisch ändernden Güternachfrage und Auftragslage, die durch einen Lageraufbau oder Lagerabbau nicht mehr aufgefangen werden können. Sie schlagen vielmehr voll auf die Investitionstätigkeit und damit Produktion durch. Kondratieff-Zyklen finden ihren Ursprung in grundlegenden Innovationen (Eisenbahn, Automobil, Mikroelektronik, Wasserstofftechnologie). Sie führen zu neuen Produktverfahren und Arbeitsplätzen. Während Gewinne und Produktion der „Pioniere" zunächst zulegen, steigt mittelfristig aber auch die Zahl der preisgünstig produzierenden Nachahmer. Die Gewinne stagnieren zunächst und gehen schließlich zurück. Auch die Kapazitätsauslastung innerhalb eines produzierenden Unternehmens wird abnehmen, da das Produkt bereits am Markt erfolgreich platziert werden konnte und die Anzahl der Neuanschaffungen merklich zurückgeht. Es kommt zu Preisdumping, zu Investitions- und Arbeitsplatzkürzungen und zu einem Konjunkturrückgang.

1.4.2 Konjunkturimpuls Geldmenge

Um einer wirtschaftlichen Rezession zu begegnen, könnte als erster Impuls die Geldmenge erhöht werden. Folgende Wirkungen stellen sich in diesem Fall ein:

- Aufgrund steigender Liquidität steigt die Nachfrage nach Wertpapieren. Dadurch bedingte Kurssteigerungen bewirken Renditerückgänge. Im weiteren Verlauf erscheinen damit für Unternehmen Realinvestitionen zunehmend lohnender als Investitionen in den Geld- und Kapitalmarkt.
- Den Kreditinstituten steht „billiges" Geld zur Verfügung. Damit steigt der Reiz für die Unternehmen, zinsgünstiges Fremdkapital zu Investitionszwecken aufzunehmen.

Während sich daraufhin die Auftragslage in der Produktionsgüterindustrie stetig verbessert, nehmen Unternehmensgewinne zu. Erste Lohn- und Gehaltssteigerungen schließen sich an und führen zu einer Belebung der Konsumnachfrage. Steigende Preise sind die Folge. Wird die Geldmenge nicht weiter erhöht, führt eine anhaltende Fremdkapitalnachfrage zu steigenden Zinsen und Preisen. Diese inflationären Entwicklungen sind in typischen Aufschwungphasen zu beobachten. Erreicht der Fremdkapitalzins schließlich eine Höhe, bei der sich fremdfinanzierte Investitionen aufgrund der damit verbundenen Zinsbelastung nicht mehr lohnen, wird die Nachfrage zunächst im Produktionsgüter- und danach im Konsumgüterbereich abnehmen. Der Boom schwächt sich ab und mündet konjunkturzyklisch in eine Abschwungphase. Die Preise und Zinsen entwickeln sich wieder zurück.

1.5 Konjunkturprognoseinstrument Renditestrukturkurve

1.5.1 Normale Renditestrukturkurve

Je länger Finanzmittel einem Kreditnehmer überlassen werden, umso höher erscheint für den Fremdkapitalgeber das Risiko eines möglichen Geldausfalls. Daher steigt mit Zunahme der Kreditlaufzeit auch der Kreditzins an. Da festverzinsliche Wertpapiere im Grundsatz ebenfalls nur verbriefte Kredite darstellen, fällt die an den Gläubiger zu zahlende Rendite mit Zunahme der Wertpapierlaufzeit immer höher aus. Dabei reduziert sich der Renditeanstieg mit Erhöhung der Laufzeit:

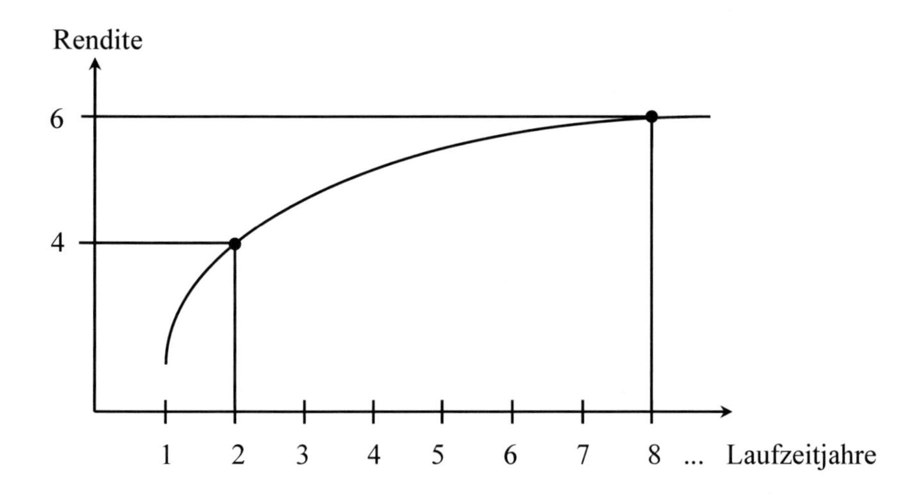

Die „Steilheit" der Renditestrukturkurve kann dann beispielsweise durch die Renditedifferenz zwischen zweijährigen und achtjährigen Wertpapieren definiert werden.

Beispiel (Interpretation der normalen Renditestrukturkurve)

Siehe Schaubild: Wird ein Papier mit einer Restlaufzeit von zwei Jahren erworben, realisiert der Anleger eine Rendite von 4 %. Bei einer Restlaufzeit von acht Jahren darf mit einer Rendite von 6 % gerechnet werden. Vorausgesetzt wird, dass der Erwerber das Papier nicht während der Laufzeit veräußert (Zwischenveräußerer), sondern bis zum Fälligkeitstermin behält (Durchhalter).

Wie kann die normale Renditestrukturkurve erklärt werden? Drei Erklärungsansätze scheinen plausibel. Sie gründen auf

- das Marktverhalten der am Wirtschaftsleben beteiligten Haushalte und Unternehmen,
- das Risikoprämienverhalten der Unternehmen,
- die Hoffnung auf einen nahen Konjunkturaufschwung.

(1) Marktverhalten der am Wirtschaftsleben beteiligten Haushalte und Unternehmen

Während die Unternehmen zur Durchführung ihrer Investitionen langfristiges Kapital benötigen, neigen die Haushalte dazu, ihr gespartes Vermögen aufgrund der Erwartung steigender Zinsen nur kurzfristig anzulegen. Einer erhöhten Nachfrage kurzfristiger Titel steht ein zunächst steigendes Angebot langfristiger Titel gegenüber:

suchen kurzfristige Kapitalanlagen

Haushalte ⇄ **Unternehmen**

bieten langfristige Kapitalanlagen

Daraus folgt, dass die Kurse kurzfristiger Titel aufgrund der wachsenden Nachfrage steigen (und damit deren Renditen fallen, da Rückzahlungsgewinne für den Erwerber immer geringer ausfallen) und die Kurse langfristiger Titel aufgrund geringer Nachfrage fallen (und damit deren Renditen steigen, da Rückzahlungsgewinne für den Erwerber immer höher ausfallen).

(2) Risikoprämienverhalten

Da die Haushalte ihr Vermögen nur kurzfristig anlegen, entsteht für die Unternehmen bei langfristiger Fremdfinanzierung ihrer Investitionen das Problem, nach Ablauf der kurzfristigen Anlagedauer eine geeignete Anschlussfinanzierung zu finden. Beide Parteien finden zueinander, indem die Unternehmen eine langfristige Kapitalanlage mit einer Rendite steigernden Risikoprämie belohnen.

(3) Spekulationen auf einen Konjunkturaufschwung

Je steiler die normale Renditestrukturkurve ist, umso eher wird auf zukünftig steigende Zinsen und Preise sowie eine zunehmende Inflationsgefahr spekuliert. In festverzinsliche Wertpapiere investierte Anleger werden daher bestrebt sein, lang laufende Anleihen zu verkaufen. Sie befürchten, für den zum Fälligkeitszeitpunkt erhaltenen Nennwert weniger erwerben zu können als heute. Aufgrund positiver Konjunkturaussichten schichten professionelle Investoren von Anleihen in Aktien um.

Eine normale Renditestrukturkurve führt aber nicht in jedem Fall zeitnah zu einem inflationsanregenden Konjunkturaufschwung: Erreicht der Zinssatz einen Wert, bei dem die am Wirtschaftsleben beteiligten Gruppen nur noch steigende Zinsen erwarten, wird das Geldvermögen spekulativ gehortet oder alternativ zu besseren Konditionen im Ausland angelegt (keynesianische Liquiditätsfalle). Die Nachfrage nach langfristigen Anleihen und damit die Kreditvergabebereitschaft der Privathaushalte sind sehr gering. Da zudem das Sparvolumen stark zurückgeht, werden Banken liquiditätsmäßig „trockengelegt". Ohnehin wird deren Bereitschaft zur Kreditvergabe eingeschränkt sein, da über den niedrigen Zinssatz das Risiko eines Kreditausfalls nur noch unzureichend vergütet wird.

1.5.2 Inverse Renditestrukturkurve

Von einer „inversen Renditestruktur" wird dann gesprochen, wenn die Renditen kurzfristiger Anleihen über den Renditen langfristiger Titel liegen. Relativ häufig tritt dieser Typ in Boomphasen auf, denn in der von steigenden Zinsen begleiteten Aufschwungphase werden immer mehr private Haushalte versuchen, Kapital langfristig zu binden, andererseits nimmt die Bereitschaft der Unternehmen ab, sich längerfristig zu verschulden. Beide Parteien erwarten also fallende Zinsen (beispielsweise USA ab 2008).

suchen langfristige Kapitalanlagen

Haushalte ⇄ **Unternehmen**

bieten kurzfristige Kapitalanlagen

Es folgt eine zunehmende Abflachung der Zinsstrukturkurve, da die Renditen kurzfristiger Papiere aufgrund sinkender Nachfrage und Kurse steigen, die Renditen langfristiger Titel aufgrund steigender Nachfrage und Kurse sinken. Diese Entwicklung findet in der Hochzinsphase ihren Abschluss:

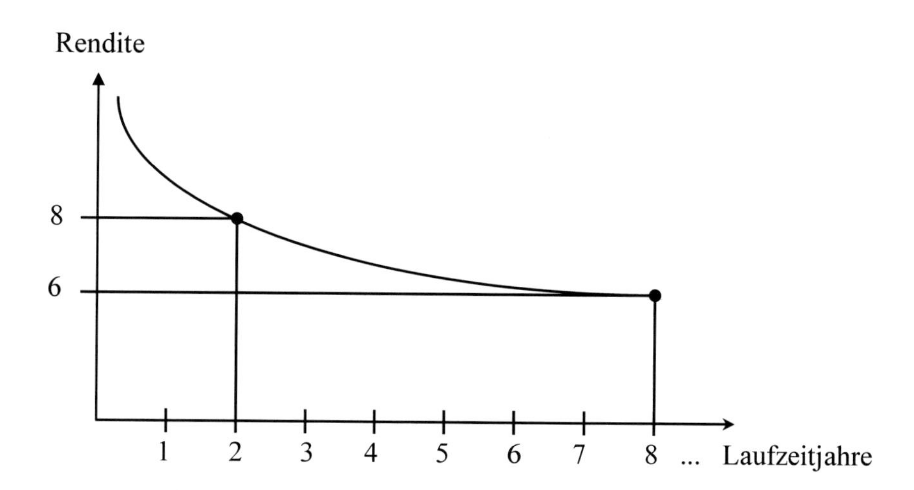

Aufgrund der mit der inversen Renditestrukturkurve verbundenen negativen Konjunkturaussichten schichten professionelle Investoren von Aktien in Anleihen um.

Beispiel (normale und inverse Zinsstruktur)

Aus der Kapitalmarktstatistik der Deutschen Bundesbank können für die Jahre 1991 und 1994 die folgenden Renditen entnommen werden:

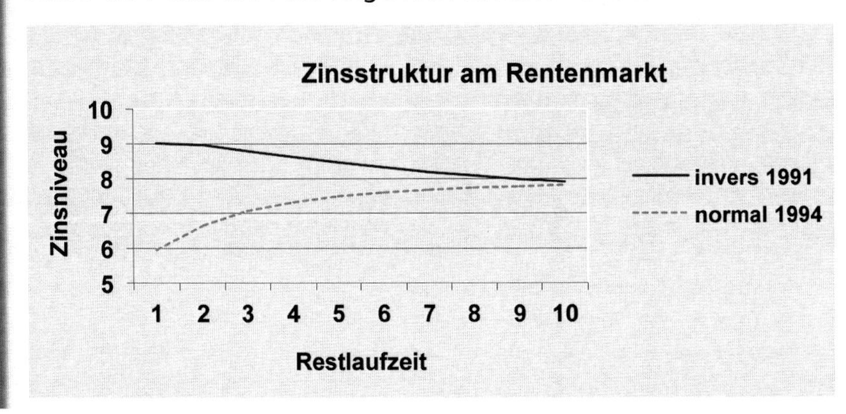

1.6 Ein praktisches Beispiel oder: Nach dem Crash ist vor dem Crash

Welchen Einfluss die nationalen Notenbanken mit ihrer Zinspolitik auf die Ökonomie der Finanz- und Wirtschaftsmärkte ausüben, zeigt die folgende Chronologie:

Die Computertechnologie entwickelte sich in den 1990er Jahren sehr stürmisch. Technischer Fortschritt und zunehmender Wettbewerb unter den IT-Unternehmen führten zu einem sich beschleunigenden Preisverfall in der Chipindustrie. Damit wurde der PC nicht nur „massetauglich", was den Unternehmen hohe Gewinne versprach, auch die Arbeitslosenquote sank in den USA deutlich unter 5 %. Ein anderes „Produkt" gewann ebenfalls an Zugkraft: das Internet. Da die Computer immer leistungsfähiger wurden, versprach man sich durch deren weltweite Vernetzung eine deutliche Reduktion der Informationsbeschaffungskosten. Der PC als Konsumgut, der angefachte Investitionsboom und die Aussicht auf deutliche Kostenreduktion schließlich ließen die in der IT-Branche ansässigen Unternehmen immer teurer werden und die Aktienkurse kannten nur eine Richtung: aufwärts. Es ist allein die Hoffnung („good willing") auf zukünftige Gewinne, die den explosionsartigen Kursanstieg unterschiedlichster Aktien zwischen 1992 und 2001 begründete. Als Gegenreaktion auf die überschießenden spekulativen Irritationen versuchten die FED (Federal Reserve: Zentralbank-System der Vereinigten Staaten, auch allgemein US-Notenbank genannt) und die deutsche Bundesbank Ende der 1990er Jahre über deutliche Zinsanhebungen Geld vom Markt abzuschöpfen. Zeitgleich gewann die Erkenntnis an Bedeutung, dass das Internet zu immer mehr Preistransparenz führte oder mit anderen Worten: Der Kostendruck innerhalb der Unternehmen nahm deutlich zu, was sich wiederum in steigenden Arbeitslosenzahlen ausdrückte. Schlechte Nachrichten führten zu schlechteren Unternehmensbewertungen und damit auch zu Aktienkursrückgängen. Der New-Economy-Crash ist über die Börsen gekommen.

Die überwiegende Anzahl der Wertpapiere verlor im Laufe der Zeit massiv an Wert, viele Aktien verschwanden gänzlich von der Bildfläche. Was blieb, war eine nachhaltige Verunsicherung an den Aktienmärkten und ein gigantischer Vermögensverlust, der sich in einer lang andauernden Konsumflaute bei den Privathaushalten und einer eingeschränkten Kreditvergabe bei den Kreditinstituten widerspiegelte.

Beispiel (Kursentwicklung ausgewählter „New-Economy"-Aktien)

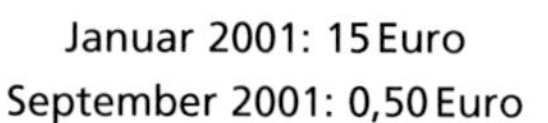

Januar 2001: 15 Euro
September 2001: 0,50 Euro

Mai 2001: 42 Euro
Oktober 2001: 0,50 Euro

Februar 2001: 0,80 Euro
Dezember 2001: 0,10 Euro

Im Zuge fallender Aktienkurse und damit auch schwindender Vermögenswerte der Privathaushalte senkten die Zentralbanken die Zinsen deutlich. Im Vergleich zu den Jahrzehnten zuvor hatten die Zinsen für längerfristige Geldanlagen bis zu zehn Jahren in Amerika von 8 % (1995) auf 4 % (2004), in Japan von 5 % (1995) auf 1 % (2004) und im Europäischen Währungsraum von 9 % (1995) auf 4 % (2004) nachgegeben. Im kurzfristigen Bereich vollzog sich die Entwicklung des „billigen" Geldes noch dramatischer:

	langfristig (10 Jahre)		kurzfristig (1 Jahr)	
Jahr	**1995**	**2004**	**1995**	**2004**
Euro-Raum	9 %	4 %	8 %	2 %
USA	8 %	4 %	6 %	1 %
Japan	5 %	1 %	2 %	ca. 0 % (!)

Das bildete den Nährboden einer Kreditblase aufgrund steigender Konsumenten- und Immobilienkreditvergaben. Gleichzeitig sorgten steigende Immobilienwerte für eine bessere „Buchwert"-Kreditwürdigkeit der Schuldner. Kredite wurden auch an Schuldner zweifelhafter Bonität ausgereicht. Allerdings entledigten sich die Kreditinstitute ihres Risikos, indem „gute" Kredite mit „schlechten" Krediten gebündelt und über Zweckgesellschaften an Privatinvestoren in Form verzinslicher Wertpapiere (Zertifikate) verkauft wurden. Durch den Verkauf der zweifelhaften Forderungen wurde bei Banken nun Eigenkapital frei, das weiter spekulativ angelegt werden konnte.

Da in den USA die Sparquote traditionell sehr gering bzw. sogar negativ war (und ist), reichte das US-BIP nicht aus, den Konsumhunger der Amerikaner zu stillen. Der zunehmende „Importhunger" und damit verbundene negative Außenhandelssaldo, also die negative Differenz zwischen den Warenexporten und den Warenimporten, wurde mit ausländischem Kapital bezahlt. So legte beispielsweise China die Erlöse aus seinen Exportüberschüssen auf dem Kapitalmarkt in US-Staatsanleihen an. Die US-Währung festigte sich gegenüber unterschiedlichen fernöstlichen Fremdwährungen und führte zu dem angenehmen Effekt, dass Importgüter kostengünstig erworben werden konnten. Kurzum: Die Verschuldung und die finanzielle Abhängigkeit vom Ausland stiegen.

Gleichzeitig zwang die aufkeimende Immobilienblase die FED, die Zinsen moderat anzuheben. Aufgrund der variablen Verzinsung vieler Immobiliendarlehen nahm die finanzielle Belastung der Schuldner deutlich zu und der Konsum ging zurück.

Handbuch der privaten Kapitalanlage

Im Jahr 2005 wurde der Leitzins in den USA auf 5,25 % erhöht. Danach setzten die ersten Immobilienotverkäufe ein, da die Zinslast von den Kreditnehmern nicht mehr bedient werden konnte. Kreditforderungen wurden aufgrund fallender Immobilienpreise zunehmend ungesichert. Baufinanzierer mussten Gläubigerschutz beantragen und Immobilienfonds, die in strukturierten Zertifikaten mit Realkredithintergrund investiert waren, gerieten aufgrund mangelnder Zahlungsfähigkeit in Liquiditätsschwierigkeiten. Konsumenten und Unternehmen schränkten sich weiter ein und veräußerten in immer größerem Umfang Aktien, um ihre Liquidität zu sichern. Auch das Ausland hielt sich zunehmend mit Kapitalanlagen zurück.

2008 setzte sich der Werteverfall (auch hypothekengesicherter Kredite) fort und erreichte bereits Größen jenseits der 500 Mrd. Dollar. Die Kreditvergabe zwischen den Banken geriet ins Stocken (welche Bank gibt schon der anderen einen Kredit, wenn deren Immobiliensicherheiten nichts mehr wert sind). Fällige oder wertlos gewordene Zertifikate konnten den Gläubigern nicht mehr zurückgezahlt werden. Die Wertverluste minderten auch das Eigenkapital der Banken. Folge: Weitere Vermögenswerte mussten verkauft werden, um Kapital zu beschaffen, was wiederum zu fallenden Vermögenswerten führte. Die Weltwirtschaft geriet ins Trudeln und die Zentralbanken waren gezwungen, die Zinsen erneut massiv zu senken.

2013 fand eine beispiellose Zinssenkungsrunde ihr vorläufiges Ende. Die Zentralbanken schleusten zu diesem Zeitpunkt noch massiv billiges Geld in die Kreditwirtschaft. Die dankbar aufgenommenen Finanzspritzen wurden umgehend in Aktienwerte, Anleihen oder Immobilien investiert.

Die gegenwärtig im Euro-Raum zu beobachtende keynesianische Liquiditätsfalle begründet sich in der langanhaltenden Phase extremer Niedrigzinsen. Die Sparneigung in langfristige Geldanlagen geht dabei immer weiter zurück, dagegen werden freie Finanzmittel nur kurzfristig geparkt. Die „goldene Bilanzregel", langfristige Investitionen mit langfristigem Fremdkapital zu finanzieren, lässt sich nicht mehr umsetzen. Das Deflationsgespenst macht die Runde, da Europaweit die Investitions- und Konsumbereitschaft schrumpft. Daher versucht die EZB seit 2015 über den Ankauf von Euro-Staatsanleihen im Rahmen des „Quantitative Easing"-Programms die monetäre Basis in der Hoffnung weiter zu lockern, dass die Investitions- und nachfolgend Konsumtätigkeit angeregt wird. Eine damit geldmengengesteuerte Preissteigerung der Vermögenswerte bei erhöhter Risikoschwankung dauert bis heute (Stand 7/2017) an und legt das Fundament einer erneuten Bildung von Vermögenspreisblasen. Da sich geldmengengetriebene Aktienkurse grundsätzlich nicht durch steigende Gewinnprognosen der Unternehmen erklären lassen, wird eine Konsolidierung der geldmengengetriebenen Aktienhausse immer wahrscheinlicher.

Handbuch der privaten Kapitalanlage

2 Anlagestrategische Rahmenbedingungen

2.1 Warum Vermögen bilden

Das Leben ist teuer. Ein Erwerbstätiger muss ja mit seinem Lohn nicht nur den gegenwärtigen Lebensunterhalt bestreiten, sondern sich damit auch finanziell für die Lebensphase im Ruhestand absichern.

Und das es ganz natürlich ist, einem weit in der Zukunft liegenden Problem weniger Beachtung zu schenken als den in diesem Jahr vordringlichen Problemen, wird die langfristige Sparneigung den gegenwärtigen Konsumbedürfnissen untergeordnet. Das Problem liegt damit auf der Hand: Im Alter ist oftmals kein Geld zur Bestreitung des Lebensunterhaltes vorhanden. Und um diesen zukünftigen finanziellen Missstand zu begegnen, wurde 1891 die gesetzliche Rentenversicherung eingeführt. Sie verfolgt (idealistisch betrachtet) das Ziel, dem Erwerbstätigen einen „Sparzwang" zum Aufbau eines Finanzpolsters für den Ruhestand aufzuerlegen.

Das System der Rentenversicherung ist seit seiner Einführung sehr wechselhaft verlaufen. Geschichtlich erwähnenswert für unsere Betrachtung ist allerdings das Jahr 1968, in dem das sogenannte Umlageverfahren auf Basis des „Generationsvertrages" eingeführt wurde.

Der Generationenvertrag beinhaltet die gesellschaftlich klassische Verpflichtung der gegenwärtig Erwerbstätigen für den Unterhalt und die Erziehung der Kinder zu sorgen und gleichzeitig durch Zahlung der Rentenversicherungsbeiträge die Rente der Ruheständler zu finanzieren. Damit ist aber auch klar, dass der von den gegenwärtig Erwerbstätigen gezahlte Rentenbeitrag eben nicht (wie oben dargelegt) auf einem Konto angespart wird, sondern sogleich für die gegenwärtige Rente der Ruheständler verwendet beziehungsweise „umgelegt" wird. Dabei dachten nur wenige Wirtschaftswissenschaftler bei der Einführung des Umlageverfahrens 1968 wohl daran, dass dieses Prinzip nicht uneingeschränkt funktioniert.

Beispiel (Umlageverfahren)

Eine Volkswirtschaft besteht zunächst aus fünf Personen, vier davon sind erwerbstätig und zahlen einen Rentenversicherungsbeitrag von 100 Euro pro Person (Verhältnis Beitragszahler: Rentenempfänger = 4 : 1). Der Rentenempfänger erhält also 400 Euro Altersruhegeld.

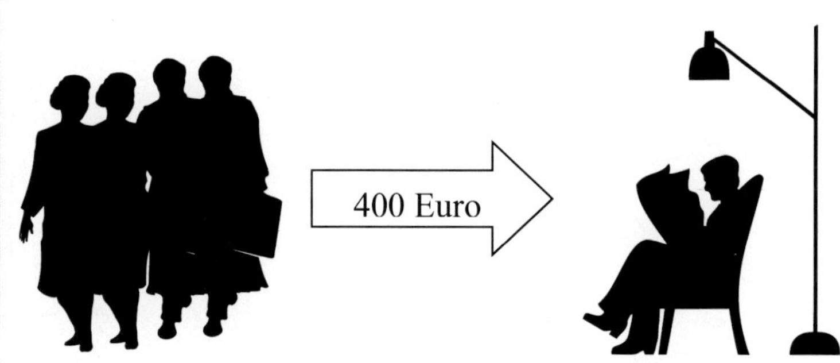

30 Jahre später: Die ehemaligen vier Erwerbstätigen genießen nun den Ruhestand, deren acht Kinder das Erwerbsleben (Verhältnis Beitragszahler: Rentenempfänger = 8 : 4 = 2 : 1). Wie sieht jetzt die Rechnung aus?

Eine erste Möglichkeit besteht darin, den Rentenbeitragssatz mit 100 Euro stabil zu halten. Dann müssten sich allerdings vier Ruheständler mit insgesamt 800 Euro zufrieden geben, was innerhalb von 20 Jahren eine Halbierung der Renten (von 400 Euro auf 200 Euro) bedeutet.

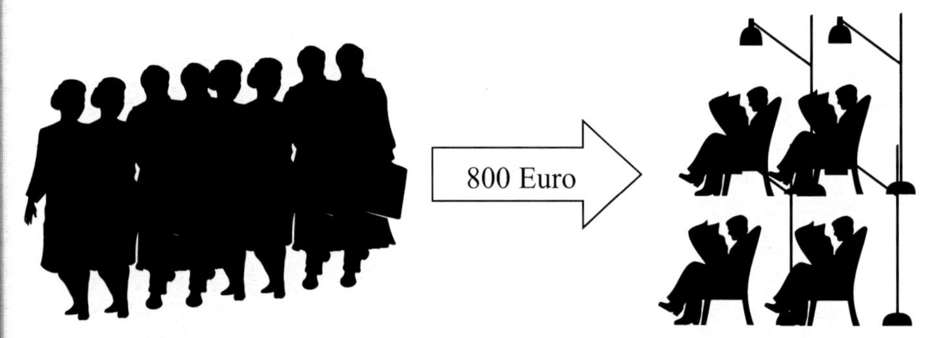

Die zweite Möglichkeit besteht darin, den Rentenbeitragssatz auf 200 Euro pro Erwerbstätigen zu verdoppeln, um das Rentenniveau bei 400 Euro stabil zu halten:

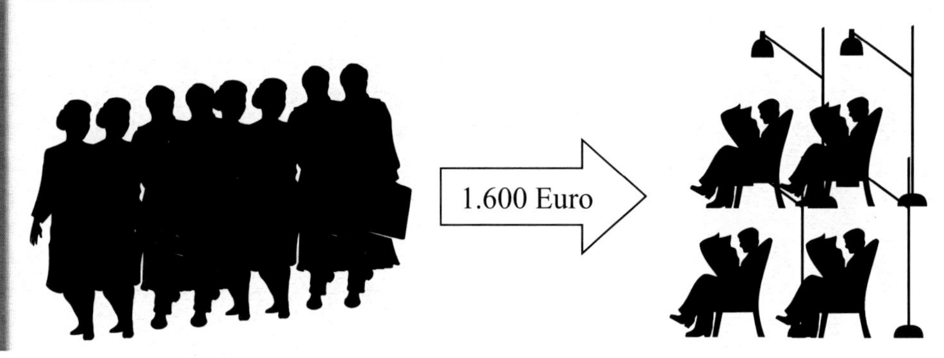

Eines wird deutlich: Dauerhaft kann das Umlageverfahren in dem Beispiel nur dann Bestand haben, wenn das Verhältnis der Beitragszahler zu den Rentenempfängern zumindest gleich bleibt. Tatsächlich aber führen Geburtenstagnation, vorgezogene Ruhestandsregelungen und ungünstige wirtschaftliche Entwicklungen mit steigender Arbeitslosigkeit zu dem Effekt, dass die Anzahl der Ruheständler stärker zunimmt als die Anzahl der Erwerbstätigen und damit der Beitragszahler. Damit dürfte sich das Rentenproblem noch erheblich verschärfen.

Interessant ist auch die Frage, inwieweit sich das Umlageverfahren auf die Konsumfreudigkeit der Bürger auswirkt. Führen wir das Beispiel fort:

Beispiel (Rückgang des Gesamtwohlstandes)

Der Arbeitslohn betrage einheitlich 1.000 Euro.

Zu Beginn stehen den fünf Einwohnern (vier Erwerbstätige und der Ruheständler) insgesamt 4.000 Euro/Monat zur Verfügung, im Durchschnitt also 800 Euro pro Einwohner.

30 Jahre später ist die Anzahl der Einwohner von fünf auf zwölf angewachsen (acht Erwerbstätige und vier Ruheständler).

Das „Volksvermögen" steigt bei acht Erwerbstätigen von 4.000 Euro auf 8.000 Euro. Damit können durchschnittlich pro Person aber nur noch 667 Euro verbraucht werden und der Gesamtwohlstand würde selbst bei steigenden Bevölkerungszahlen zurückgehen.

Der sich beschleunigende Überalterungsprozess führt zu einschneidenden Konsequenzen: Nach Berechnungen des statistischen Bundesamtes wird die allgemeine Bevölkerungsentwicklung Deutschlands in den kommenden Jahrzehnten deutlich zurückgehen, verbunden mit langfristig steigenden Rentenversicherungsbeiträgen der Bürger und einem weiteren Rückgang der Konsumausgaben und Verschärfung der Altersarmut.

Damit wird die staatliche Fürsorge zukünftig nicht mehr ausreichen, ihren Bürgerinnen und Bürgern eine „Rundum-Versorgung" zu garantieren. Die eigenverantwortliche Umsetzung privater Lebens- und Altersvorsorge erscheint daher immer vordringlicher.

2.2 Basisanforderungen an eine Geldanlage

Bei der fast schon undurchschaubaren Produktvielfalt fällt die Auswahl für den Anleger nicht leicht. Um die Anlageentscheidung zu vereinfachen, stellen die Anleger oftmals Mindestbedingungen an „ihre" Geldanlage. Genannt werden hauptsächlich:

- Die schnelle Verfügbarkeit der Geldanlage ist gerade in wertschwankungsanfälligen Börsenzeiten ein nicht zu unterschätzendes Qualitätsmerkmal und genießt in breiten Anlegerkreisen höchste Priorität. Was nützen schon hohe Renditeversprechungen, wenn
  - die Anlage kurzfristig gar nicht veräußert werden kann,

- sich an der Börse aufgrund mangelnder Nachfragetätigkeit nur wenig Kurse bilden oder
- diese Anlage komplett aus dem Börsenhandel genommen wird?

„Liquidität" ist lebensnotwendig. Viele Gebrauchsgegenstände des täglichen Lebens können von heute auf morgen funktionsuntüchtig werden: Waschmaschine, Auto, Fernseher. Kühlschrank. Daher ist das Halten einer schnell verfügbaren „Geldreserve" für unvorhergesehene Ereignisse unumgänglich und spiegelt das existenzielle Sicherheitsbedürfnis eines jeden Menschen wider.

- Erwartet wird von den Anlegern eine hohe Rendite. Damit lassen sich Konsumwünsche „kostengünstiger" realisieren. Steht beispielsweise der Wunsch fest, sich in drei Jahren eine Stereoanlage ins Wohnzimmer zu stellen, kann der Sparer abschätzen, wie viel er monatlich zurücklegen muss, um das Sparziel in drei Jahren zu erreichen. Dabei gilt: Je höher die Rendite der Anlageform ausfällt, umso weniger muss gespart werden und umso mehr Geld steht auch heute noch für andere kurzfristigere Konsumwünsche zur Verfügung. Leider wird mit dem Begriff „Rendite" allzu leichtfertig umgegangen und wichtige Fragen bleiben grundsätzlich unbeantwortet:
  - Handelt es sich bei der versprochenen Rendite nur um eine Renditeerwartung?
  - Welche Rendite konnte mit der Anlageform in der Vergangenheit erzielt werden?
  - Sind die Kosten in der Höhe der Rendite bereits eingerechnet?
  - Ist die in der Vergangenheit beobachtete Rendite über alle Zeiträume stabil oder hängt deren Wert auch vom Anlageeinstiegs- und Anlageausstiegszeitpunkt ab?
- Von vielen Anlegern wird daher als weiterer Punkt das „Risiko der Geldanlage" genannt. Grundsätzlich erwartet der Investor von seiner Kapitalanlage eine Rendite in bestimmter Höhe. Sie stellt dann eine Zielvorgabe dar, die nach Ende der Kapitalbindung entweder realisiert, durch Kursgewinne übertroffen (Realisierung einer positiven Zusatzrendite) oder aufgrund realisierter Kursverluste nicht erreicht wurde (Realisierung einer negativen Zusatzrendite). Damit lässt sich die subjektive Risikobereitschaft als die tolerierte Schwankungsbreite um eine erwartete Rendite verstehen. Objektive Risikomaßnahme beschreibt in der Vergangenheit beobachtete Wertschwankungen (die „Volatilität" bei Aktien) oder mögliche Kursänderungsrisiken bei bestimmten Marktzinsänderungen (die „modifizierte Duration" bei verzinslichen Wertpapieren), ohne auf die persönlichen Bedürfnisse des Anlegers einzugehen. Eine falsche Risikoeinschätzung führt grundsätzlich zu Frustration: Wie enttäuscht wäre der HIFI-Enthusiast, wenn er zwar drei Jahre lang kräftig gespart, aber das Anlageziel dennoch nicht erreicht hätte und der Erwerb der Stereoanlage sich verzögert?
- Kosten für den Erwerb, der Verwaltung und den Verkauf der Geldanlage schlagen nicht unwesentlich zu Buche: Provisions- und Verwaltungsvergütung, An- und Verkaufsspesen, sowie Ausgabeaufschläge schmälern die Rendite der Geldanlage erheblich. Von den aus der Anlage erwirtschafteten Erträgen verlangt zudem der Staat in Form der Einkommensteuer seinen Anteil. Auch jetzt gilt: Je geringer die Kosten und Steuerbelastung sind, desto „kostengünstiger" kann das Sparziel erreicht werden.

Auf Grundlage der genannten Bedürfnisse der Anleger lässt sich nun ein konstruktiver und den Sparer disziplinierender Ansatz zur erfolgreichen Geldanlage entwickeln: die Anlagepyramide.

Handbuch der privaten Kapitalanlage

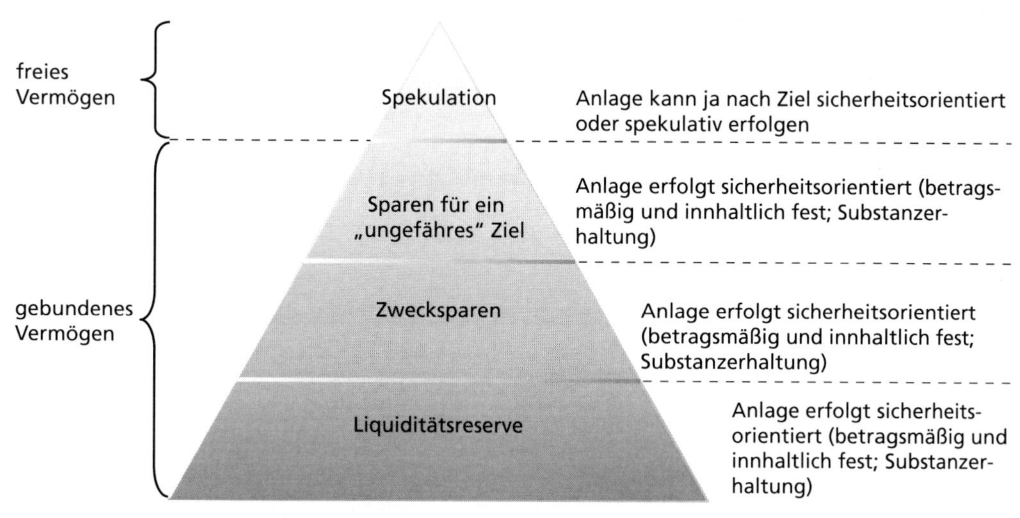

Aufbau der Anlagepyramide unter Einbindung bestehenden oder prognostizierbar zukünftig erworbenen Vermögens (Erbschaft/Schenkung)

Die Liquiditätsreserve dient der kurzfristigen Bereitstellung lebensnotwendiger Güter (bspw. zur Finanzierung der Miete, der Lebenshaltungskosten, des Erwerbs eines Kühlschrankes, Fernsehers etc.) und der Inanspruchnahme von Dienstleistungen (bspw. Versicherungen, die jährliche Urlaubsreise) des täglichen Lebens. Als strategischer Anlagehorizont zur Pflege der Liquitätskasse wird in der Literatur ein Zeitraum von bis zu drei Jahren genannt. Dem Wunsch nach einem neuen Auto, einer neuen Möbeleinrichtung oder einer nicht alltäglichen Urlaubsreise kann mit Anlageprodukten entsprochen werden, die dem mittelfristigen Sparziel „Zwecksparen" gerecht werden. Dafür ist ein mittelfristiger Anlagehorizont von bis zu acht Jahren vorgesehen. Verfügt der Haushalt nach Reservierung finanzieller Mittel für die Liquiditätsreserve und dem Zwecksparen noch über Geldmittel, sollten sie für das langfristige Sparziel „Altersvorsorge" hinterlegt werden. „Langfristig" defniert einen Zeitraum von neun Jahren und mehr. Wenn auch dann noch freie Finanzmittel zur Verfügung stehen, können diese auch spekulativen Zwecken zugeführt werden.

Aus diesen strategischen Überlegungen lassen sich die folgenden Basisanforderungen an eine Anlageform ableiten:

- Bei der überwiegenden Mehrheit der Sparvorhaben steht die Substanzerhaltung im Vordergrund. Damit rückt das Ziel einer Renditemaximierung in den Hintergrund.
- Die Anlage muss in ihrer Wertentwicklung rechnerisch nachvollziehbar sein. Um eine Vergleichbarkeit mit anderen Anlagealternativen zu gewährleisten, ist auf die Angabe des Effektivzinses nach ICMA zu achten. Kennziffern wie „laufender Wertzuwachs", „durchschnittlicher Wertzuwachs" oder „Durchschnittsverzinsung" sind, wie in nachfolgenden Kapiteln gezeigt wird, abzulehnen.
- Auf eine stabile und nachhaltige Wertentwicklung der Finanzanlage ist zu achten. Der Einfluss konjunktureller Risiken wie auch einzelwirtschaftlicher Unternehmensrisiken auf das Vermögen ist zu reduzieren.
- Aus der Anlage erhaltene Erträge sollten ohne großen Aufwand erneut angelegt werden können. Damit realisiert der Anleger erst den gewünschten und kapitalsteigernden Zinseszinseffekt.
- Auf das Anlageziel ist zu achten: Das Anlageziel bestimmt die Anlagedauer. Die Anlagedauer bestimmt den Risikograd der Kapitalanlage. Aufgrund hoher

Wertschwankungen ist beispielsweise ein Engagement in Aktien bei einer Anlagedauer von wenigen Tagen bis Jahren riskanter als ein Aktieninvestment mit einer Haltedauer von 15 Jahren und mehr.

- Bei Fremdfinanzierung von Kapitalanlagen (beispielsweise Immobilien) ist auf die Langfristigkeit und Höhe der Rückzahlungsverpflichtung zu achten. Ob eine Finanzierung überhaupt tragbar ist, kann im Rahmen eines langfristigen Finanzierungsplanes ermittelt werden.
- Kapitalanlagen müssen für den Anleger transparent sein. Eine Kapitalanlage ist nur dann für den Anlagesuchenden durchschaubar, wenn der aus der Anlage resultierende Zahlungsstrom ohne großen rechnerischen Aufwand nachvollzogen werden kann,
  - der Effektivzins der Kapitalanlage angegeben wird,
  - die steuerlichen Konsequenzen der Anlage eindeutig geregelt sind,
  - die bezüglich der Anlage gewonnenen Risikokennziffern interpretiert werden können.

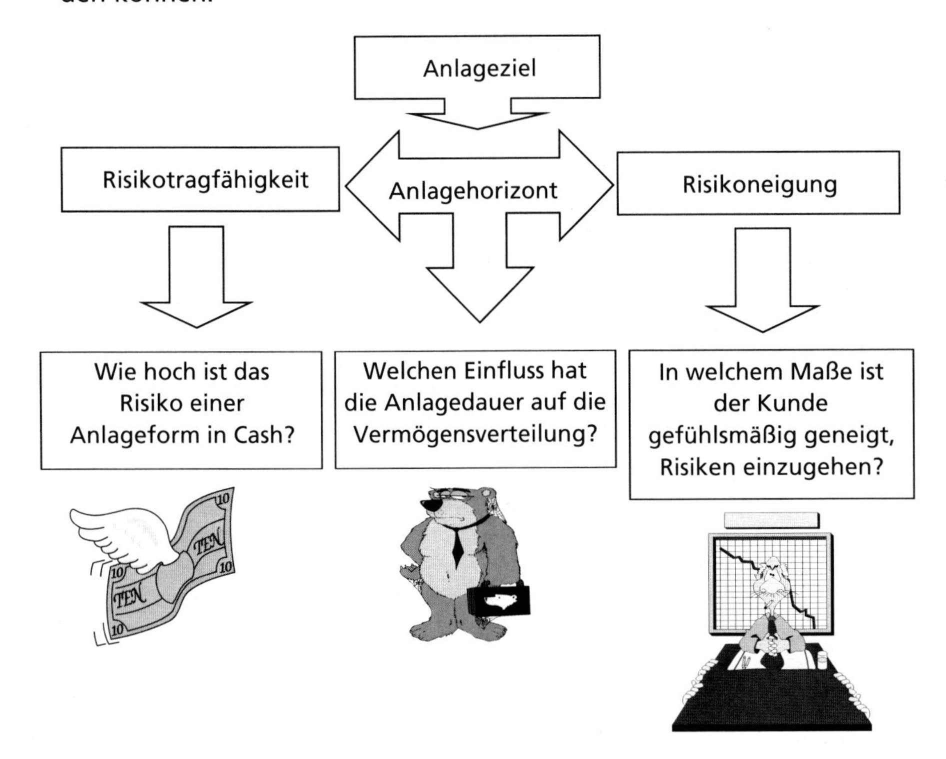

2.3 Anlagerisiko

2.3.1 Was ist Risiko?

Wie bereits dargestellt, erwartet der Investor zum Zeitpunkt der Geldanlage von seiner Investition eine bestimmte Rendite. Diese Renditeerwartung als Zielvorgabe wird nach Ende der Kapitalbindung entweder realisiert, durch Kursgewinne übertroffen oder aufgrund realisierter Kursverluste nicht erreicht. Diese im Vorfeld der Anlage bewusst wahrgenommene und akzeptierte Renditeunsicherheit bestimmt die subjektive Risikobereitschaft. Objektive Risikomaße hingegen beschreiben in der Vergangenheit beobachtete Wertschwankungen (die „Volatilität" bei Aktien) oder mögliche Kursänderungsrisiken bei bestimmten Marktzinsänderungen (die „modifizierte Duration" bei verzinslichen Wertpapieren), ohne auf die persönlichen Bedürfnisse des Anlegers einzugehen.

Handbuch der privaten Kapitalanlage

Stellt man sich die Frage, ob alle Risiken einer Kapitalanlageform ausgeschaltet werden können, lautet die Antwort eindeutig „nein". Dies resultiert aus der Tatsache, dass sich das anlagespezifische Gesamtrisiko in einen systematischen und einen unsystematischen Risikoaspekt aufteilen lässt:

Gesamtrisiko = systematisches Risiko + unsystematisches Risiko

Als unsystematische oder einzelwirtschaftliche Risiken sind die klassischen Unternehmensrisiken (z.B. Konkursrisiko, Managementrisiko, Rückzahlungsrisiko eines Kredits oder verzinslichen Wertpapiers) anzusehen. Während unsystematische Risiken nur auf ein bestimmtes Wertpapier eines Emittenten beschränkt sind, wirken systematische oder konjunkturelle Risiken auf die gesamte Kapitalanlagegruppe (beispielsweise Aktien, verzinsliche Wertpapiere) oder übergreifend auf mehrere unterschiedliche Kapitalanlagegruppen.

Obwohl unsystematische Risiken nur schwer zu prognostizieren sind, können sie zumindest verringert werden. Durch Diversifikation (Streuung) des investierten Anlagebetrages auf eine Vielzahl unterschiedlicher Anlagetitel einer bestimmten Anlageform verlieren Wert- und Ertragsschwankungen einer einzigen Anlage an Einfluss auf den Ertrag des Gesamtportefeuilles. Damit lässt sich das unsystematische Risiko bei hinreichend großer Anzahl unterschiedlicher Titel reduzieren.

Harry Marcowitz (geb. 1927) wies in seinem Buch über Möglichkeiten strategischer Risikostreuung sogar nach, dass bei gegenläufiger Entwicklung unterschiedlicher Einzelwerte der Anlageform „Aktie" das Risiko eines Aktiendepots gegen 0 reduziert werden kann, ohne Renditeeinbußen in Kauf nehmen zu müssen. Solche optimal gemanagten Aktiendepots werden als „effizient" bezeichnet.

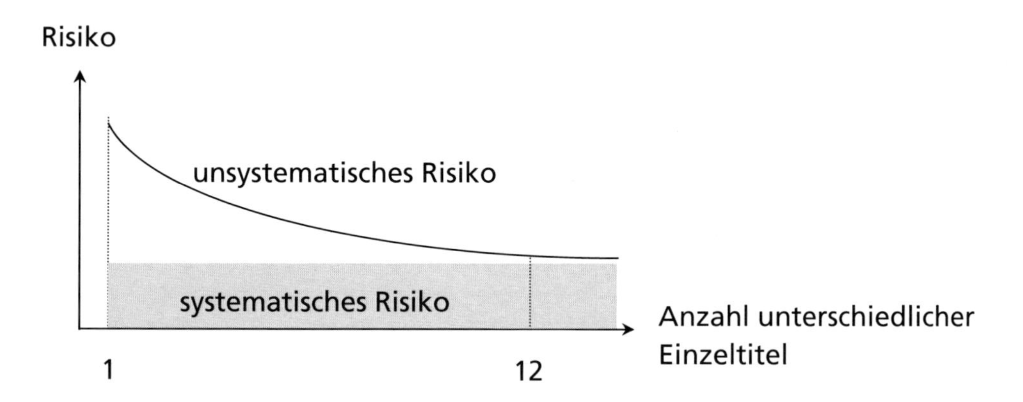

Beispiel (Diversifikation)

Wir nehmen an, ein Anleger investiert sein gesamtes Vermögen ausschließlich in eine Unternehmensbeteiligung eines auf Erfrischungsgetränke spezialisierten Unternehmens („Frisco-Aktie"). Die Renditeentwicklung der Aktie ist dabei in starkem Maße wetterabhängig. Beständiges Wetter über die Sommermonate bedeuteten starkes Umsatz- und Gewinnwachstum (hohe Rendite), unbeständiges Wetter während der Wintermonate führten hingegen zu geringeren Umsätzen und Gewinnen (niedrige Rendite).

Wird das Vermögen zu 50 % in „Frisco-Aktien" und zu 50 % in Beteiligungstitel eines Teelieferanten investiert („Teemat-Aktie"), kann das Renditeänderungsrisiko reduziert werden, denn während der Wintermonate steigen Umsatz und Gewinn des Teelieferanten (hohe Rendite), bei beständiger und warmer Witterung während der Sommerzeit hingegen stagnieren Umsatz und Gewinn (niedrige Rendite). Die Renditeentwicklung beider Papiere verhält sich (idealerweise) gegenläufig. Sie sind zueinander „negativ korreliert".

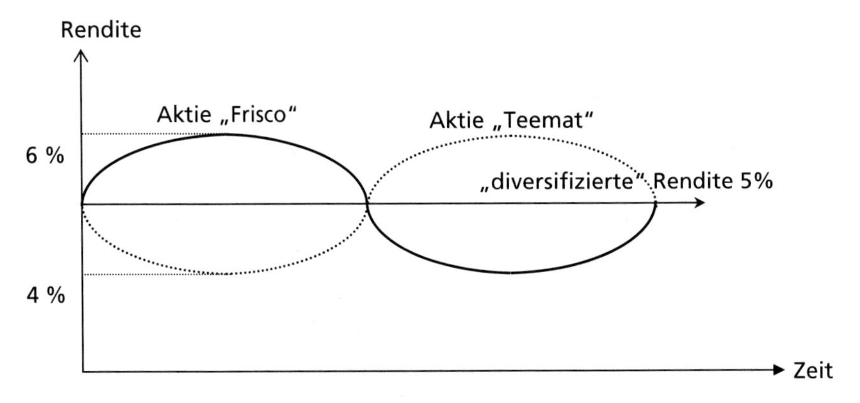

Aufgrund der Mischung wird bei Verkauf der Werte zu jedem Zeitpunkt eine „sichere" (Durchschnitts-)Rendite von 5 % erwirtschaftet. Bei nur einem Wert im Depot wird zwar ebenfalls eine „Durchschnittsrendite" von 5 % erzielt, die tatsächlich realisierte Rendite kann jedoch bei Verkauf des Titels zwischen 4 % und 6 % variieren. Die Hinzunahme der zweiten Aktie „friert" die Renditeerwartung von 5 % ein und senkt gleichzeitig das Risiko des Gesamtengagements.

2.3.2 Die Unvereinbarkeit von Rendite und Risiko

Die Maxime „Risikominimierung bei gleichzeitiger Renditemaximierung" unter dem Gesichtspunkt einer stetigen Verfügbarkeit (Liquidität) führt zu dem magischen Dreieck der Kapitalanlage. Die Erfüllung der drei Anlageziele „geringe Wertschwankung", „schnelle Verfügbarkeit" und „hohe Erträge" kann nicht simultan erreicht werden.

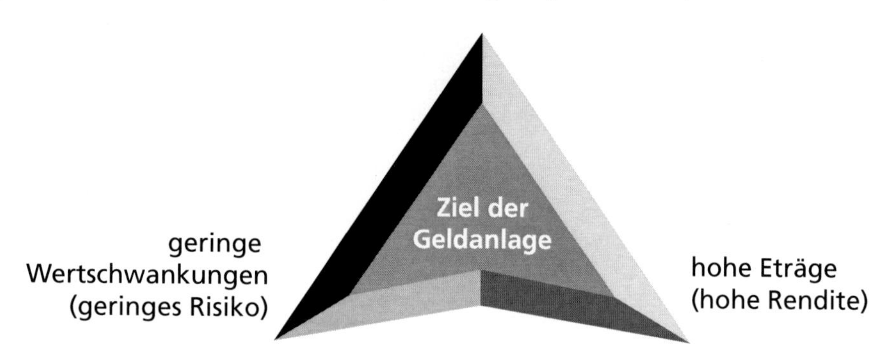

Beispiel (Unvereinbarkeit der Ziele des magischen Dreiecks)

(1) „Hohe Rendite" versus „Geringes Risiko"

Ein hohes Anlagerisiko wird in aller Regel vom Schuldner der Anlage mit einer adäquaten Risikoprämie bedacht. Damit gilt: Je höher das Risiko ist, desto höher muss diese Risikoprämie und damit die Rendite der Kapitalanlage ausfallen. Eine hohe Rendite, beispielsweise in Form von lukrativen Zinsausschüttungen, begrenzt das Risiko, das investierte Geld nicht fristgerecht zurückzuerhalten. Kapitalanlagen, die mit überdurchschnittlichen Renditeversprechen und gleichzeitig geringem Risiko werben, sind daher mit Vorsicht zu genießen.

(2) „Schnelle Verfügbarkeit" versus „Hohe Rendite"

Bei vielen Anlageformen erhält der Anleger sein komplett investiertes Kapital nur zu einem im Vorfeld vertraglich festgelegten Zeitpunkt (Fälligkeitstermin) zurück. Der Schuldner, meist ein Unternehmen, eine Bank oder der Staat, möchte ja auch die Planungssicherheit haben, mit dem Geld der Anleger eine bestimmte Zeit (Bindungsdauer) konstruktiv arbeiten zu können. Und da Schuldner sich nicht laufend den Kopf über eventuell notwendige Anschlussfinanzierungen zerbrechen wollen, dürfen die Anleger mit zunehmender Bindungsdauer eine immer höhere Treueprämie erwarten. Es gilt also: Je länger die Bindungsdauer, desto höher die Rendite, je kürzer die Bindungsdauer, desto geringer die Rendite.

Soll allerdings die Kapitalanlage während der Bindungsfrist an der Börse verkauft werden, muss erst einmal ein Käufer gefunden werden. Gibt es mehr Anbieter bzw. Verkäufer der Geldanlage als Kaufwillige bzw. Anlagesuchende, wird der Verkaufspreis der Anlage fallen und der Verkäufer erhält unter Umständen einen geringeren Betrag als er ursprünglich investiert hat. Sind allerdings die Kaufwilligen in der Überzahl, wird der Preis für die Kapitalanlage steigen und der Verkäufer erzielt möglicherweise einen höheren Betrag als er ursprünglich investiert hat.

Eine jederzeit verkäufliche Anlageform mit geringen Bindungsfristen wird eine geringe Renditeerwartung bei geringem Risiko aufweisen. Dagegen wird bei nur schwer veräußerbaren Anlageformen mit langen Bindungsfristen eine hohe Renditechance durch hohe Risiken (beispielsweise Weiterveräußerungsrisiken) erkauft.

Handbuch der privaten Kapitalanlage

3 Rechtliche Rahmenbedingungen

3.1 Wertpapierhandelsgesetz

3.1.1 Beratungs- und Dokumentationspflichten

Aufgrund des hohen Geldvermögens der privaten Haushalte besteht ein wachsender Anlageberatungsbedarf, der oftmals durch komplexe, undurchschaubare und im Risikograd gestiegene Anlagekonstruktionen gedeckt wird. Berücksichtigt man außerdem, dass mit der zunehmenden wirtschaftlichen Verflechtung der Industrieländer auch die Abhängigkeiten der Kapitalanlagen untereinander zunehmen, wird deutlich, dass nicht nur produktspezifische, sondern auch volkswirtschaftliche Fachkenntnisse einen immer breiteren Raum beim Anlageberater einnehmen müssen. Das Wertpapierhandelsgesetz (WpHG) definiert die aus einer Anlageberatung gegenüber Privatkunden zu erfüllenden Pflichten des beratenden Kreditinstitutes. Anlageinstrumente („Finanzinstrumente" im Sinne des §2 WphG) sind u. a.

- Aktien, Anleihen, Fondsanteile gem. Wertpapierprospektgesetz bzw. Kapitalanlagegesetzbuch,
- Genussrechte,
- Derivative Geschäfte, insbesondere Futures oder Optionen,
- Vermögensanlagen gem. Vermögensanlagengesetz beispielsweise geschlossene Beteiligungen (gemäß §1 Abs. 2 VermAnlG sind unter Vermögensanlagen im Sinne des Vermögensanlagegesetzes keine verbrieften Wertpapiere gemäß Wertpapierprospektgesetz und keine Anteile an offenen Investmentfonds gemäß Kapitalanlagegesetzbuch zu verstehen)

Der Privatkunde wird im Regelfall dann einen Berater hinzuziehen, wenn er hinsichtlich des gewünschten Finanzinstruments nur wenig Kenntnis über dessen Kosten, Chancen, Risiken oder Konstruktionsaufbau verfügt.

Damit kommt mit Aufnahme eines Beratungsgespräches stillschweigend ein Beratungsvertrag zustande. Ein Beratungsvertrag wird nicht angenommen, wenn der Kunde mit klar umrissenen Vorstellungen und Kaufwünschen an den Anlageberater herantritt. Dennoch sollte der Anlageberater auch hier eventuelle (Warn-) Hinweise bezüglich der mit dem gewünschten Produkt zusammenhängenden Risiken ansprechen und dies schriftlich dokumentieren. Ein Beratungsvertrag endet mit der Anlageentscheidung, kann sich aber bei Vereinbarung einer laufenden Depotüberwachung verlängern.

Durch den Beratungsvertrag entstehen für den Anlageberater

- Informationspflichten,
- Aufklärungspflichten und Berichtspflichten,
- Prüfungspflichten.

Kein Beratungsvertrag wird mit „professionellen Kunden" geschlossen, die über ausreichende Erfahrungen, Kenntnisse und Sachverstand verfügen, um ihre Anlageentscheidungen eigenständig zu treffen und die damit verbundenen Risiken angemessen beurteilen zu können (§67 Abs. 6 WpHG und Artikel 45 Delegierte Verordnung (EU) 2017/565). Ein Privatkunde kann auf Antrag oder durch Festlegung der Bank als professioneller Kunde eingestuft werden. Allerdings hat sie den

Handbuch der privaten Kapitalanlage

Privatkunden schriftlich darauf hinzuweisen, dass mit der Änderung der Einstufung die Schutzvorschriften des Wertpapierhandelsgesetzes für Privatkunden nicht mehr gelten.

Mit der am 03.01.2018 in das bestehende Wertpapierhandelsgesetz (WpHG) eingearbeiteten Finanzmarktrichtlinie „MiFID II" (Markets in Financial Instruments Directive II) soll den Zielen eines verbesserten Anlegerschutzes bei Wertpapierdienstleistungen, eines verstärkten Wettbewerbs unter den Börsenplätzen und der Harmonisierung des Europäischen Finanzmarktes Rechnung getragen werden. Eine klassische Wertpapierdienstleistung nach §2 WpHG ist beispielsweise die Anschaffung oder Veräußerung von Aktien, Anleihen, Fondsanteilen oder Zertifikaten.

Grundsätzlich sind Kreditinstitute nach §63 WpHG (allgemeine Verhaltensregeln) bzw. §64 WpHG (besondere Verhaltensregeln) verpflichtet,

- Wertpapierdienstleistungen ehrlich, redlich und professionell im bestmöglichen Interesse seiner Kunden zu erbringen,
- sich um die Vermeidung von Interessenkonflikten zu bemühen bzw. Interessenkonflikte eindeutig darzulegen (z.B. die bei Verkauf von Zertifikaten oder Investmentfonds der Bank zuerkannten Provisionen oder andere geldwerte Vorteile),
- alle dem Kunden zur Verfügung gestellten Informationen einschließlich Werbemitteilungen, redlich, eindeutig und nicht irreführend zu gestalten,
- Kunden rechtzeitig, d.h. vor Abschluss eines Wertpapiergeschäfts, und in verständlicher Form Informationen zur Verfügung zu stellen, die angemessen sind, damit die Kunden nach vernünftigem Ermessen die Art und die Risiken der ihnen angebotenen oder von ihnen nachgefragten Arten von Finanzinstrumenten oder Wertpapierdienstleistungen verstehen und auf dieser Grundlage ihre Anlageentscheidungen treffen können,
- den Kunden über die Konstruktion, die Chancen und die Risiken des empfohlenen Wertpapiers aufzuklären, was wiederum voraussetzt, dass die Bank selbst das dem Kunden empfohlene Anlageprodukt verstehen muss (§63 Abs. 5 WpHG).

Beim Umfang der Aufklärungspflicht ist im Privatkundengeschäft hauptsächlich zu unterscheiden zwischen

- einer Anlageberatung (§ 1 Abs. 1a KWG; §2 Abs. 8 WpHG)
- einem beratungsfreien Geschäft (§ 63 Abs. 10 WpHG) und
- der reinen Kundenordererteilung bei „nicht komplexen Finanzinstrumenten", z.B. Geldmarktfonds oder an der Börse notierten Aktien, für die regelmäßig öffentlich zugängliche und verständliche Informationen zur Verfügung stehen (§63 Abs. 11 WpHG).

Der Anspruch des Kunden gegen eine Bank auf Schadenersatz wegen Verletzung der Informationspflicht und wegen fehlerhafter Beratung im Zusammenhang mit einer Wertpapierdienstleistung oder Wertpapiernebendienstleistung verjährt drei Jahre nach dem Zeitpunkt der Kenntnisnahme von der Falschberatung oder dem entstandenen Schaden (§195 i.V.m. §199 Abs. 1 BGB). Ohne Rücksicht auf die Kenntnis einer Falschberatung können Schadensansprüche nur innerhalb von zehn Jahren nach Vertragsabschluss geltend gemacht werden, d.h., sofern der Anleger vom Schadensfall erst zehn Jahre nach der Anlageentscheidung Kenntnis erhält, sind eventuelle Ansprüche aus Falschberatung verjährt (§199 Abs. 3 BGB). Versäumnisse der Bank bei der Protokollerstellung oder dessen Herausgabe können mit einer Geldbuße geahndet werden (§120 Abs. 8 WpHG).

3.1.2 Anlageberatung

Gesetzlich ist der Begriff der „Anlageberatung" in §2 Abs. 8 Nr. 10 WpHG definiert.

> **§2 Abs. 8 Nr. 10 WpHG [Anlageberatung]:** „Wertpapierdienstleistungen im Sinne dieses Gesetzes sind die Abgabe von persönlichen Empfehlungen ... an Kunden oder deren Vertreter, die sich auf Geschäfte mit bestimmten Finanzinstrumenten beziehen, sofern die Empfehlung auf eine Prüfung der persönlichen Umstände des Anlegers gestützt oder als für ihn geeignet dargestellt wird und nicht ausschließlich über Informationsverbreitungskanäle oder für die Öffentlichkeit bekannt gegeben wird."

Keine persönliche Anlageberatung sind damit Empfehlungen, die über Werbeträger vermittelt werden, oder allgemeine Ratschläge, die sich nicht an einen speziellen Kunden, sondern an einen weiteren Kundenkreis richten (Delegierte Verordnung (EU) 2017/565 Artikel 9).

Sofern es sich aber um eine „echte" Anlageberatung handelt, sind vom Kunden nach §64 Abs. 3 WpHG einzufordern:

- Informationen über Kenntnisse und Erfahrungen des Kunden in Bezug auf die dem Kunden empfohlene Anlageform,
- Informationen über die Anlageziele des Kunden,
- Informationen über die finanziellen Verhältnisse des Kunden, um ihm ein Wertpapier empfehlen zu können, das für ihn geeignet ist und seiner Fähigkeit, Verluste zu tragen, entspricht.

In der „Delegierten Verordnung (EU) 2017/565 Artikel 55" steht ausführlicher:

> **Delegierte Verordnung (EU) 2017/565 Artikel 55 [Gemeinsame Bestimmungen für die Beurteilung der Eignung bzw. Angemessenheit]:**
>
> „(1) Die Wertpapierfirmen sorgen dafür, dass sich die Informationen über die Kenntnisse und Erfahrungen eines Kunden oder potenziellen Kunden in Anlagefragen auf die nachfolgend genannten Punkte erstrecken, soweit dies nach Art des Kunden, Art und Umfang der zu erbringenden Dienstleistung und Art des in Betracht gezogenen Produkts oder Geschäfts unter Berücksichtigung der damit jeweils verbundenen Komplexität und Risiken angemessen ist:
>
> a) Art der Dienstleistungen, Geschäfte und Finanzinstrumente, mit denen der Kunde vertraut ist;
>
> b) Art, Umfang und Häufigkeit der Geschäfte des Kunden mit Finanzinstrumenten und Zeitraum, in dem sie getätigt worden sind;
>
> c) Bildungsstand und Beruf oder relevanter früherer Beruf des Kunden bzw. potenziellen Kunden."

Zu hinterfragen ist damit, ob die empfohlene Anlageform den Anlagezielen des Kunden entspricht, die hieraus erwachsenden Anlagerisiken finanziell tragbar sind und der Kunde mit seinen Kenntnissen und Erfahrungen diese verstehen kann. Erlangt das Wertpapierdienstleistungsunternehmen die erforderlichen Informationen nicht, darf es im Zusammenhang mit einer Anlageberatung keine bestimmte Anlageform empfehlen oder im Zusammenhang mit einer Finanzportfolioverwaltung keine Empfehlung abgeben. In diesem Fall mündet die Anlageberatung in ein beratungsfreies Geschäft (§63 Abs. 10 WpHG).

Beruht eine Anlageempfehlung der Bank auf unwahren Informationen des Kunden, hat die Bank die Fehlerhaftigkeit oder Unvollständigkeit der Angaben seiner Kunden nicht zu vertreten und kann für Verluste nicht haftbar gemacht werden.

3.1.3 Beratungsfreies Geschäft

Bei einem beratungsfreien Geschäft gibt es seitens der Bank keine individuelle Anlageempfehlung und die Informationspflicht des Kunden gegenüber der Bank beschränkt sich auf Kenntnisse und Erfahrungen in Bezug auf das vom Kunden gewünschte Geschäft. Die von der Bank zu führenden Aufzeichnungen über die durchgeführten Angemessenheitsbeurteilungen beinhalten (Delegierte Verordnung (EU) 2017/565 Artikel 56 Abs. 2):

- das Ergebnis der Angemessenheitsbeurteilung, ggf.
- Hinweise für den Kunden, sofern die Wertpapierdienstleistung oder der Produktkauf als möglicherweise unangemessen für den Kunden beurteilt wurde, und ob der Kunde den Wunsch geäußert hat trotz des Hinweises mit der Transaktion fortzufahren, sowie ggf.
- ob die Bank dem Wunsch des Kunden auf Fortführung der Transaktion nachgekommen ist.

Eine Prüfung der finanziellen Verhältnisse oder eine Erfragung der Anlageziele und der Risikobereitschaft entfällt.

Gelangt ein Wertpapierdienstleistungsunternehmen aufgrund der vom Kunden erhaltenen Informationen zu der Auffassung, dass das vom Kunden gewünschte Finanzinstrument für den Kunden nicht angemessen ist, hat es den Kunden darauf hinzuweisen. Erlangt das Wertpapierdienstleistungsunternehmen nicht die erforderlichen Informationen, hat es den Kunden darüber zu informieren, dass eine Beurteilung der Angemessenheit nicht möglich ist. Eine Haftung für eventuell eintretende Verluste kann gegenüber der Bank dann grundsätzlich nicht geltend gemacht werden.

Bei einer auf Veranlassung des Kunden durchgeführten Order ist darüber zu informieren, dass keine Prüfung der Kenntnisse und Erfahrungen vorgenommen wird. Insofern handelt es sich bei diesen reinen Ordergeschäften um die am wenigsten „informationsbedürftigen" Wertpapierdienstleistungen.

Wenn Banken eine vom Kunden veranlasste Wertpapierkauforder oder Wertpapierverkaufsorder über die Börse abwickeln, sind sie gemäß dem „best-execution-Modell" angehalten, im bestmöglichen Interesse ihres Kunden zu handeln (Delegierte Verordnung (EU) Artikel 64-66 und §63 Abs. 7 WpHG). Insbesondere Kosteneffizienz und eine hohe Abwicklungsgeschwindigkeit des Kundenauftrages sind dabei zu berücksichtigen.

3.1.4 Geeignetheitserklärung

Kreditinstitute haben dem Kleinanleger seit dem 03.01.2018 das Ergebnis der Anlageberatung auf einem dauerhaften Datenträger vor Vertragsabschluss zur Verfügung zu stellen („Geeignetheitserklärung" nach §64 Abs. 4 WpHG). Inhalt der Erklärung ist ein Überblick über die von der anlageberatenen Bank erteilten Ratschläge und Angaben, inwiefern die abgegebene Empfehlung zum betreffenden Kleinanleger passt und inwieweit sie den Zielen und persönlichen Umstände des Kunden hinsichtlich der erforderlichen Anlagedauer, der Kenntnisse und

Erfahrungen des Kunden sowie seiner Risikobereitschaft und Verlusttragfähigkeit gerecht wird. Auf eine Unterschrift der Erklärung wird verzichtet.

3.1.5 Honorarberatung

Nach §63 Abs. 7 WpHG ist ein Wertpapierdienstleistungsunternehmen, das Anlageberatung erbringt, verpflichtet, den Kunden vor Beginn der Beratung und vor Abschluss des Beratungsvertrages rechtzeitig und in verständlicher Form darüber zu informieren, ob die Anlageberatung als Honorar-Anlageberatung erbracht wird oder nicht (Anlageberatung auf Provisionsbasis). Dabei ist eine strikte organisatorische Trennung beide Beratungssysteme durch das Kreditinstitut sicherzustellen.

Erfolgt die Anlageberatung auf Provisionsbasis, ist der Kunde darüber zu informieren, ob im Zusammenhang mit der Anlageberatung Zuwendungen von Dritten angenommen und behalten werden. Erfolgt eine Honorar-Anlageberatung, vergütet ausschließlich der Kunde die für ihn erbrachte Dienstleistung. Eventuell der Bank durch Dritte gewährte Provisionsvergütungen sind dem Anleger durchzureichen.

Die Überwachung der Beratungsqualität erfolgt durch die Bundesanstalt für Finanzdienstleistungsaufsicht (BaFin).

3.2 Prospekthaftung

In die Haftung genommen werden Kreditinstitute auch bei Missachtung der Prospekthaftung. Bevor ein Wertpapier an der Börse gehandelt werden kann, muss es zugelassen werden. Die Zulassung ist vom Emittenten der Wertpapiere zusammen mit einem Kreditinstitut oder einem anderen Finanzdienstleistungsinstitut zu beantragen. Mit dem Zulassungsantrag erfolgt die Erstellung und Veröffentlichung eines Prospekts, der über die wirtschaftlichen und rechtlichen Verhältnisse des Emittenten Auskunft erteilt (Vermögensanlagengesetz §6ff.). Für die Richtigkeit der im Prospekt veröffentlichten Angaben haften das verantwortliche Kreditinstitut und der Emittent gleichermaßen (Vermögensanlagengesetz §20). Ein möglicher Haftungsausschluss (sogenannte Freizeichnung) ist durch die mit der Prospektveröffentlichung beteiligten Parteien ausgeschlossen. Der Erwerber der Vermögensanlage kann einen Haftungsanspruch allerdings nur dann geltend machen, wenn er sein Investment innerhalb von zwei Jahren nach dem ersten öffentlichen Angebot der Vermögensanlage im Inland tätigte („Ausschlussfrist").

Prospekthaftungsansprüche verjähren regelmäßig drei Jahre nach Kenntnisnahme von der Unrichtigkeit des Prospekts. Unabhängig von einer Kenntnisnahme verjähren die Ansprüche zehn Jahre nach Prospektveröffentlichung.

3.3 Allgemeine Geschäftsbedingungen

Bei den seit 2002 in das BGB eingearbeiteten Allgemeinen Geschäftsbedingungen (§§305 ff. BGB) handelt es sich um vorformulierte Vertragsbedingungen mit dem Ziel, die Gestaltungsvielfalt unterschiedlicher Verträge zwischen Bank und Kunde zu standardisieren und den Kunden vor unangemessenen Benachteiligungen zu schützen (beispielsweise bei ungewöhnlichen Vertragsklauseln, mit denen der Kunde nicht rechnen kann, oder bei Verlusten aus einer fehlerhaften Beratung).

Die Allgemeinen Geschäftsbedingungen werden dann Bestandteil eines Vertrags, wenn das Kreditinstitut bei Vertragsabschluss

- den Kunden ausdrücklich darauf hinweist oder
- ihn durch einen deutlich sichtbaren Aushang am Ort des Vertragsabschlusses davon in Kenntnis setzt.

Dass ein Kreditinstitut nach den Allgemeinen Geschäftsbedingungen für eine nachgewiesene fehlerhafte Beratung seines Mitarbeiters haftet, dies also auch nicht durch eine vertragliche Klausel ausgeschlossen werden kann, ist im BGB (§ 309) geregelt.

3.4 Bankgeheimnis

Bankgeheimnis bedeutet

- die Pflicht des Kreditinstituts, Auskünfte nicht weiterzugeben,
- das Recht des Kreditinstituts, Auskünfte zu verweigern.

Damit stellt das Bankgeheimnis einen wesentlichen Pfeiler der Vertrauensbildung zwischen Bank und Kunde dar. Formuliert wird dieser Grundsatz in den Allgemeinen Geschäftsbedingungen-Banken:

AGB-Banken Nr. 2. [Bankgeheimnis und Bankauskunft]: „Die Bank ist zur Verschwiegenheit über alle kundenbezogenen Tatsachen und Wertungen verpflichtet, von denen sie Kenntnis erlangt (Bankgeheimnis). Informationen über den Kunden darf die Bank nur weitergeben, wenn gesetzliche Bestimmungen dies gebieten oder der Kunde eingewilligt hat oder die Bank zur Erteilung einer Bankauskunft befugt ist."

Gesetzlich verankert ist das Bankgeheimnis in Deutschland nicht. Denn ein generelles Auskunftsverweigerungsrecht genießen nur die in § 102 Abgabenordung (AO) aufgeführten Personen, beispielsweise Geistliche, Ärzte, Verteidiger und Mitglieder des Bundestages, nicht aber Bankmitarbeiter. So sind bei einem Verdacht auf Steuerhinterziehung die Finanzbehörden berechtigt, von Banken und anderen Personen Auskünfte zu verlangen (§ 93 AO). Bei Aufforderung durch die Finanzbehörden sind Bücher, Aufzeichnungen, Geschäftspapiere und andere Urkunden zur Einsicht und Prüfung vorzulegen (§ 97 AO). Bei der Ermittlung ist auf das Vertrauensverhältnis zwischen den Kreditinstituten und ihren Kunden besonders Rücksicht zu nehmen (§ 30a AO). Dies betrifft Guthabenkonten oder Depots, bei deren Errichtung eine gesetzlich verpflichtende Legitimationsprüfung nach § 154 AO vorgenommen worden ist (bei Kontoeröffnungen durch Vorlage des Ausweises oder Unterschriftenkontrollen). Die Anwendung der Legitimationsprüfung stellt sicher, dass der Konto-, Depot- oder Schließfachinhaber bekannt ist und damit sämtliche Kontenbewegungen nachvollzogen werden können.

Guthabenkonten oder Depots, bei denen keine Legitimationsprüfung erfolgte, dürfen anlässlich einer Außenprüfung bei einem Kreditinstitut kontrolliert werden. Bei Verdacht auf Steuerumgehung fertigt der Prüfer eine Kontrollmitteilung über die festgestellten Sachverhalte an und sendet sie der zuständigen Finanzbehörde zu. Insbesondere betrifft dies das „Conto pro Diverse" (CpD-Konto). Ein CpD-Konto unterhält das Kreditinstitut für Geschäftsvorfälle, die nicht Kunden der Bank betreffen oder die keiner bestimmten Person zugeordnet werden können. Insoweit findet eine Legitimationsprüfung im Sinne des § 154 AO nicht statt.

Kunden von Direktbanken pflegen keinen direkten Kontakt zu ihrem Kredit-institut. Daher wird die Identitätsprüfung grundsätzlich an den Schaltern der Deutschen Post AG („PostIdent"-Verfahren) vorgenommen.

Da Kreditinstitute zu einem Kapitalertragsteuerabzug verpflichtet sind, haben sie dem Bundeszentralamt für Steuern folgende Daten zu übermitteln (§ 45d EStG):

- Name und Geburtsdatum der Person, die den Freistellungsauftrag erteilt hat,
- die Höhe der Kapitalerträge, bei denen vom Steuerabzug Abstand genommen worden ist,
- die Kapitalerträge, bei denen die Erstattung von Kapitalertragsteuer beim Bundeszentralamt für Steuern beantragt worden ist,
- Name und Anschrift des Empfängers des Freistellungsauftrages.

Diese Mitteilungen dürfen nur zur Durchführung eines (gerichtlichen) Verfahrens in Steuersachen verwendet werden. Jedoch kann die Finanzbehörde die erhaltenen Daten den Sozialdienstleistungsträgern zur Überprüfung des bei der Sozialleistung zu berücksichtigenden Einkommens oder Vermögens weiterleiten.

3.5 Erbschaftsangelegenheiten

Jeder der Erbschaftsteuer unterliegende Erwerb ist vom Erwerber innerhalb von drei Monaten nach erlangter Kenntnis von dem Anfall dem Finanzamt mitzuteilen. Zudem kann das Finanzamt von jeder an einem Erbfall oder einer Schenkung beteiligten Person die Abgabe einer Erklärung verlangen. Die Frist muss dabei zumindest einen Monat betragen.

Da sich Kreditinstitute geschäftsmäßig mit der Verwahrung und der Verwaltung fremden Vermögens befassen, sind die zu Beginn des Todestages verwahrten Vermögensgegenstände und deren Werte dem Finanzamt mitzuteilen (§ 33 ErbStG). Die Anzeigepflicht bezieht sich auch auf die für das Jahr des Todes bis zum Todestag errechneten Zinsen für Guthaben, Forderungen und Wertpapiere (Stückzinsen). Sind Schließfächer vorhanden, genügt die Mitteilung über ihr Bestehen.

Die Anzeige ist i. d. R. innerhalb eines Monats, nachdem der Todesfall dem Verwahrer bekannt geworden ist, aufzugeben. Eine Anzeige kann bei Werten von weniger als 5.000 Euro unterbleiben (§ 1 ErbStDV). Kreditinstitute, die das Vermögen den Erben vor Erhebung und Entrichtung der Steuerschuld vorsätzlich oder fahrlässig außerhalb des Inlands zur Verfügung stellen, haften nach § 20 ErbStG anteilig für die Steuerschuld. Auch inländische Versicherungsunternehmen haben alle Zahlungen an andere Personen als den Versicherungsnehmer anzuzeigen (§ 33 ErbStG; § 3 ErbStDV).

3.6 Geldwäschegesetz

Das Geldwäschegesetz von 1993 verpflichtet die Kreditinstitute zur Aufzeichnung bestimmter Geschäftsvorfälle, sofern diese nicht über ein Konto abgewickelt werden, dessen Inhaber eindeutig identifiziert werden kann. Ebenfalls besteht eine Identifizierungspflicht in Verdachtsfällen.

Identifizieren bedeutet die Feststellung

- des Namens aufgrund eines Personalausweises oder Reisepasses sowie
- des Geburtsdatums und des Geburtsorts,
- der Staatsangehörigkeit und der Anschrift,
- von Art, Nummer und ausstellender Behörde des amtlichen Ausweises.

Eine Identifizierung hat beispielsweise zu erfolgen bei der Annahme von Bargeld oder Wertpapieren über 15.000 Euro (kann entfallen bei Bareinzahlungen der Inhaber oder Mitarbeiter des Unternehmens auf das Unternehmenskonto und bei Nachttresoreinzahlungen) oder Finanztransaktionen, die zusammen 15.000 Euro überschreiten.

3.7 Automatisierter Abruf nach §24c KWG

Kreditinstitute haben eine Datei zu führen, in der folgende Daten gespeichert sind:

- die Nummer eines jeden Kontos, das der Legitimationsprüfung im Sinne der Abgabenordnung unterzogen wurde, oder eines Depots sowie der Tag der Errichtung und der Tag der Auflösung;
- der Name sowie bei natürlichen Personen der Tag der Geburt des Inhabers und eines Verfügungsberechtigten sowie der Name und die Anschrift eines abweichend wirtschaftlich Berechtigten.

Das Kreditinstitut hat zu gewährleisten, dass die Bundesanstalt für Finanzdienstleistungsaufsicht jederzeit Daten aus der Datei automatisiert abrufen kann, beispielsweise im Rahmen der Verfolgung und Ahndung internationaler Straftaten. Zudem ermöglicht die Abgabenordnung seit 01.04.2005 dem Bundeszentralamt für Steuern den Abruf einzelner Daten aus dieser Datei, wenn dies zur Festsetzung oder Erhebung von Steuern erforderlich ist und ein Auskunftsersuchen an den Steuerpflichtigen nicht zum Ziele geführt hat oder keinen Erfolg verspricht:

§93b Abgabenordnung [Automatisierter Abruf von Kontoinformationen]: „[...] Das Bundeszentralamt für Steuern darf auf Ersuchen der für die Besteuerung zuständigen Finanzbehörden bei den Kreditinstituten einzelne Daten aus den [...] zu führenden Dateien im automatisierten Verfahren abrufen und sie an die ersuchende Finanzbehörde übermitteln."

4 Verzinsliche Wertpapiere

4.1 Wesen

4.1.1 Wie Rentenwerte konstruiert sind

Rentenwerte (andere Bezeichnungen: Schuldverschreibungen, Anleihen, Obligationen, verzinsliche Wertpapiere) sind Wertpapiere, die Kreditbeziehungen verbriefen und dem Gläubiger bzw. Anleger unterschiedliche Rechte gewähren:

Zum Fälligkeitstermin erwirbt der Anleger (der Kreditgeber/Gläubiger) Anspruch auf Rückzahlung eines feststehenden Rückzahlungsbetrages, der als „Nennwert" bezeichnet wird. Einige Herausgeber („Emittenten") behalten sich das Recht vor, ihre Schulden vor dem Fälligkeitstermin vorzeitig zu tilgen. Das wird dann der Fall sein, wenn die Zinsen zwischenzeitlich stark gefallen sind und das emittierende Unternehmen (der Schuldner) Fremdkapital günstiger aufnehmen kann.

Während der Besitzzeit hat der Anleger Anspruch auf regelmäßige Zinszahlungen in gleicher oder unterschiedlicher Höhe. Die Höhe des Zinssatzes wird in der Regel in Prozent des zurückzahlbaren Nennwerts angegeben („Nominalzins", „Zinskupon"). Zinszahlungen können jährlich, halbjährlich oder sogar vierteljährlich gezahlt werden. Bei Null-Zins-Anleihen, die überhaupt keine Zinszahlungen vorsehen, wird der Ertrag ausschließlich durch die Höhe des Rückzahlungsgewinns bestimmt.

Emittenten von Rentenwerten sind Unternehmen, Banken oder der Staat. Im Allgemeinen werden die individuellen Ausstattungsmerkmale eines bestimmten Rentenwerts in den „Emissionsbedingungen" schriftlich festgelegt und regeln damit die Schuldner-Gläubiger-Beziehung. Von einigen Ausnahmen abgesehen, werden Rentenwerte an der Börse gehandelt, d.h., Angebot und Nachfrage bestimmen über den Wert und damit An- oder Verkaufspreis des Wertpapiers. Die Preisfestsetzung erfolgt grundsätzlich nicht nur einmal am Tag (Kassanotierung), sondern mit jedem An- und Verkaufsauftrag an der Börse neu (variable Notierung).

Handbuch der privaten Kapitalanlage

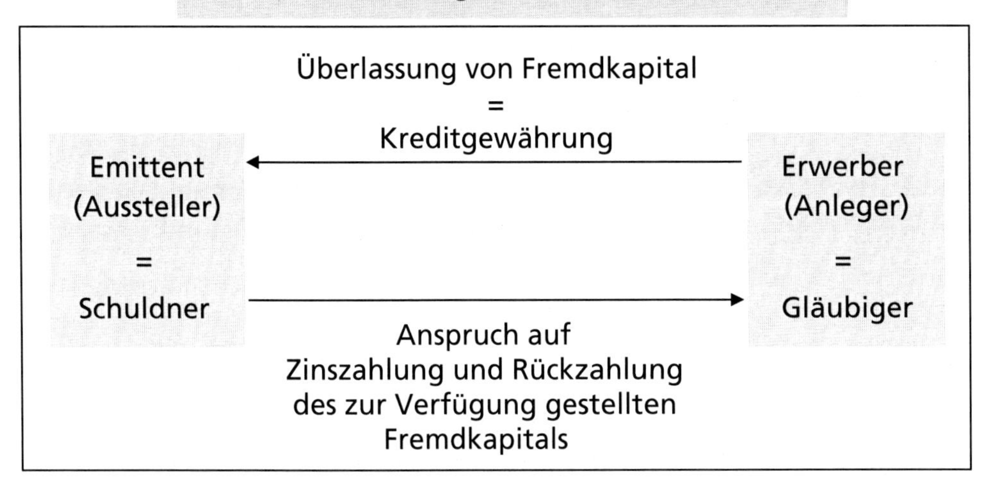

Für die Überlassung des Kapitals erhält der Anleger eine marktgerechte Verzinsung, deren Wert in der Kennziffer „Effektivzins" zum Ausdruck kommt. Bestimmt wird die Höhe des Effektivzinses durch die laufenden Zinszahlungen (Nominalzins in % vom Nennwert) und dem bei Fälligkeit oder Weiterveräußerung realisierten Rückzahlungsgewinn bzw. Rückzahlungsverlust.

Beispiel (Bundesanleihe)

Öffentliche Anleihen Bundesrepublik Deutschland				
Zins p. a.	Fälligkeit	Zinstermin	Kaufkurs (05.11.06)	Rendite
6 % ③	20.06.16 ②	20.06. ③	110,96 % ①	4,873 % ④

Am 05.11.2006 waren für eine Bundesanleihe pro 100 Euro Nennwert 110,96 Euro zu zahlen (=①). Fälligkeitstermin ist der 20.06.2016 (=②). An diesem Tag werden 100 Euro (der Nennwert) dem Anleger zurückgezahlt.

(Nominal-)Zinsen sind jährlich jeweils am 20.06. in Höhe von 6 Euro pro 100 Euro Nennwert fällig (=③). Da auf Endfälligkeit ein Rückzahlungsverlust in Höhe von 10,96 Euro realisiert wird, beträgt die Rendite bzw. der effektive Zins 4,873 % (=④) und ist damit niedriger als der Nominalzins in Höhe von 6 %.

Aufgrund hoher Druckkosten wird ein verzinsliches Wertpapier grundsätzlich nicht mehr in einer Einzelurkunde ausgehändigt. Vielmehr tritt an die Stelle der Einzelurkunde die Sammel- oder Globalurkunde, die den gesamten Nennwert der Emission verbrieft. Der Anleger ist insoweit mit einem Bruchteil am gesamten Nennwert der Emission beteiligt. Natürlich bleibt dem Emittenten die Möglichkeit, eine Sammelurkunde nachträglich in effektive Einzelurkunden zu teilen. Allerdings hat der Kunde dann selbst für die Einlösung der Zinskupons zu sorgen (sogenannte Tafelgeschäfte).

Handbuch der privaten Kapitalanlage

Beispiel (Auszug Emissionsprospekt)

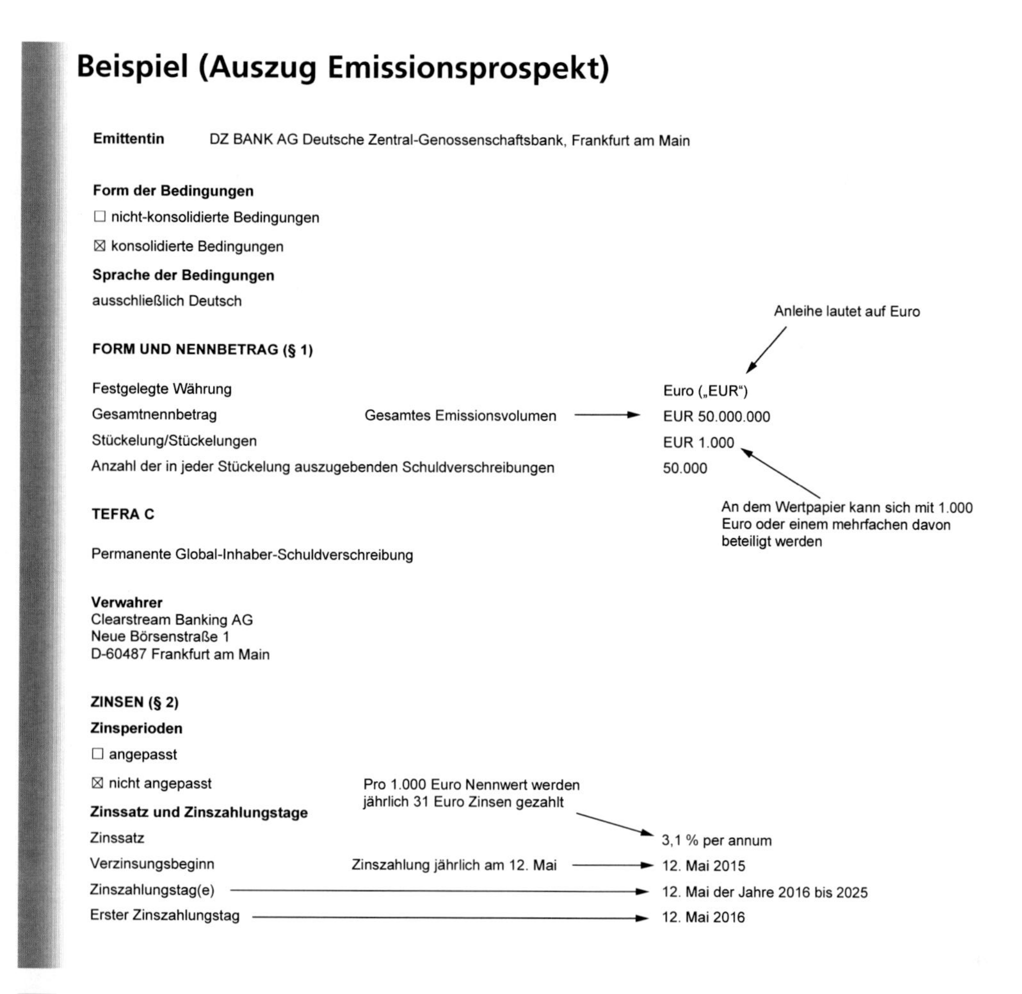

Emittentin DZ BANK AG Deutsche Zentral-Genossenschaftsbank, Frankfurt am Main

Form der Bedingungen

☐ nicht-konsolidierte Bedingungen

☒ konsolidierte Bedingungen

Sprache der Bedingungen

ausschließlich Deutsch

FORM UND NENNBETRAG (§ 1)

Festgelegte Währung		Euro („EUR") ← Anleihe lautet auf Euro
Gesamtnennbetrag	Gesamtes Emissionsvolumen →	EUR 50.000.000
Stückelung/Stückelungen		EUR 1.000 ← An dem Wertpapier kann sich mit 1.000 Euro oder einem mehrfachen davon beteiligt werden
Anzahl der in jeder Stückelung auszugebenden Schuldverschreibungen		50.000

TEFRA C

Permanente Global-Inhaber-Schuldverschreibung

Verwahrer
Clearstream Banking AG
Neue Börsenstraße 1
D-60487 Frankfurt am Main

ZINSEN (§ 2)

Zinsperioden

☐ angepasst

☒ nicht angepasst

Zinssatz und Zinszahlungstage

Zinssatz	Pro 1.000 Euro Nennwert werden jährlich 31 Euro Zinsen gezahlt →	3,1 % per annum
Verzinsungsbeginn	Zinszahlung jährlich am 12. Mai →	12. Mai 2015
Zinszahlungstag(e)	→	12. Mai der Jahre 2016 bis 2025
Erster Zinszahlungstag	→	12. Mai 2016

Beispiel (Einzelurkunden)

Stammrecht der Anleihe (Mantel)

Handbuch der privaten Kapitalanlage

Zinsscheine der Anleihe (Bogen)

Sammelurkunden werden zentral bei der Girosammelverwahrung, der Clearstream Banking AG in Frankfurt, elektronisch in Sammelverwahrung genommen.

Wesentliche Merkmale dieser Sammelverwahrung sind:

1. Die Verwahrung der Wertpapiere derselben Gattung erfolgt für mehrere Anleger in einem einheitlichen Bestand des Kreditinstitutes (Sammelbestand).
2. Der Anleger wird Bruchteilseigentümer an dem zum Sammelbestand der Bank gehörenden Wertpapiere derselben Gattung.
3. Die Sammelverwahrung ist üblicherweise eine „Drittverwahrung" bei der einzig in Deutschland zugelassenen Wertpapiersammelbank, der Clearstream Banking AG.

Ein Vorteil der Girosammelverwahrung besteht in der schnellen und kostengünstigen Eigentumsübertragung durch einfache Umbuchung (Effektengiroverkehr).

Beispiel (Bruchteilseigentümer)

Die Bank AG hat vier Kunden, die Anleihen der Lupix GmbH erworben haben:

Kunde	Nennwert	Prozentuale Beteiligung am Sammelbestand
Kunde A	1.500 Euro	15 %
Kunde B	4.500 Euro	45 %
Kunde C	2.500 Euro	25 %
Kunde D	1.500 Euro	15 %

(Summe: 10.000 Euro; 100 % = Sammelbestand der Bank AG)

Der Sammelbestand wird letztendlich bei der Clearstream Banking AG verwahrt. Die Kunden können den Depotbestand und den Depotwert bei der Bank AG erfragen:

Wertrechte sind im Gegensatz zu echten Wertpapieren nicht in einer Urkunde verbrieft. An die Stelle der Globalurkunde tritt die Schuldbuchforderung, die durch eine Schuldenbucheintragung entsteht. Für die Wertpapiere des Bundes wird bei der Bundesrepublik Deutschland Finanzagentur GmbH das Bundesschuldenbuch geführt. Die Namenseintragung des Käufers der Bundeswertpapiere in das Schuldenbuch, die Verwahrung und Verwaltung der Schuldbuchforderungen sind kostenlos (Einzelschuldbuchforderung). Werden Wertpapiere des Bundes über die Bank bezogen, handelt es sich um eine kostenpflichtige Sammelschuldbuchforderung.

Aktuelle Ausgaben und Konditionen von Bundeswertpapieren können unter der Adresse www.deutsche-finanzagentur.de eingesehen werden.

4.1.2 Vielfalt von Rentenwerten

Mögliche Kriterien, Rentenwerte untereinander abzugrenzen, sind: Zinskuponhöhe, Höhe des Kursrisikos, Rückzahlungstermin und Rückzahlungshöhe.

Handbuch der privaten Kapitalanlage

(1) Höhe des Zinskupons

Anleihe mit ...			
... konstant hoher Zinszahlung	**... unterschiedlich hoher Zinszahlung**	**... fehlender Zinszahlung**	**... Zinszahlung in variabler Höhe**
Anleihe des Bundes Pfandbrief (grundschuldgesicherte Wertpapiere, daher risikoarm) Industrieanleihen	Stufenzinsanleihe Kombizinsanleihe Bundesschatzbrief Typ A	Zerobond (Ertrag wird über Wertzuwachs erwirtschaftet) Bundesschatzbrief Typ B (Ertrag wird über Wertzuwachs erwirtschaftet)	Floater (Zinshöhe hängt von den kurzfristigen Kapitalmarktzinsen ab)

(2) Rückzahlungstermin

Anleihe mit ...		
... endfälliger Rückzahlung	**... Rückzahlung in Annuitäten**	**... zufälligem Rückzahlungstermin**
Stufenzinsanleihe Bundesanleihe Bundesobligation	Annuitätenanleihe (Nennwert und Zinsen werden zusammen in gleichbleibender Höhe über einen mehrjährigen Zeitraum zurückgezahlt)	Auslosungsanleihe (Anleihe, deren Rückzahlungstermin vom Losverfahren abhängt)

(3) Rückzahlungshöhe

Anleihe mit ...	
... variabler Rückzahlungshöhe	**... fester Rückzahlungshöhe**
Anleihe mit Aktienandienungsrecht (Emittent hat das Wahlrecht in Aktien oder den Nennwert zu tilgen) Indexanleihe (Rückzahlungskurs ist an einen Aktienindex gekoppelt)	Stufenzinsanleihe Bundeswertpapiere Kombizinsanleihe Floater

4.1.3 Rentenindizes

Eine aus mehreren Einzelwerten künstlich konstruierte Anleihe bildet die Grundlage des Kursindex REX. Er berücksichtigt 30 idealtypische Staatspapiere der Bundesrepublik Deutschland unterschiedlicher Laufzeiten und unterschiedlicher Zinskuponhöhe. Die aus diesem Wertpapierkorb berechnete synthetische Durchschnittsanleihe REX hat eine Restlaufzeit von ca. 5,5 Jahren und einen Zinskupon von 7,44 %. Zinsausschüttungen der im Korb enthaltenen Anleihen führen zu einem Indexrückgang. Damit bildet der Kursindex einen repräsentativen Marktausschnitt für deutsche Staatsanleihen und kann als Abbild der gegenwärtig psychologischen Stimmung am Rentenmarkt interpretiert werden.

Da die Kapitalmarktzinsen langfristig gesunken sind, ist der Kurs der synthetischen Anleihe REX seit 2008 kontinuierlich gestiegen:

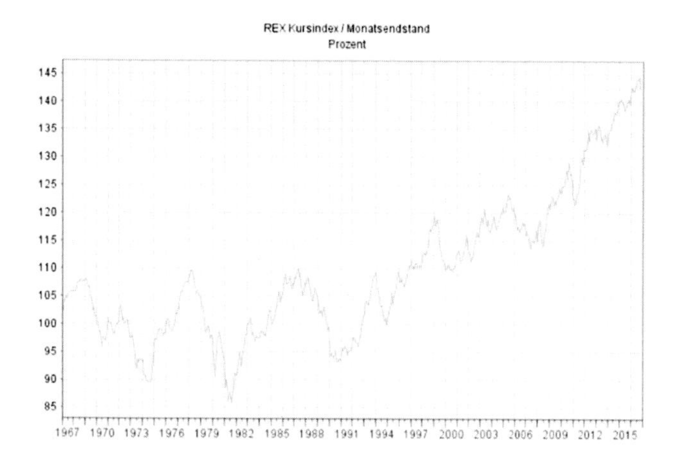

© 2016 Deutsche Bundesbank

Aus dem REX wird der Performance-Index REXP abgeleitet. Dieser Index gibt die Wertentwicklung des idealisierten Anleihewertpapierkorbs REX unter Berücksichtigung der Wiederanlage ausgeschütteter Zinsen an. Aus dem REXP wird damit weder Geld abgezogen noch neues investiert. Nur die Zinszahlungen der in dem Wertpapierkorb vertretenen Anleihen werden dem Korb erneut zugeführt. Der damit verbundene Zinseszinseffekt führt langfristig zu einem Anstieg des REXP-Index:

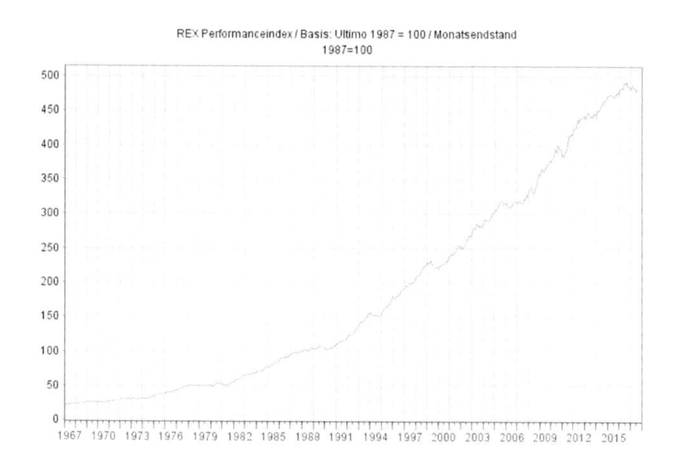

© 2017 Deutsche Bundesbank

4.2 Rentenhandel und Rentenerwerb

Grundsätzlich erfolgt der Rentenhandel bei emissionsstarken Rentenwerten variabel (fortlaufend). Jede an der Börse eintreffende Order wird auf Ausführbarkeit überprüft und gegebenenfalls ausgeführt. Im variablen Rentenhandel notieren hauptsächlich die öffentlichen Anleihen und emissionsstarke Unternehmensanleihen. Aufträge von Wertpapieren, die nur ein geringes Emissionsvolumen und damit eine nur ungenügende Liquidität aufweisen, werden zu einem einheitlichen Kurs abgewickelt, der einmal pro Tag gegen 12 Uhr ermittelt wird.

Wurde ein verzinsliches Wertpapier erworben oder verkauft, erhält der Kunde von seiner Depotbank eine Abrechnung, in der die wichtigsten Daten des Erwerbs oder der Veräußerung angegeben werden:

Allgemeine Daten

WPKN/ISIN	
Abrechnungsdatum	01.02.2014
Stückzinsmethode	30/360

Eingabedaten

Kaufkurs	137,00	%
Rückzahlungskurs	100,00	%
fällig am	01.08.2023	
Nominalzins	5,50	%
Nennwert	10000,00	€
Spesen	0,50	%

Kurswert	13.700,00 €
Stückzinsen	275,00 €
Spesen	50,00 €
Abrechnungsbetrag	14.025,00 €
Stückzinstage	180 Tage

KAUF ABRECHNUNG 30.1.2014 (Mittwoch)
Monetarix Depot 00013546
Depotart Depot B (Kundenbestände)
Verwahrart: GS-Globalurkunde
ISIN DE0001332934 5,5% (1.8 gzj.) 2003-2023

Im Einzelnen bedeuten die Begriffe:

- Depotart

  Wertpapierbestände von Kunden werden im sogenannten Kundendepot B des Kreditinstituts erfasst.
- Verwahrart

  Die in einer Sammelurkunde verbriefte Anleihe ist nicht in effektiven Stücken (Einzelurkunde) lieferbar.
- ISIN („International Securities Identification Number")

  Jedes Wertpapier ist durch eine Kennnummer eindeutig identifiziert.

ISIN Nummer		
DE	000 133 293	4
Ländercode	Nationale Kennnummer	Prüfziffer

- Handelsdatum (30.01.2014 Mi.)

  An diesem Tag wird das Wertpapier gehandelt und der Kurs festgesetzt.
- Wertstellung, Valuta (01.02.2014 Fr.)

  An diesem Termin fließt Geld, d.h., der Kurswert wird gezahlt. Ab diesem Tag (einschließlich) stehen dem Käufer die Zinsen zu, bis zum 31.01.2009 (einschließlich) stehen die Zinsen dem Verkäufer zu. Das Datum der Wertstellung berechnet sich aus dem Datum des Handelstages zuzüglich zwei Erfüllungstage. Jeder Börsentag sowie der 24.12. und 31.12. (obwohl keine Handelstage!) sind Erfüllungstage.
- Stückzinsen (275 Euro)

  Obwohl das Wertpapier erst am 01.02.2014 übertragen wurde (siehe Wertstellung), fließen Monetarix bereits ein halbes Jahr später am 01.08.2014 550 Euro Zinsen für ein ganzes Zinsjahr zu. Da der Verkäufer des Wertpapiers allerdings einen anteiligen Zinsanspruch vom 01.08.2013 bis 31.01.2014 hat, muss Monetarix diesen Zinsanteil, „Stückzins" genannt, dem Verkäufer zahlen. Für die Berechnung der Stückzinsen gibt es unterschiedliche Methoden. Das einfachste Verfahren ist es, einen Monat immer mit 30 Tagen anzunehmen

(30/360-Tage-Methode). Eine weitere Methode, Stückzinsen für den Verkäufer zu ermitteln, ist das act/act-Verfahren. Hierbei wird auf die tatsächliche Anzahl der Tage abgestellt, die jeder Monat hat.

Für das Beispiel gilt:

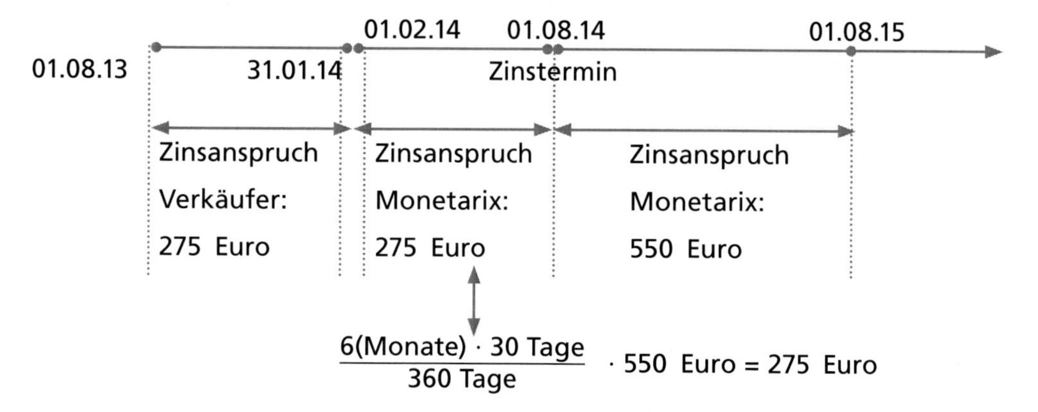

$$\frac{6(\text{Monate}) \cdot 30 \text{ Tage}}{360 \text{ Tage}} \cdot 550 \text{ Euro} = 275 \text{ Euro}$$

4.3 Ertrag verzinslicher Wertpapiere

4.3.1 Kennziffernvielfalt

Die klassische Frage eines Kreditnehmers ...

Handbuch der privaten Kapitalanlage

... ist identisch mit der klassischen Frage eines Geldanlegers:

Kreditvergabe und Geldanlage sind grundsätzlich ähnliche Geschäfte, denn eine der beiden Parteien verleiht das Geld (Kreditgeber, Gläubiger) und die andere Partei erhält das Geld (Kreditnehmer, Schuldner). Insofern sind beide Begriffe „Rendite" und „Effektivzins" identisch und umschreiben die Kosten oder den Preis pro Jahr („per annum"), der für die Überlassung des tatsächlich ausgeliehenen Kapitals vom Schuldner zu zahlen ist.

Ist damit die Rendite der Vergleichsmaßstab, um lukrative von weniger ertragsstarken Anlagen trennen zu können? Diese Frage drängt sich auf, zumal es noch weitere Möglichkeiten gibt, Anlagen untereinander zu vergleichen. Als Vergleichskennzahlen werden in der Praxis oftmals genannt:

- Nominalzins,
- durchschnittlicher Wertzuwachs (Börsenformel),
- Effektivverzinsung bzw. Rendite ICMA (International Capital Market Association) vor und nach Steuern,
- Effektivverzinsung bzw. Rendite PAngV (Preisangabenverordnung) vor und nach Steuern,
- Effektivzins nach Moosmüller oder Fangmeier Typ A/B vor und nach Steuern,
- Performance.

All diesen Kennzahlen ist gemeinsam, dass sie eine Aussage über die Qualität der Investition treffen sollen. Im Folgenden geht es darum, inwieweit ihnen das gelingt.

4.3.2 Der Nominalzins

Der Nominalzins bezieht sich immer auf den Nennwert der zugrunde liegenden Anlage. Als „Nennwert" bezeichnet man den Betrag, zu dem die Investition bei Fälligkeit zurückgezahlt wird. Grundsätzlich wird der Nominalzins pro Jahr angegeben und ist gegebenenfalls auf unterjährige Zinsperioden (Monat, Quartal, Halbjahr) linear herunterzurechnen.

Beispiel (Vergleichsmaßstab Nominalzins)

Ein Investor möchte ein verzinsliches Wertpapier erwerben. Zwei Angebote werden ihm unterbreitet:

	Wertpapier 1	Wertpapier 2
Kaufpreis (Kurs in %)	101	98
Nominalzins (in %)	5	4
Laufzeit	1 Jahr	1 Jahr
Rückzahlung (Kurs in %)	100	100

Ist die Nominalzinshöhe Grundlage seiner Entscheidung, wird er Wertpapier 1 erwerben. Besser wäre es jedoch, die Entscheidung zugunsten des Wertpapiers 2 zu treffen:

	Wertpapier 1	Wertpapier 2
Kursgewinn, Kursverlust	–1 (100 – 101)	2 (100 – 98)
Nominalzins	5	4
Summe Ertrag	4	6

Wertpapier 1 liefert zwar einen Zins in Höhe von 5 Euro, jedoch zahlt der Investor dafür 1 Euro mehr, als er bei Fälligkeit erhält. Wertpapier 2 garantiert ihm zwar nur 4 Euro Zinsertrag, dafür aber zusätzlich 2 Euro Kursgewinn.

Dass die Höhe des Nominalzinses nicht als Vergleichsmaßstab für die Güte einer Anlage herangezogen werden sollte, kann demnach schon mit der Nichtberücksichtigung realisierter Rückzahlungsgewinne bzw. Rückzahlungsverluste begründet werden.

4.3.3 Die Durchschnittsverzinsung

Bei der Durchschnittsverzinsung wird einfach der Mittelwert der Jahreszinsen berechnet. Ob diese Kennziffer ein geeignetes Instrument zum Vergleich von Finanzanlagen ist, soll das folgende Beispiel beantworten.

Handbuch der privaten Kapitalanlage

Beispiel (Vergleichsmaßstab Durchschnittsverzinsung)

Wir betrachten zwei Aufzinsungspapiere, bei denen der Anleger den Nennwert zahlt und bei Fälligkeit den Nennwert zuzüglich Zinseszinsen erhält:

Wertpapier 1	**Wertpapier 2**
Ankauf zu 1.000 Euro	Ankauf zu 1.000 Euro
Zinssatz im 1. Jahr: 2 %	Zinssatz im 1. Jahr: 3 %
Zinssatz im 2. Jahr: 3 %	Zinssatz im 2. Jahr: 3 %
Zinssatz im 3. Jahr: 4 %	Zinssatz im 3. Jahr: 3 %
Ø-Verzinsung: 3 %	**Ø-Verzinsung: 3 %**

Die Durchschnittsverzinsung beider Wertpapiere ist mit 3 % identisch. Ist es demnach für den Anleger egal, für welches Papier er sich entscheidet?

(1) Der Endwert des Wertpapiers 1 beträgt 1.092,62 Euro:

$$\text{Endwert} = 1.000 \text{ Euro} \cdot 1{,}02 \cdot 1{,}03 \cdot 1{,}04 = 1.092{,}62 \text{ Euro}$$

(2) Der Endwert von Wertpapier 2 beträgt 1.092,73 Euro und ist damit höher:

$$\text{Endwert} = 1.000 \text{ Euro} \cdot 1{,}03 \cdot 1{,}03 \cdot 1{,}03 = 1.092{,}73 \text{ Euro}$$

4.3.4 Durchschnittlicher Wertzuwachs

Sehr beliebt ist die „Rendite nach der Börsenformel". Geteilt wird dabei der durchschnittliche Jahresertrag durch das investierte Kapital:

$$\text{durchschnittlicher Wertzuwachs} = \frac{\text{durchschnittlicher Jahresertrag}}{\text{eingesetztes Kapital}} \cdot 100\,\%$$

Der durchschnittliche Jahresertrag setzt sich zusammen aus:

- Nominalzins pro Jahr
- durchschnittlich pro Jahr erzielter Kursgewinn oder Kursverlust

Beispiel (Vergleichsmaßstab Börsenformel)

Eine Bundesanleihe wird zu einem Kurs von 96,5 % angekauft. Die jährliche Kuponhöhe beträgt 3 %. Zurückgezahlt wird das Papier nach drei Jahren zu 100 %. Dann beträgt die Rendite gemäß der Börsenformel:

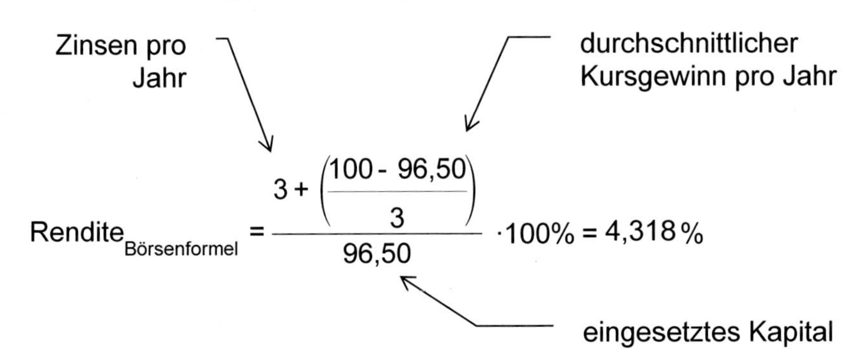

Handbuch der privaten Kapitalanlage

Das der Börsenformel zugrunde liegende Berechnungsverfahren offenbart Schwächen:

Kursgewinne bzw. Kursverluste werden jährlich mit den Kuponerträgen effektiv verrechnet. Tatsächlich jedoch werden Kursgewinne bzw. -verluste erst zum Fälligkeitszeitpunkt des Wertpapiers realisiert. Damit liefert die Rendite der Börsenformel

- bei Kursgewinnen einen überhöhten Wert (da unterstellt wird, dass der Anleger schon vor Endfälligkeit Kursgewinne erhält),
- bei Kursverlusten einen zu pessimistischen Wert (da unterstellt wird, dass der Anleger schon vor Endfälligkeit Kursverluste vorschießen muss).

Zudem ist die Möglichkeit zu berücksichtigen, dass die zwischenzeitlich erhaltenen Rückflüsse abhängig von der Restlaufzeit wieder angelegt werden können. Für einen Geldanleger spielt es sicherlich eine Rolle, ob erhaltene Zinszahlungen noch über mehrere Jahre ertragsbringend angelegt werden können oder nicht.

Die Zeitkomponente berücksichtigt nur die Kennziffer „Effektivzins", auch „Rendite" bzw. in der Investitionstheorie „interner Zins" genannt.

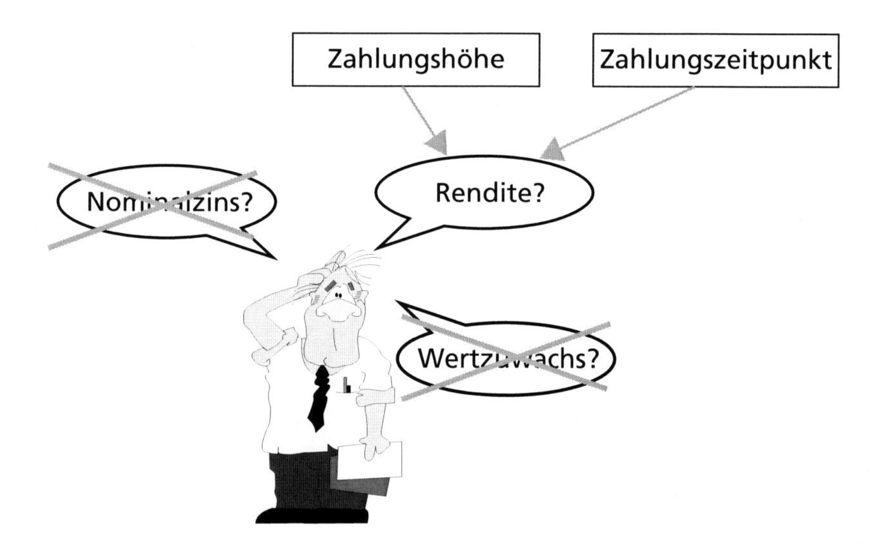

4.3.5 Der Effektivzins (eine beispielhafte Darstellung)

Beispiel (Renditedefinition)

Angeboten wird ein Zerobond (Nullzins-Anleihe) mit folgenden Konditionen:
- Ausgabekurs 50 %
- Rücknahmepreis 100 %
- Laufzeit: 10 Jahre
- keine Zinskupons

Die Börsenformel liefert eine durchschnittliche Wertsteigerung von 10 %:

$$\text{Rendite}_{\text{Börsenformel}} = \frac{0 + \left(\frac{100 - 50}{10}\right)}{50} \cdot 100\% = 10\%$$

Doch bevor der Anleger dieser Kaufempfehlung nachkommt, überlegt er, wie hoch sich wohl eine Alternativanlage zumindest verzinsen müsste, um einen Kapitaleinsatz von beispielsweise 50 Euro innerhalb von 10 Jahren verdoppeln zu können. Eine zwischenzeitliche Abhebung ist damit nicht geplant:

Wählt der Anleger als Alternativanlage das Sparbuch, muss eine Verzinsung von 7,18 % gewährleistet sein. Dabei werden die jährlich anfallenden Sparbuchzinsen zum Jahresende dem Sparbuchsaldo zugeschlagen:

„Vergleichskonto" Sparbuch (Verzinsung: 7,18 %)			
Jahr	**Zwischensaldo**	**Zins**	**Bemerkung**
0	50		zum Einzahlungszeitpunkt erfolgt keine Verzinsung
1	53,59	3,59	nach einem Jahr gibt es 7,18 % Zinsen aus 50 Euro: 3,59 Euro
2	57,44	3,85	nach einem weiteren Jahr gibt es 7,18 % Zinsen aus 53,59 Euro: 3,85 Euro
3	61,56	4,12	nach einem weiteren Jahr gibt es 7,18 % Zinsen aus 57,44 Euro: 4,12 Euro
4	65,98	4,42	nach einem weiteren Jahr gibt es 7,18 % Zinsen aus 61,56 Euro: 4,42 Euro
5	70,72	4,74	nach einem weiteren Jahr gibt es 7,18 % Zinsen aus 65,98 Euro: 4,74 Euro
6	75,80	5,08	nach einem weiteren Jahr gibt es 7,18 % Zinsen aus 70,72 Euro: 5,08 Euro
7	81,24	5,44	nach einem weiteren Jahr gibt es 7,18 % Zinsen aus 75,80 Euro: 5,44 Euro
8	87,07	5,83	nach einem weiteren Jahr gibt es 7,18 % Zinsen aus 81,24 Euro: 5,83 Euro
9	93,32	6,25	nach einem weiteren Jahr gibt es 7,18 % Zinsen aus 87,07 Euro: 6,25 Euro
10	100	6,70	im letzten Jahr gibt es 7,18 % Zinsen aus 93,32 Euro: 6,70 Euro

Ein gemäß der Börsenformel berechneter jährlicher Wertzuwachs von 10 % entspricht einer Sparbuchverzinsung von 7,18 %. Mit anderen Worten: Um den effektiven Kapitaleinsatz mit Zins- und Zinseszins innerhalb von 10 Jahren verdoppeln zu können, bedarf es einer effektiven Sparbuchverzinsung von 7,18 % p. a. (= Effektivzins pro Jahr).

Der aus dem effektiven Zahlungsstrom berechnete Effektivzins (die Rendite eines verzinslichen Wertpapiers) kann folgendermaßen definiert werden:

Der Effektivzins ist der Zins p. a. einer theoretischen Alternativanlage, die eine exakte Kopie des Zahlungsstromes der gewünschten Kapitalanlage liefert.

Beispiel (effektiver Zahlungsstrom und Effektivzins)

Zu berechnen sind die Renditen der Wertpapiere (siehe Seite 57):

	Wertpapier 1	Wertpapier 2
Kaufpreis (Kurs in %)	101	98
Nominalzins (in %)	5	4
Laufzeit	1 Jahr	1 Jahr
Rückzahlung (Kurs in %)	100	100

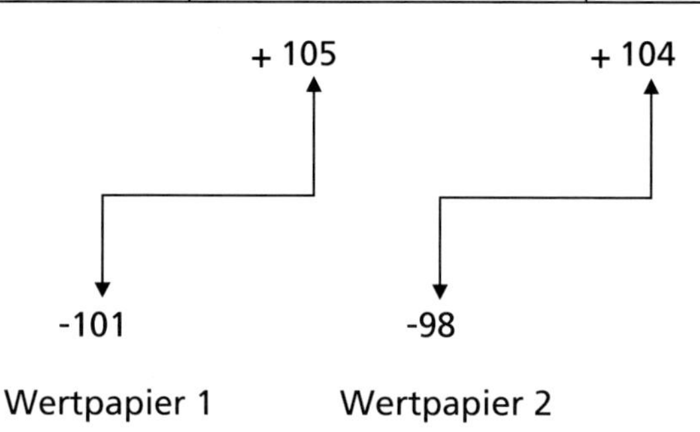

Eine exakte Kopie der zwei Zahlungsströme mit der Vergleichsanlage „Sparbuch“ lässt sich über folgende Vergleichszinsen realisieren:

	Wertpapier 1	Wertpapier 2
Effektivzins (Vergleichszins)	3,96 %	6,12 %

Den „Beweis“ liefert die Kontenentwicklung beider Wertpapiere:

Wertpapier 1 „Vergleichskonto“ Sparbuch (Verzinsung: 3,96 %)			
Jahr	**Zwischensaldo**	**Zins**	**Bemerkung**
0	101,00	0,00	zum Einzahlungszeitpunkt erfolgt keine Verzinsung
1	105,00	4,00	101 Euro werden über ein Jahr zu 3,96 % verzinst: 4 Euro

Wertpapier 2 „Vergleichskonto“ Sparbuch (Verzinsung: 6,12 %)			
Jahr	**Zwischensaldo**	**Zins**	**Bemerkung**
0	98,00	0,00	zum Einzahlungszeitpunkt erfolgt keine Verzinsung
1	104,00	6,00	98 Euro werden über ein Jahr zu 6,12 % verzinst: 6 Euro

Es bleibt festzuhalten: Kapitalanlagen sollten nie über den Nominalzins oder den durchschnittlichen Wertzuwachs verglichen werden. Übrigens liefert auch ein bloßes Aufsummieren von Erträgen kein korrektes Ergebnis. Der Grund: Die Zahlungszeitpunkte, wann Zahlungen fließen oder gezahlt werden, bleiben gänzlich unberücksichtigt. Die Kennziffer „Effektivzins“ begegnet diesem Missstand. Sie bildet als Vergleichszins einer Vergleichsanlage den Zahlungsstrom eines Wertpapiers exakt ab.

4.3.6 Rechnerische Ermittlung des Effektivzinses

Zur Ermittlung des Effektivzinses muss der Zahlungsstrom bekannt sein. Der Zahlungsstrom der Kapitalanlage besteht aus

- Zeitpunkt und Höhe des investierten Kapitals (Summe aus Kurswert und Stückzins, auch „dirty price" genannt),
- eventuell erhaltenen Rückflüssen (beispielsweise Zinsen) nach Höhe und Zeitpunkt,
- Rückzahlungsbetrag und Fälligkeitstermin.

Bis auf sogenannte Zwei-Zahlungsfälle, denen einer einmaligen Auszahlung eine einmalige Rückzahlung folgt, lässt sich der Effektivzins nicht manuell berechnen. Dennoch gibt es in der Praxis eine Fülle von Wertpapieren, die eine manuelle Ermittlung des Effektivzinses zulassen, beispielsweise der Zerobond, Bundesschatzbrief Typ B oder das Wachstumszertifikat. Von besonderer Bedeutung ist dabei der Endwert- und Barwertbegriff:

Beispiel (Barwert und Endwert)

(1) Ein Investor legt zwei Jahre lang 94,26 Euro (Barwert) zu 3 % p. a. an. Damit kann er nach diesem Zeitraum über einen Endwert von 100 Euro verfügen[1]:

$$94{,}26\text{ Euro}\cdot\left(1+\frac{3}{100}\right)\cdot\left(1+\frac{3}{100}\right)=94{,}26\text{ Euro}\cdot 1{,}03^2=100\text{ Euro}$$

(2) Ein Investor möchte eine in zwei Jahren versprochene Zahlung von 100 Euro (Endwert) gegen eine Zahlung „per heute" (= x Euro) tauschen. Es ist klar, dass er bei dem Tausch nicht 100 Euro, sondern weniger erhält. Denn diesen Betrag x könnte er zwei Jahre lang anlegen, um anschließend 100 Euro zu erhalten. Um den Barwert x zu ermitteln, müssen die 100 Euro (Endwert) über zwei Jahre mit einem fiktiven Zinssatz, beispielsweise 3 %, abgezinst werden:

$$\text{Barwert} = 100\text{ Euro}\cdot\frac{1}{1{,}03^2}=94{,}26\text{ Euro}$$

Aus einem vorgegebenen Barwert (für den Geldanleger der Investitionsbetrag) kann ein in der Zukunft liegender Endwert gemäß der Zinseszinsformel ermittelt werden:

$$\text{Endwert} = \text{Barwert}\left(1+\frac{\text{Zins}}{100}\right)^{\text{Laufzeit}}$$

1 Herleitung: $\text{Zeitwert}_{1.\text{ Jahr}} = \text{Barwert} + \text{Barwert}\cdot\text{Zins}/100 = \text{Barwert}\cdot(1+\text{Zins}/100)$

$\text{Endwert}_{2.\text{ Jahr}} = \text{Zeitwert}_{1.\text{ Jahr}} + \text{Zeitwert}_{1.\text{ Jahr}}\cdot\text{Zins}/100 = \text{Zeitwert}_{1.\text{ Jahr}}\cdot(1+\text{Zins}/100)$

$= \text{Barwert}\cdot(1+\text{Zins}/100)\cdot(1+\text{Zins}/100) = \text{Barwert}\cdot(1+\text{Zins}/100)^2$

Handbuch der privaten Kapitalanlage

Sind der Endwert, Barwert und die Anlagedauer vorgegeben, kann die Zinseszinsformel nach dem unbekannten Zinssatz aufgelöst und dessen Wert berechnet werden:

$$\text{Effektivzins} = \left(\left(\frac{\text{Endwert}}{\text{Barwert}}\right)^{\frac{1}{\text{Laufzeit}}} - 1\right) \cdot 100$$

(1) Wachstumszertifikat, Bundesschatzbrief Typ B

Das Wachstumszertifikat und der Bundesschatzbrief Typ B zeichnen sich durch periodische steigende Zinsen aus, die dem Anlagekonto zugeschlagen werden und sich damit zu den vereinbarten Zinskonditionen erneut verzinsen. Da die Zinseszinsformel einen über die Laufzeit konstanten Zinssatz voraussetzt, erfolgt die Berechnung des Endvermögens nach n Jahren schrittweise:

$$\text{Endwert} = \text{Barwert} \cdot \left(1 + \frac{\text{Zins}_1}{100}\right) \cdot \left(1 + \frac{\text{Zins}_2}{100}\right) \cdot \ldots \cdot \left(1 + \frac{\text{Zins}_n}{100}\right)$$

Sind Laufzeit, Barwert (investiertes Kapital) und Endwert (zur Rückzahlung fälliges Kapital) bekannt, erfolgt die Renditeberechnung analog zur Effektivzinsermittlung von Zerobonds.

Beispiel (Wachstumszertifikat: Berechnung des Effektivzinses)

Wachstumszertifikat			
Jahr	**Zins**	**Rendite**	
1. Jahr	2 %	1 Jahr	2,00 %
2. Jahr	2,5 %	2 Jahre	2,25 %
3. Jahr	3 %	3 Jahre	2,5 %
4. Jahr	3,5 %	4 Jahre	2,75 %

Da es sich um einen typischen Zweizahlungsfall ohne zwischenzeitige Zinszahlungen handelt, ist zunächst der Rückzahlungsbetrag zu ermitteln:

Endvermögen = 100 Euro · 1,02 · 1,025 · 1,03 · 1,035 = 111,46 Euro

Der Effektivzins bei einer Gesamtlaufzeit von vier Jahren ergibt sich anschließend aus folgendem Ansatz:

$$\text{Effektivzins} = \left(\left(\frac{111{,}46}{100}\right)^{\frac{1}{4}} - 1\right) \cdot 100 = 2{,}75\ \%$$

Bundesschatzbriefe werden wie auch abgezinste Finanzierungsschätze seit 2013 nicht mehr angeboten. Allerdings ist jederzeit eine Wiedereinführung möglich.

4.3.7 Das Renditeproblem

(1) Effektivzins ist nicht gleich Effektivzins

Der Effektivzins ist nichts weiter als der Zinssatz einer Vergleichsanlage. Er gibt an, in welcher Höhe sich diese Vergleichsanlage zumindest verzinsen muss, um das Ergebnis des erworbenen Wertpapiers zu erreichen. Als Vergleichsanlage diente dabei das Sparbuch. Aber wer bestimmt eigentlich, welche Vergleichsanlage herangezogen werden soll? Andere Anleger finden vielleicht ein Tagesgeldkonto attraktiv. In diesem Fall würde es 365 Zinsabschlüsse im Jahr geben (im Gegensatz zum Sparbuch, wo es nur einen Zinsabschluss zum Jahresende gibt). Die Vielzahl an Alternativmöglichkeiten schafft allerdings ein Problem: Unterschiedliche Vergleichsmöglichkeiten mit unterschiedlichen Zinsverrechnungsmethoden führen bei ein und derselben Wertpapieranlagegeschäft zu unterschiedlichen Effektivzinssätzen. Da damit im Anlagegeschäft Manipulationen möglich werden, sollten folgende drei Grundregeln beachtet werden:

(1) Effektivzins ist nicht gleich Effektivzins, d. h., ein bestimmtes Wertpapierangebot kann je nach Berechnungsmethode einen anderen Effektivzins aufweisen!

(2) Ein Effektivzinsvergleich ist nur dann sinnvoll, wenn die Renditen der zu vergleichenden Wertpapiere nach einem einheitlichen Effektivzinsverfahren berechnet wurden!

Die Vielfalt der Berechnungsverfahren bestimmt die Vielfalt der Effektivzinsdefinitionen, beispielsweise:

- Die Rendite nach ICMA (ehemals AIBD-Rendite) ermittelt die Effektivverzinsung von Anleihen unter Berücksichtigung der Stückzinsen („dirty price"). Die exponentiell ermittelte Höhe der zu verrechnenden Zinsen erfolgt innerhalb des Vergleichskontos bei jeder Kontenbewegung[1].
- Der Effektivzins nach Preisangabenverordnung spielt bei Privatkrediten eine wesentliche Rolle und ist im Wesentlichen identisch dem Effektivzinsmodell ICMA.
- Bei den Vergleichskonten der Effektivzinsen Braess, Moosmüller und Fangmeyer erfolgt die Zinsverrechnung während ganzer Jahre exponentiell, im ersten oder letzten Anlagejahr linear[2].

Beispiel (Unterschiedliche Ergebnisse der Rendite)

Zwei konkurrierende Kreditinstitute entwickeln ein identisches Produkt mit folgenden Konditionen:

- Laufzeit: ½ Jahr
- Emissionspreis: 100 Euro
- Rücknahmepreis: 102 Euro

Kreditinstitut 1 berechnet den Effektivzins nach ISMA: 4,04 % [3]

Kreditinstitut 2 berechnet den Effektivzins nach Braess: 4 % [4]

1 Exponentiell: Ein Jahreszins von bspw. 5 % entspricht einem exponentiellen Halbjahreszins von 2,0247 %. Probe: $1{,}020247^2 = 1{,}05$ (also 5 %).

2 Linear: Ein Halbjahreszins von bspw. 5 % entspricht einem linearen Halbjahreszins von 2,5 %. Probe: $1 + 2 \cdot 0{,}025 = 1{,}05$ (also 5 %).

3 Ein Halbjahreszins von 2 % liefert einen exponentiellen Jahreszins von 4,04 % : $1{,}02^2 = 1{,}0404$.

4 Ein Halbjahreszins von 2 % liefert einen linearen Jahreszins von 4 %: $1 + 2 \cdot 0{,}02 = 1{,}04$.

Im Zusammenhang mit dem Begriff der Rendite (Effektivzins) gebräuchliche Kennziffern sind auch die Umlauf- bzw. Emissionsrendite und die Brutto- bzw. Nettorendite. Allen ist gemeinsam, dass sie ebenfalls das Ergebnis einer Analyse des effektiven Zahlungsstromes sind.

- Umlaufrendite: Als „Umlaufrendite" bezeichnet man die Rendite eines verzinslichen Wertpapiers, die ein Zwischenerwerber bis zur Endfälligkeit realisieren kann. Bei der Umlaufrendite öffentlicher Anleihen handelt es sich um den durchschnittlichen Renditewert aller Staatsanleihen, die sich aktuell im Umlauf befinden. Dabei werden die Renditen nach Emittenten sowie Restlaufzeiten gruppiert und veröffentlicht. Die Umlaufrendite spiegelt das aktuelle Zinsniveau des Kapitalmarktes wider (Stand 11/2017):

Umlaufrendite (D)	0,2 %
10j-Bundesanleihen	0,4 %
30j-Bundesanleihen	1,3 %
10j-US-Staatsanleihen	2,3 %
30j-US-Staatsanleihen	2,8 %
EZB	
– Hauptrefinanzierungsfazilität	±0,0 %
– Spitzenrefinanzierungsfazilität	+0,25 %
– Einlagenfazilität	–0,4 %

- Emissionsrendite: Ein Ersterwerber und Durchhalter eines Wertpapiers kann die zum Emissionszeitpunkt angegebene Emissionsrendite erwirtschaften.
- Nettorendite (Nachsteuerrendite): Als „Nettorendite" bezeichnet man die nach Abzug der 25 %igen Abgeltungsteuer verbleibende Rendite des zu untersuchenden Wertpapiers.
- Bruttorendite (Vorsteuerrendite): Sie beschreibt als Kennziffer den Zinssatz eines Sparbuches (Anlagebetrag 100 Euro, Stückzinsen unberücksichtigt, keine gebrochenen Zinsperioden), mit dem man nach Steuerabzug die Nachsteuerrendite des zu untersuchenden Wertpapiers erhält.

(2) Auf die Zinserwartung kommt es an

Ein weiteres Problem der Rendite besteht in der modellhaften Annahme, dass die aus einem verzinslichen Wertpapier erhaltenen Zinsen in Höhe der Rendite wieder angelegt werden:

Beispiel (Rendite und Zinserwartung)

Zwei Wertpapiere mit identischem Effektivzins (10 %) stehen zur Auswahl:

Wertpapier 1	**Wertpapier 2**
Kauf zu: 100 Euro	Kauf zu: 100 Euro
Kupon: 10 % jährlich zahlbar	Zinsen: 10 %
Laufzeit: 2 Jahre	Laufzeit: 2 Jahre
Rücknahmepreis: 100 Euro	Rücknahmepreis: 121 Euro
Effektivzins: 10 %	**Effektivzins: 10 %**

Welches Papier ist besser?

(1) Kann der nach dem ersten Jahr erhaltene Zinsertrag zu 10 % erneut für ein Jahr angelegt werden, beträgt das Endvermögen des Wertpapiers 1 nach zwei Jahren

110 Euro + 10 Euro · 1,1 = 121 Euro

und wäre identisch dem Endvermögen des Wertpapiers 2. Beide Anlagen sind damit gleich gut oder schlecht.

(2) Es wird mit sinkenden Wiederanlagezinsen gerechnet. Dann wäre Wertpapier 2 besser, da mit Wertpapier 1 das Endvermögen von 121 Euro nicht erreicht werden kann.

(3) Es wird mit steigenden Wiederanlagezinsen gerechnet. Dann wäre Wertpapier 1 besser, da ein höheres Endvermögen als 121 Euro erreicht werden kann.

Die Schwäche der klassischen Effektivzinsdefinition liegt in der Annahme, dass die Wiederanlage der zwischenzeitlich erhaltenen Rückflüsse eben in Höhe des Effektivzinssatzes erfolgt. Kann der Presse beispielsweise entnommen werden, dass die Rendite eines bestimmten Wertpapiers 10 % beträgt, unterstellt dieser Wert, dass eventuelle Zinsrückflüsse auch zu einem Wiederanlagezinssatz von 10 % bis zur Endfälligkeit erneut angelegt werden. Damit berücksichtigen die traditionellen Effektivzinsberechnungen jedoch nicht die Möglichkeit einer zukünftigen Änderung der Zinsstruktur. Die grundlegende strategische Entscheidung lautet daher:

- Werden fallende Zinsen erwartet, erwirbt man lang laufende Wertpapiere ohne Zinskupons (Zerobonds). Damit wird die zum Kaufzeitpunkt bekannte Rendite über die Gesamtlaufzeit bis zur Fälligkeit „eingefroren".
- Werden steigende Zinsen erwartet, erwirbt man kurzfristige Wertpapiere mit einer periodisch variablen Zinsausschüttung (Floater). Damit eröffnet sich dem Anleger die Möglichkeit, die erhaltenen Zinsen zu attraktiveren Konditionen erneut anlegen zu können.

4.3.8 Zusammenfassung

Der Effektivzins hat Schwächen: Zum einen gibt es unterschiedliche Möglichkeiten, Renditen zu berechnen, was einen Wertpapiervergleich erschwert. Zum anderen nützt der Renditevergleich weniger bei Wertpapieren, die während der Besitzdauer Zinsen ausschütten. In diesem Fall wird die Anlageentscheidung auch durch eine individuelle Zinserwartung bzw. Zinsprognose beeinflusst.

4.4 Risiko verzinslicher Wertpapiere

4.4.1 Risiken im Überblick

Ein nicht auf Endfälligkeit bedachter Anleger in verzinslichen Wertpapieren muss sich der Zinsänderungs- und damit Kursschwankungsrisiken bewusst sein. Neben den konjunkturellen Risiken sind auch einzelwirtschaftliche Risiken zu beachten. Dem Bonitäts- und Rückzahlungsrisiko begegnen einige Emittenten beispielsweise durch Mündelsicherheit, Deckungsstockfähigkeit, Notenbankfähigkeit und Negativklausel ihrer Wertpapiere:

- Mündelfähigkeit: Zur Sicherung des Vermögens von unter Vormund stehenden Personen verpflichtet das Bürgerliche Gesetzbuch (§ 1806 BGB) den Vormund, dieses Vermögen verzinslich anzulegen. § 1807 BGB präzisiert die Anlageformen: öffentliche Anleihen, Pfandbriefe und Kommunalschuldverschreibungen, Anleihen unterschiedlicher Kreditinstitute, insbesondere Sparkassen.
- Deckungsstockfähigkeit: Einen Deckungsstock bilden Versicherer, um ihre überschüssigen Rücklagen zu binden. Dieses Deckungsstockvermögen kann auch verzinsliche Wertpapiere umfassen, die hinsichtlich ihrer Sicherheit besonders strengen Anforderungen genügen. Eine Auflistung deckungsstockfähiger Wertpapiere findet sich im Versicherungsaufsichtsgesetz.
- Notenbankfähigkeit: Die Zentralbank gewährt den Geschäftsbanken gegen Verpfändung der Wertpapiere in ihrem Bestand einen Kredit. Pfändbare Wertpapiere werden in einem eigenen Verzeichnis der Zentralbank aufgeführt.
- Negativklausel: Gelegentlich findet sich in den Emissionsbedingungen eine Negativklausel. Damit verpflichtet sich der Emittent, die aktuell am Markt platzierten Anleihen zumindest genauso gut zu besichern wie frühere oder noch folgende Emissionen. Von diesen erstrangigen Anleihen zu unterscheiden sind die nachrangigen Anleihen ohne Negativklausel.

4.4.2 Das Rating

Um dem Geldanleger nun eine gewisse Sicherheit zu bieten, wie zuverlässig der Schuldner bzw. Emittent eines verzinslichen Wertpapiers ist, wird er von sogenannten Rating-Agenturen hinsichtlich der Fähigkeit beurteilt, geliehenes Kapital fristgemäß zurückzahlen zu können. Bewertet wird also die Ausfallwahrscheinlichkeit eines Kredites. Diese Bewertung beruht ausschließlich auf vergangenheitsbezogene Unternehmensdaten und ist für längstens ein Jahr gültig. Anschließend sollte eine Neueinschätzung des Unternehmens bzw. der Anleihe erfolgen.

Die Angabe von Ausfallwahrscheinlichkeiten hat sich leider in der gängigen Vermögensanlagepraxis noch nicht etabliert. Man behilft sich hingegen mit Abkürzungen, die weniger aussagekräftig sind. Das Rating AAA beispielsweise signalisiert nicht nur eine erstklassige Qualität des Emittenten, sondern auch eine sehr starke Finanzkraft und die Möglichkeit, fällige Schulden fristgerecht zu begleichen (geringstes Ausfallrisiko mit Tendenz gegen 0). Im eher spekulativen Bereich sind Wertpapiere der Klasse B angesiedelt. Mit erheblichen Risiken behaftete Anleihen sind dagegen in der Klasse C zu finden („Schrott-Anleihen"). Ihre Merkmale sind niedrigste Qualität und ein sehr hohes Ausfallrisiko (bestehender Zahlungsverzug oder zumindest indirekte Gefahr des Zahlungsverzuges). Im Einzelnen bedeuten die Ratings:

Handbuch der privaten Kapitalanlage

Rating-Agentur		Qualität der Anleihen
Standard & Poor's	Moody's	
AAA/AA+/AA/ AA–	Aaa/Aa1–Aa3	bestens bis sehr gut
A+/A/A–/BBB+/ BBB/BBB-	A1–A3 Baa1–Baa3	gut bis mittel; auf wirtschaftliche Veränderungen zunehmend negativ reagierend
BB+/BB/BB–/ B+/B/B–	Ba1–Ba3 B1–B3	spekulativ bis sehr spekulativ
CCC/CC/C	Caa/Ca/C	extrem spekulativ; bereits in Zahlungsverzug oder kurz davor

Oftmals sind es Rating-Agenturen wie Standard&Poor's oder Moodys, die in aufwendigen Analysen ermitteln, wie hoch die Wahrscheinlichkeit eines Ausfalls bei unterschiedlicher Anlagedauer ist (aus: Standard&Poors (2001) S. 8):

Rating-Symbol	Ausfallwahrscheinlichkeit in % bei Laufzeit in Jahren			
	1	5	10	15
AAA	0 %	0 %	1 %	1 %
AA	0 %	0 %	2 %	1 %
A	0 %	1 %	2 %	2 %
BBB	0 %	2 %[1]	4 %	7 %
BB	1 %	10 %	17 %	20 %
B	6 %	25 %	30 %[2]	36 %

1 „2“ bedeutet: 2 von 100 in BBB gerateten Unternehmen können nach 5 Jahren ihre Schulden nicht mehr bedienen.

2 „30“ bedeutet: 30 von 100 in B gerateten Unternehmen können nach 10 Jahren ihre Schulden nicht mehr bedienen.

Leider unterliegen auch die Rating-Agenturen bisweilen einer Fehleinschätzung (siehe Lehmann-Pleite), d. h.,

- obwohl sich das Unternehmen nach einem Jahr als „schlecht“ herausgestellt hat, wurde es ursprünglich beispielsweise aufgrund manipulierter Jahresabschlüsse mit der Note „gut“ bewertet oder
- obwohl sich das Unternehmen nach einem Jahr als „gut“ herausgestellt hat, wurde es beispielsweise aufgrund falscher Markteinschätzung ursprünglich mit der Note „schlecht“ bewertet.

Auch sollte nicht verschwiegen werden, dass sich Rating-Agenturen unterschiedlicher Mess- und Bewertungsmethoden bedienen. So kann ein bestimmtes Unternehmen durchaus unterschiedlich bewertet werden, was für den Anleger dann keine sonderliche Hilfe für seine Anlageentscheidung darstellt.

4.4.3 Kursänderungsrisiko (modifizierte Duration)

Der Kurs- bzw. Marktwert eines börsennotierten verzinslichen Wertpapiers verhält sich entgegengesetzt der Marktzinsentwicklung:

Bei steigenden Kapitalmarktzinsen fallen die Kurse, bei fallenden Kapitalmarktzinsen steigen die Kurse.

Dabei ist das Kursänderungsrisiko umso höher,

- je länger die Restlaufzeit des Papiers,
- je geringer die Höhe des Zinskupons und
- je höher die Marktzinsänderung ausfällt.

Bei gleicher Restlaufzeit besitzt ein Wertpapier mit Zinskupons daher ein geringeres Kursänderungsrisiko als ein Zerobond ohne Zinskupons. Zudem steigt das Kursänderungsrisiko in Abhängigkeit der Restlaufzeit des Wertpapiers an. Daher unterliegen mehrere Jahrzehnte laufende Zerobonds oder verzinsliche Wertpapiere mit Zinskupons sehr hohen Kursschwankungen, die umso heftiger sind, je höher die Marktzinsänderung ausfällt. Hält der Anleger das verzinsliche Wertpapier bis zum Fälligkeitstermin, braucht er Kursänderungsrisiken natürlich nicht zu befürchten. Die geringsten Kursänderungsrisiken sind bei klassischen Floatern zu beobachten, da deren Zinskupons grundsätzlich ¼-jährlich dem aktuellen Marktzinsniveau angepasst werden.

Beispiel (Kursrisiko in Abhängigkeit der Restlaufzeit)

(1) Bundesanleihe mit einer Gesamtlaufzeit von 30 Jahren (1997-2027)

Fälligkeit 2027; Restlaufzeit zum Betrachtungszeitpunkt 19 Jahre

WKN / ISIN	113504 / DE0001135044
Emittent	Bundesrepublik Deutschland
Emittententyp	öffentlich
Sitz des Emittenten	Deutschland
Bond-Typ	Anleihe
Nominal	0,00
Fälligkeit	04.07.2027
Kupondaten	
Kupon	6,500%
Kupon-Typ	Fest
Nächster Kupon-Termin	04.07.10
Kupon-Periode	Jahr
Kennzahlen	
Rendite (nach ISMA)	3,98%
laufende Verzinsung	4,95
Stückzinsen	2,80
Duration	11,61
Modified Duration	11,17%
Konvexität	228,58
Zinselastizität	0,44
Basis Point Value	0,15
Restlaufzeit	17,58
Berechnet mit Kurs	131,27
Datum der Berechnung	04.12.2009

Die maximale Kursschwankung aufgrund fallender Kapitalmarktzinsen betrug bisher ca. 55 % (2000–2012).

Mitte 2008 bis Anfang 2009 entwickelten sich die Wertpapierrenditen um ca. 1 % zurück (von 4,8 % auf 3,8 %), begleitet von einem Kursanstieg von ca. 17 %.

(2) Bundesobligation mit einer Gesamtlaufzeit von 5 Jahren (2009–2014)

Stammdaten	
WKN / ISIN	114154 / DE0001141547
Emittent	Bundesrepublik Deutschland
Emittententyp	öffentlich
Sitz des Emittenten	Deutschland
Bond-Typ	Anleihe
Nominal	0,01
Fälligkeit	11.04.2014

Kupondaten	
Kupon	2,250%
Kupon-Typ	Fest
Nächster Kupon-Termin	11.04.14
Kupon-Periode	Jahr
Rückzahlungspreis	100,00

Kennzahlen	
Rendite (nach ISMA)	n.a.
laufende Verzinsung	n.a.
Stückzinsen	n.a.
Duration	n.a.
Modified Duration	n.a.
Konvexität	n.a.
Zinselastizität	n.a.
Basis Point Value	n.a.
Restlaufzeit	0,01
Berechnet mit Kurs	n.a.
Datum der Berechnung	n.a.

Die maximale Kursschwankung während der gesamten Laufzeit von 5 Jahren betrug aufgrund der kurzen Laufzeit nicht mehr als 7,5 %.

Für den Praktiker wäre es jetzt interessant zu wissen, wie hoch das Kursänderungsrisiko in Abhängigkeit der Restlaufzeit und der Nominalzinshöhe ausfällt. Die Lösung dieses Problems liegt in der Risikomessgröße „modifizierte Duration". Sie gibt an, um wie viel Prozent der Kaufkurs am Kauftag bei einer 1%igen Marktzinssenkung ansteigt oder bei einer 1%igen Marktzinssteigerung fällt.

Handbuch der privaten Kapitalanlage

Die nachfolgende Tabelle zeigt die prozentualen Kursänderungsrisiken eines idealisierten Wertpapiers mit einem zum Betrachtungszeitpunkt bestehenden Kurs von 100 %:

Kursänderungsrisiko in % bei einer 1 %igen Marktzinsänderung (gerundete Werte)							
Restlaufzeit in Jahren	Zinskupon des Wertpapiers						
	2 %	3 %	4 %	5 %	6 %	7 %	8 %
1	1 %	1 %	1 %	1 %	1 %	1 %	1 %
2	2 %	2 %	2 %	2 %	2 %	2 %	2 %
3	3 %	3 %	3 %	3 %	3 %	3 %	3 %
4	4 %	4 %	4 %	4 %	3 %	3 %	3 %
5	5 %	5 %	4 %	4 %	4 %	4 %	4 %
6	6 %	5 %	5 %	5 %	5 %	5 %	5 %
7	6 %	6 %	6 %	6 %	6 %	5 %	5 %
8	7 %	7 %	7 %	6 %	6 %	6 %	6 %
9	8 %	8 %	7 %	7 %	7 %	7 %	6 %
10	9 %	9 %	8 %	8 %	7 %	7 %	7 %
11	10 %	9 %	9 %	8 %	8 %	7 %	7 %
12	11 %	10 %	9 %	9 %	8 %	8 %	8 %
13	11 %	11 %	10 %	9 %	9 %	8 %	8 %
14	12 %	11 %	11 %	10 %	9 %	9 %	8 %
15	13 %	12 %	11 %	10 %	10 %	9 %	9 %
16	14 %	13 %	12 %	11 %	10 %	9 %	9 %
17	14 %	13 %	12 %	11 %	10 %	10 %	9 %
18	15 %	14 %	13 %	12 %	11 %	10 %	9 %
19	16 %	14 %	13 %	12 %	11 %	10 %	10 %
20	16 %	15 %	14 %	12 %	11 %	11 %	10 %

Beispiel (modifizierte Duration)

Zum 1.2.2014 ergibt sich mithilfe eines Renditerechners für folgendes Wertpapier eine modifizierte Duration von 7,7:

Depotanalyse
Renditeberechung

Allgemeine Daten

WPKN/ISIN	
Abrechnungsdatum	01.02.2014
Stückzinsmethode	30/360

Eingabedaten

Kaufkurs	137,00	%
Rückzahlungskurs	100,00	%
fällig am	01.08.2023	
Nominalzins	5,50	%
Nennwert	10000,00	€
Spesen	0,50	%
Steuersatz	25,00	%

Ergebnisse

Kurswert	13.700,00 €	
Stückzinsen	275,00 €	
Spesen	50,00 €	
Abrechnungsbetrag	14.025,00 €	
Stückzinstage	180	Tage
Duration	7,80	Jahre
mod. Duration	7,698%	
Kursrisiko bei 1% Marktzinsänderung	1.054,69 €	
Laufzeit	9,50	Jahre
Rendite (Börsenformel)	1,172%	
Rendite (ISMA/AIBD)	1,328%	
Rendite nach Steuern (ISMA/AIBD)	0,191%	

(1) Szenario 1: Die Kapitalmarktzinsen fallen um 1 %.

Der Kurs inklusive Stückzinsen von gegenwärtig 137 % steigt um

$7{,}7\,\% \cdot 137 = 10{,}55\,\%$

auf 147,55 %

(2) Szenario 2: Die Kapitalmarktzinsen steigen um 1 %.

Der Kurs inklusive Stückzinsen von gegenwärtig 120 % fällt um

$7{,}7\,\% \cdot 137 = 10{,}55\,\%$

auf 126,45 %

4.4.4 Duration

Die Duration als anlagestrategisches Zeitmaß liefert die Antwort auf die Frage, ob es innerhalb der (Rest-)Laufzeit eines verzinslichen Wertpapiers einen bestimmten Zeitpunkt („Duration") gibt, zu dem das Papier unabhängig zwischenzeitlicher Marktzinsänderungen mit der ursprünglichen Kaufrendite veräußert werden kann.

Soll ein festverzinsliches Wertpapier während der Laufzeit verkauft werden, sind für den Veräußerer zwei Zinsszenarien zu analysieren:

- Bei steigenden Kapitalmarktzinsen wird der Kurs des Wertpapiers fallen, die anfallenden Kuponzahlungen dagegen können zu einem höheren Wiederanlagezins (höher als die Kaufrendite) erneut angelegt werden. Einem Kursverlust stehen damit Wiederanlagezinsgewinne gegenüber.
- Bei fallenden Kapitalmarktzinsen wird der Kurs des Wertpapiers steigen, die anfallenden Kuponzahlungen dagegen können nur zu einem niedrigeren Wiederanlagezins (geringer als die Kaufrendite) angelegt werden. Einem Kursgewinn stehen Wiederanlagezinsverluste gegenüber.

Dabei werden sich die beim Verkauf des Wertpapiers innerhalb der Laufzeit realisierten Gewinne und Verluste nur dann ausgleichen, wenn das Wertpapier zum Zeitpunkt „Duration" veräußert wird. Mit anderen Worten: Unabhängig von zwischenzeitlichen Zinsänderungen kann der Anleger zu diesem Verkaufszeitpunkt seine zum Kaufzeitpunkt ermittelte Kaufrendite auch tatsächlich realisieren. Wer jedoch meint, damit den Schlüssel für verlustfreie Verkäufe entdeckt zu haben, muss enttäuscht werden, denn wie jede Kennziffer beruht auch die Berechnung der Duration auf theoretischen Annahmen. So unterstellt das Berechnungsverfahren nicht nur eine flache Zinsstrukturkurve, sondern auch eine einmalige Zins- und damit verbundene Kursänderung unmittelbar nach Wertpapierkauf.

Intensivere Analysen führen zu folgenden Strategien:

- Der Kapitalanleger spekuliert nach einer Hochzinsphase auf niedrigere Zinsen: Ratsam ist der Erwerb von Wertpapieren mit einer hohen Duration, um möglichst lange in der erwarteten Zinssenkungsphase an Kursgewinnen partizipieren bzw. bei einem zwischenzeitlichen Verkauf vor der Duration zumindest die anfängliche Kaufrendite realisieren zu können. Ein Verkauf nach der Duration würde hingegen zu Renditeeinbußen führen.

  Wertpapiere mit einer hohen Duration (und damit auch hohen modifizierten Duration) sind langlaufende Zerobonds oder auch langlaufende festverzinsliche Wertpapiere mit Zinskupons. Dabei weisen bei gleicher Laufzeit die Zerobonds gegenüber den verzinslichen Wertpapieren ein noch höheres Risikopotenzial auf.

  Kaufzeitpunkt — Duration — Fälligkeitszeitpunkt

bei Veräußerung vor Duration:	bei Veräußerung nach Duration:
erzielbare Rendite höher als anfängliche Kaufrendite (Kursgewinn > Wiederanlagezinsverlust)	erzielbare Rendite geringer als die anfängliche Kaufrendite (Kursgewinn < Wiederanlagezinsverlust)

- Der Kapitalanleger spekuliert nach einer Niedrigzinsphase auf steigende Zinsen: Lohnenswert ist der Kauf von Wertpapieren mit einer niedrigen Duration, um möglichst lange in der erwarteten Zinssteigerungsphase an erhöhten Wiederanlagezinsen partizipieren bzw. bei einem zwischenzeitlichen Verkauf nach der Duration zumindest die anfängliche Kaufrendite realisieren zu können. Ein Verkauf vor der Duration würde hingegen zu Renditeeinbußen führen.

  Beispiele für Wertpapiere mit einer geringen Duration (und damit auch geringen modifizierten Duration) sind verzinsliche Wertpapiere mit kurzer Restlaufzeit oder Floater mit einer ¼-jährlichen variablen Zinsanpassung.

  Kaufzeitpunkt — Duration — Fälligkeitszeitpunkt

bei Veräußerung vor Duration:	bei Veräußerung nach Duration:
erzielbare Rendite geringer als anfängliche Kaufrendite (Kursverlust > Wiederanlagezinsgewinn)	erzielbare Rendite höher als die anfängliche Kaufrendite (Kursverlust < Wiederanlagezinsgewinn)

- Veräußerung zum Zeitpunkt „Duration": Bei Veräußerung der Anlage kann die Kaufrendite unabhängig zwischenzeitlicher Zinsbewegungen realisiert werden.

Ist die Duration[1] bekannt, lässt sich die modifizierte Duration berechnen aus:

$$\text{modifizierte Duration} = \frac{\text{Duration}}{\left(1 + \frac{\text{Kaufrendite}}{100}\right)}$$

1 Um die Formel zur Berechnung der Duration zu gewinnen, sind umfangreiche theoretische Annahmen und mathematische „Klimmzüge" notwendig.

Die Formel lautet: $\text{Duration} = \frac{\sum (\text{Zahlungszeitpunkt}_{\text{Zahlung } i} \cdot \text{Barwert}_{\text{Zahlung } i})}{\text{Dirty Price}}$, wobei der Dirty Price sich aus dem Wertpapierkurs und Stückzins zusammensetzt.

5 Unternehmensbeteiligung Aktie

5.1 Wesen

5.1.1 Das Eigenkapital einer Aktiengesellschaft

Viele Investitionen erfordern erhebliche Kapitalmengen. Neben der Kapitalbeschaffung durch Kredite über den Bankensektor bietet sich den Unternehmen die Möglichkeit, das erforderliche Kapital über eine Vielzahl von Privatpersonen zu beschaffen. Wird das Unternehmen in der Rechtsform der Aktiengesellschaft geführt, ist die Privatperson (Aktionär) mit der Zurverfügungstellung von Kapital anteilig am Unternehmen beteiligt. Die Kapitaleinlage wird in Form der Aktie verbrieft und kann jederzeit an der Börse zu täglich ermittelten Marktpreisen (Börsenkursen) ge- oder verkauft werden.

§ 1 AktG [Wesen der Aktiengesellschaft]

„(1) Die Aktiengesellschaft ist eine Gesellschaft mit eigener Rechtspersönlichkeit. Für die Verbindlichkeiten der Gesellschaft haftet den Gläubigern nur das Gesellschaftsvermögen.

(2) Die Aktiengesellschaft hat ein in Aktien zerlegtes Grundkapital."

Der Mindestnennbetrag oder Nennwert des Grundkapitals beträgt 50.000 Euro. Dieser Nennwert kann vom tatsächlichen Marktwert der Aktiengesellschaft erheblich abweichen. Bei dem Nennwert einer Aktie handelt es sich um eine rechnerische Größe. Beteiligt ist der Aktionär prozentual in Höhe seiner gehaltenen Aktiennennwerte zum begebenen Grundkapital.

Beispiel (Neuemission von Aktien; Kurswertbildung)

Ein Unternehmen in der Rechtsform der AG benötigt für eine Investition 100.000 Euro Grundkapital (Mindesterfordernis gemäß §7 AktG: 50.000 Euro). Sollen 20.000 Aktien ausgegeben werden, beträgt der Nennwert einer Aktie:

$$\frac{100.000 \text{ Euro}}{20.000} = 5 \text{ Euro}$$

Das Unternehmen gibt bekannt, dass diese Investition hohe Gewinne verspricht, und präsentiert der Öffentlichkeit folgende Zahlungsreihe:

Jahr	0	1	2	3
Investitionsertrag in Euro	– 100.000 (Investition)	75.000	65.000	50.000
Rücklagen für spätere Investition in Euro		20.000	20.000	20.000
ausschüttbarer Gewinn (Dividende) in Euro		55.000	45.000	30.000

Der Ausgangsinvestition von 100.000 Euro stehen innerhalb von drei Jahren damit kumuliert Gewinne von 130.000 Euro gegenüber. Im Idealfall dürfte damit eine Aktie höchstens kosten:

$$\frac{130.000 \text{ Euro}}{20.000} = 6{,}50 \text{ Euro}$$

Von dem Angebot bzw. der prognostizierten Zahlungsreihe überwältigt, werden sich jedoch viele Personen um die 20.000 Aktien bewerben. Der Preis (Börsenkurs) der Aktie steigt dann aufgrund übersteigerter Kursfantasien und hoher Nachfrage vielleicht sogar auf 20 Euro. Obwohl ein einzelner Aktionär mit 5 Euro rechnerisch nur an einem Bruchteil des Grundkapitals beteiligt ist, fließen dem Unternehmen dann zu:

$20 \text{ Euro} \cdot 20.000 = 400.000 \text{ Euro}$

Im weiteren Verlauf hängt die Wertentwicklung der im Umlauf befindlichen Altaktien dann weniger von den Gewinnen der ursprünglichen Investition ab als von den Gewinnerwartungen, die beispielsweise aus durch Rücklagen finanzierten Investitionen resultieren. Ebenfalls als gewinnträchtig angesehen und von Aktionären mit steigenden Börsenkursen honoriert werden Rationalisierungsmaßnahmen oder auch Kosten einsparende Fusionen.

Der Verkaufserlös emittierter Aktien ist in der Aktienbilanz unter der Bilanzposition Eigenkapital festzuhalten. Bei der Bilanz handelt es sich um die wertmäßige Gegenüberstellung der Finanzmittelverwendung (die Aktivseite) und der Herkunft der Finanzmittel (die Passivseite):

Unternehmensbilanz der AG	
Aktivseite (Mittelverwendung)	**Passivseite (Mittelherkunft)**
Anlagevermögen	Eigenkapital
Umlaufvermögen	Fremdkapital

Das Eigenkapital lässt sich weiter unterteilen in:

Eigenkapital	Grundkapital	Nennwert aller ausgegebenen Aktien; wird auch „gezeichnetes Kapital" genannt.
	Kapitalrücklage	Beträge, die bei der Emission der Aktien über den Nennwert erzielt werden („Agio").
	Gewinnrücklagen	Beträge, die aus dem Jahresüberschuss gebildet werden.
	Bilanzgewinn	Betrag, der ebenfalls aus dem Jahresüberschuss abgeleitet wird; steht grundsätzlich als Dividende den Aktionären zur Verfügung.

Beispiel (Fortführung des vorangegangenen Beispiels)

Emittiert wurden 20.000 Aktien zum Nennwert von 5 Euro. Die Kursfantasie trieb den Kurs einer Aktie auf 20 Euro:

Unternehmensbilanz der AG	
Aktivseite (Mittelverwendung)	**Passivseite (Mittelherkunft)**
Kasse 400.000 Euro	Eigenkapital 400.000 Euro • Grundkapital 100.000 Euro • Kapitalrücklage 300.000 Euro

5.1.2 Aktienarten

Aktien können unterschieden werden hinsichtlich

- ihrer Stückelung,
- ihrer Rechte,
- ihrer Inhabereigenschaft.

(1) Stückelung

Zu unterscheiden ist zwischen den Nennwert- und Stückaktien. Im Gegensatz zu Nennwertaktien lauten Stückaktien nicht auf einen in Euro bezeichneten Nennwert, sondern auf einen bestimmten Anteil am Grundkapital der Gesellschaft:

§ 8 AktG [Nennbetragsaktien, Stückaktien]:

„[...] (2) Nennbetragsaktien müssen auf mindestens einen Euro lauten. Aktien über einen geringeren Nennbetrag sind nichtig. [...] Höhere Aktiennennbeträge müssen auf volle Euro lauten.

(3) Stückaktien lauten auf keinen Nennbetrag. Die Stückaktien einer Gesellschaft sind am Grundkapital in gleichem Umfang beteiligt. Der auf die einzelne Aktie entfallende Betrag des Grundkapitals darf einen Euro nicht unterschreiten. [...]"

(2) Rechte

Stammaktien sind die Urform der Aktie. Nicht in der Börsenzeitung besonders gekennzeichnete Aktien sind Stammaktien. Sie beinhalten u. a. das Recht auf

- Anteil am Bilanzgewinn,
- Teilnahme und Auskunftserteilung an der HV,
- Stimmrecht in der HV,
- Anfechtung von HV-Beschlüssen,
- Anteil am Liquidationserlös.

§ 12 AktG [Stimmrecht, keine Mehrstimmrechte]:

„(1) Jede Aktie gewährt das Stimmrecht. Vorzugsaktien können nach den Vorschriften dieses Gesetzes als Aktien ohne Stimmrecht ausgegeben werden."

§ 140 AktG [Rechte der Vorzugsaktionäre]:

„(1) Die Vorzugsaktien ohne Stimmrecht gewähren mit Ausnahme des Stimmrechts die jedem Aktionär aus der Aktie zustehenden Rechte."

Gegenüber Stammaktien besitzen Vorzugsaktien das Recht auf eine höhere Dividende. Dieser Liquiditätsvorteil soll einen Stimmrechtsverzicht in der Hauptversammlung ausgleichen.

(3) Inhabereigenschaft

Bei Inhaberaktien wird die Unternehmensbeteiligung in einer leicht handelbaren Aktie verbrieft. Inhaberaktien lauten auf den Inhaber, nicht auf dessen Namen. Damit kann der Aktionär seine Beteiligung anonym durch Aktienverkauf über die Börse reduzieren oder durch den Zukauf weiterer Aktien erhöhen.

Auf den Eigentümer lautende Namensaktien werden im Aktienbuch eingetragen und sind schwieriger zu veräußern. Sofern ein Aktionär einer Eintragung ins Aktienbuch widersprechen sollte, verliert er zwar sein Stimmrecht, nicht jedoch den Dividendenanspruch. Die Übertragung und Weitergabe von Namensaktien ist durch das Aktiengesetz deutlich erschwert:

§ 67 AktG [Eintragung im Aktienregister]:

„(1) Namensaktien sind unter Angabe des Namens, Geburtsdatums und der Adresse des Inhabers sowie der Stückzahl oder der Aktiennummer und bei Nennbetragsaktien des Betrags in das Aktienregister der Gesellschaft einzutragen."

Vinkulierte Namensaktien bedürfen vor Übergabe noch der Zustimmung des Vorstandes:

§ 68 AktG [Vinkulierung]:

„(2) Die Satzung kann die Übertragung an die Zustimmung der Gesellschaft binden. Die Zustimmung erteilt der Vorstand. Die Satzung kann jedoch bestimmen, dass der Aufsichtsrat oder die Hauptversammlung über die Erteilung der Zustimmung beschließt."

Da die Transparenz der Namensaktie im Vergleich zur Inhaberaktie deutlich höher ist, erfreut sich die Namensaktie zunehmender Beliebtheit. So behält das Management stets den Überblick, wer Aktionär des Unternehmens ist und welches Ziel er möglicherweise verfolgt. So kann die Namensaktie als Frühindikator einer möglichen Firmenübernahme interpretiert werden.

5.2 Aktionärsrechte

Mit der Beteiligung am Grundkapital besitzt der Aktionär eine Vielzahl von Rechten:

5.2.1 Teilnahme- und Stimmrecht in der Hauptversammlung

Eigentümer von Stammaktien fällen in der jährlich stattfindenden Hauptversammlung Beschlüsse über die Verwendung des Bilanzgewinnes, Satzungsänderungen oder auch die Duldung des Vorstandes. Aktionäre haben zudem ein Recht auf Auskunft über die geschäftlichen Abläufe und Entwicklungen des Unternehmens.

Kein Stimmrecht haben normalerweise Inhaber von Vorzugsaktien. Sie genießen gegenüber Besitzern von Stammaktien jedoch Vorrechte hinsichtlich Gewinnverteilung und Liquidationserlös im Konkursfall.

Nach dem Aktiengesetz (§ 123 AktG) ist die Hauptversammlung mindestens 30 Tage vor dem Tage der Versammlung einzuberufen. Die Einberufung bzw. Einladung wird im elektronischen Bundesanzeiger und einem Börsenpflichtblatt veröffentlicht. Der täglich erscheinende Bundesanzeiger besteht aus einem amtlichen Teil, in dem Behörden Vorschriften, Mitteilungen oder Entscheidungen bekannt machen und einem nichtamtlichen Teil, der für die Veröffentlichung von Bilanzen, Einladungen zu Hauptversammlungen etc. vorgesehen ist.

Voraussetzung für die Teilnahme des Aktionärs an der Hauptversammlung ist ein in Textform erstellter Nachweis der depotführenden Hausbank an das Unternehmen über den Anteilsbesitz. Der Nachweis hat sich auf den Beginn des 21. Tages vor der Versammlung zu beziehen („record day") und muss dem Unternehmen spätestens am 7. Tag vor der Versammlung zugehen. Anschließend erhält der Aktionär die Einladung zur Hauptversammlung über seine Depotbank zugesandt. Ein Verkauf der Aktien nach dem „record day" führt nicht zum Verlust des Rechts auf Teilnahme und Stimmrecht an der Hauptversammlung. Für Namensaktien gilt das Meldesystem nicht, da die namentlich im Aktienregister verzeichneten Aktionäre von dem Unternehmen direkt angeschrieben werden.

Möchte der mit Inhaberaktien am Unternehmen beteiligte Aktionär persönlich an der Hauptversammlung teilnehmen, wird ihm die Depotbank die Eintrittskarte zur Hauptversammlung beschaffen. Diese Eintrittskarte wird dann vor Ort in die Stimmrechtskarte umgetauscht. Möchte der Aktionär hingegen nicht an der Hauptversammlung selbst teilnehmen, besteht die Möglichkeit, dem depotführenden Institut eine unterzeichnete Vollmacht zur weisungsgebundenen Stimmrechtsausübung zu erteilen:

> **§ 135 AktG [Ausübung des Stimmrechts durch Kreditinstitute ...]:**
>
> „(1) Ein Kreditinstitut darf das Stimmrecht für Aktien, die ihm nicht gehören und als deren Inhaber es nicht im Aktienregister eingetragen ist, nur ausüben, wenn es bevollmächtigt ist. Die Vollmacht darf nur einem bestimmten Kreditinstitut erteilt werden und ist von diesem nachprüfbar festzuhalten. Die Vollmachtserklärung muss vollständig sein und darf nur mit der Stimmrechtsausübung verbundene Erklärungen enthalten. [...]
>
> (3) Hat der Aktionär dem Kreditinstitut keine Weisung für die Ausübung des Stimmrechts erteilt, so hat das Kreditinstitut [...] das Stimmrecht entsprechend seinen eigenen Vorschlägen auszuüben, [...]."

5.2.2 Anspruch auf Gewinnbeteiligung (Dividende)

Grundlage der Gewinnermittlung ist die Gewinn- und Verlustrechnung. Darin werden alle Erträge und Aufwendungen eines Wirtschaftsjahres erfasst und saldiert. Vom Ergebnis der Saldierung, auch „Jahresüberschuss" genannt, sind Rücklagen zu bilden. Den noch verbleibenden Überschuss bezeichnet man als „Bilanzgewinn":

	Ertrag
–	Aufwand
=	**Jahresüberschuss vor Steuern**
–	Ertragsteuern
=	**Jahresüberschuss nach Steuern**
–	Rücklagen
=	**Bilanzgewinn**

In der Hauptversammlung wird entschieden, wie der Bilanzgewinn zu verwenden ist. Er kann entweder im Unternehmen verbleiben (Thesaurierung) oder an die Anteilseigner, die Aktionäre, in Form der Dividende ausgeschüttet werden (§ 174 AktG).

Inhaber von Vorzugsaktien genießen gegenüber Besitzern von Stammaktien oftmals Vorrechte, beispielsweise bei der Höhe der Gewinnausschüttung. Grundsätzlich erfolgt am ersten Börsentag nach der Hauptversammlung die Dividendenbekanntmachung und Dividendenausschüttung.

Eine Dividendenausschüttung vermindert das liquide Unternehmensvermögen und den Wert einer einzelnen Aktie. Daher kann es am Ausschüttungstag zu einem Kursrückgang kommen. Dieser Sachverhalt wird am Tag des Dividendenabschlags an der Börse durch den Kurszusatz „ex Div." verdeutlicht.

5.2.3 Bezugsrecht

Um einer Aktiengesellschaft zusätzliches Kapital zuzuführen, wird das Grundkapital durch Ausgabe neuer (junger) Aktien erhöht. Altaktionäre erhalten dann ein gesetzliches Bezugsrecht auf den Erwerb dieser Aktien im Verhältnis zum bisher gehaltenen Grundkapitalanteil. Zweck des Bezugsrechtes ist es, auch nach einer Kapitalerhöhung bereits bestehende Stimmrechtsverhältnisse zu wahren.

§ 186 AktG [Bezugsrecht]:

„(1) Jedem Aktionär muss auf sein Verlangen ein seinem Anteil an dem bisherigen Grundkapital entsprechender Teil der neuen Aktien zugeteilt werden. Für die Ausübung des Bezugsrechts ist eine Frist von mindestens zwei Wochen zu bestimmen."

Einer Aktie, die ein Altaktionär besitzt, wird automatisch 1 Bezugsrecht zugerechnet und in das bestehende Kundendepot durch die Clearstream Banking AG eingebucht. Die Bezugsrechte erhalten eine einheitliche ISIN.

Bei effektiven Stücken wird als Bezugsschein ein bestimmter Dividendenschein aufgerufen, der als selbstständiges Wertpapier in Erscheinung tritt und sich mit Beginn des Verfahrens der Kapitalerhöhung ebenfalls automatisch im Bestand des bisherigen Aktionärs befindet. Von der Hausbank (bei Inhaberaktien) bzw. der AG (bei Namensaktien) erhält der Altaktionär anschließend einen „Zeichnungsschein", in dem die Anzahl der gewünschten neuen Aktien vermerkt wird.

Da das Bezugsrecht in Form des Bezugsscheins als eigenständiges an der Börse handelbares Wertpapier notiert ist, reduziert sich der Kurs der Altaktie um den Wert des Bezugsrechts. Dieser Sachverhalt wird am ersten Tag der Bezugsrechtsfrist mit dem Kurszusatz „ ex BR" (ex Bezugsrecht) verdeutlicht.

Beispiel (Abspaltung des Bezugsrechts)

Vor der Kapitalerhöhung:

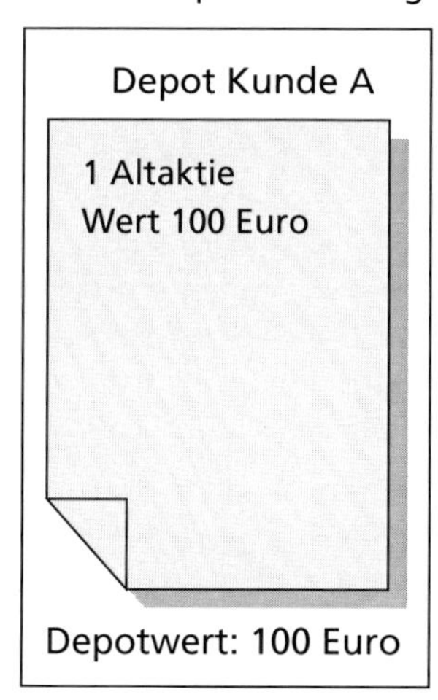

Zu Beginn der Kapitalerhöhung:

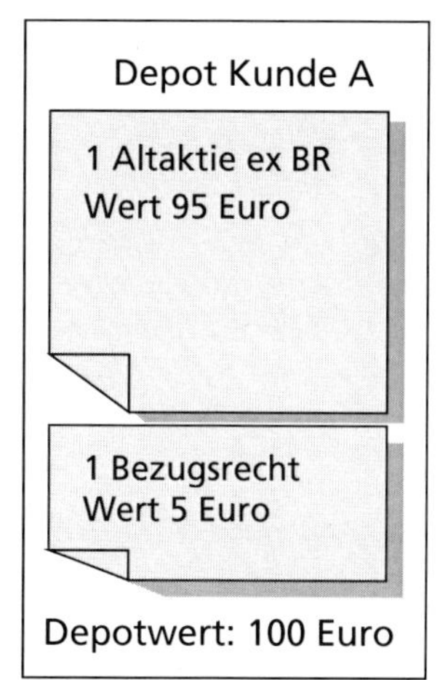

Am Tag vor Beginn der Kapitalerhöhung befindet sich eine Altaktie im Depot. Einen Tag später wird zu jeder Altaktie 1 Bezugsrecht in das Depot eingebucht. Das Bezugsrecht berechtigt zum Erwerb junger Aktien zum Zeichnungspreis.

Bezugsrechte können vom Aktionär dann verkauft werden, wenn er vom Bezugsrecht keinen Gebrauch macht. Allerdings ist der Zeitraum des Bezugsrechtshandels um zwei Börsentage kürzer als die Bezugsfrist:

Handbuch der privaten Kapitalanlage

Auszug aus: „Bedingungen für die Geschäfte an der Börse München" § 10 [Bezugsrechtshandel]:

„(2) Der Bezugsrechtshandel beginnt – unbeschadet von Sonderregelungen – am ersten Tag der Bezugsfrist und erstreckt sich über die gesamte Bezugsfrist mit Ausnahme der letzten beiden Börsentage dieser Frist."

Erfolgt von Seiten des Aktionärs keine Weisung, ob die Bezugsrechte ausgeübt oder an der Börse verkauft werden sollen, gilt folgende Regelung:

Sonderbedingungen für Wertpapiergeschäfte Nr. 15:

„Soweit die Bank bis zum Ablauf des vorletzten Tages des Bezugsrechtshandels keine andere Weisung des Kunden erhalten hat, wird sie sämtliche zum Depotbestand des Kunden gehörenden inländischen Bezugsrechte bestens verkaufen."

Die letzten beiden Tage der Bezugsfrist dienen noch der organisatorischen Abwicklung, bis dann frühestens am ersten Tag nach der Bezugsfrist die jungen Aktien ausgegeben werden können.

Da junge Aktien zu einem niedrigeren Kurs als bereits bestehende Aktien emittiert werden und demzufolge die Altaktie im Kurswert nachgibt (Bildung eines Mischkurses), soll der aus dem Verkauf der Bezugsrechte erzielte Erlös den Vermögensverlust ausgleichen.

Beispiel (Grundkapitalerhöhung)

Eine Aktiengesellschaft erhöht ihr Grundkapital um 25.000 Euro (von 100.000 Euro auf 125.000 Euro). Das Bezugsverhältnis beträgt dann:

$$BV = \frac{\text{Grundkapital}_{\text{alt}}}{\text{Kapitalerhöhung}} = \frac{100.000}{25.000} = \frac{4}{1}$$

Für vier Altaktien kann eine junge Aktie erworben werden. Es wird weiter angenommen, dass der Ausgabepreis für junge Aktien auf 15 Euro festgesetzt wurde. Der aktuelle Börsenkurs der Altaktien beträgt 20 Euro. Beide Aktien sind gleichermaßen mit 0,50 Euro dividendenberechtigt.

Nach Bezug einer jungen Aktie hat sich der Kurswert einer Altaktie reduziert. Er beträgt im Durchschnitt dann pro Aktie:

$$\text{Mischkurs} = \frac{4 \cdot 20 + 1 \cdot 15}{5} = 19 \text{ Euro}$$

Der Wert eines Bezugsrechtes entspricht gerade dem erlittenen Kursverlust von 1 Euro.

Wird das Bezugsrecht ausgeübt, hat sich für den Aktionär an seiner Vermögensposition nichts geändert, denn

- einem Kursverlust der vier Altaktien von 4 · (20 Euro – 19 Euro) = 4 Euro steht
- der Kursgewinn einer jungen Aktie von (19 Euro – 15 Euro) = 4 Euro gegenüber.

Wird das Bezugsrecht nicht ausgeübt, kann es verkauft werden. Der Erlös von 1 Euro aus dem Verkauf eines Bezugsrechts gleicht den Kursverlust einer Altaktie gerade aus. Auch jetzt bleibt die Vermögensposition des Aktionärs unverändert.

Exkurs: Sollte die junge Aktie nicht dividendenberechtigt sein, würde sie um den Dividendennachteil von 0,50 Euro günstiger als die Altaktie notieren. Ist der Erwerber einer jungen Aktie im Dividendennachteil, wirkt dies so, als ob er für die junge Aktie um die entgangene Dividende mehr bezahlen muss.

Als Mischkurs ergibt sich daher:

$$\text{Mischkurs} = \frac{2 \cdot 20 + 1 \cdot (15 + 0{,}50)}{5} = 19{,}10 \text{ Euro}$$

Bei dem neuen Kurs der Altaktie von 19,10 Euro beträgt der Wert des Bezugsrechts 20 Euro – 19,10 Euro = 0,90 Euro.

Der Kurs der jungen Aktie steigt auf 15 Euro + 4 · 0,90 Euro = 18,60 Euro.

Die Differenz beider Werte entspricht dem Dividendennachteil von 0,50 Euro.

5.2.4 Anspruch auf Berichtigungsaktien („Gratisaktien")

Die Ausgabe kostenloser Berichtigungsaktien erfolgt durch Umwandlung bestehender Gewinnrücklagen in Grundkapital. Mit deren Ausgabe ist also keine Werterhöhung des Unternehmens verbunden. Da sich die Anzahl der im Umlauf befindlichen Aktien nach Ausgabe der Berichtigungsaktien erhöht hat, fällt bei unverändertem Unternehmenswert der Aktienkurs.

5.3 Aktienhandel und Aktienmärkte

5.3.1 Kurszusätze

Aktien und Rentenwert sind an der Börse auf Euro-Währung handelbare Wertpapiere. Typische Kauf- oder Verkaufsaufträge werden entweder

- billigst erteilt (gekauft wird zu jedem Kurs),
- bestens erteilt (verkauft wird zu jedem Kurs)

oder sie werden mit einem Limit ausgestattet:

- Kaufauftrag mit Limit: Aktien werden nur so lange gekauft, bis das angegebene Limit erreicht wird (Absicherung gegen zu teuren Kauf).
- Verkaufsauftrag mit Limit: Aktien werden nur so lange verkauft, bis das angegebene Limit erreicht wird (Absicherung gegen zu billigen Verkauf).

Handbuch der privaten Kapitalanlage

Zwei weitere Techniken des Aktienkaufs oder -verkaufs sind:

- Stop-Buy-Limit: Es wird nur dann billigst gekauft (also zu jedem Kurs), wenn eine über dem gegenwärtigen Kurswert definierte Schwelle erreicht wird.
- Stop-Loss-Limit: Es wird nur dann bestens verkauft (also zu jedem Kurs), wenn eine unter dem gegenwärtigen Kurswert definierte Schwelle erreicht ist. Das Setzen eines Stop-Loss-Limits führt also nicht automatisch dazu, dass auch zu diesem Limit verkauft wird.

Inwieweit die zum festgestellten Kurs limitierten und unlimitierten Kauf- bzw. Verkaufsaufträge ausgeführt werden konnten, wird durch Kurszusätze beschrieben (nachfolgend entnommen der Börsenordnung für die Frankfurter Börse):

(1) Kurszusatz „b" (bezahlt)

Angebots- und Nachfrageaufträge, deren Limit dem notierten Kurs entsprach, waren ausgeglichen. Ausgeführt wurden:

Kaufaufträge	Verkaufsaufträge
alle unlimitierten	alle unlimitierten
alle über dem Kurs limitierten	alle unter dem Kurs limitierten
alle zum Kurs limitierten	alle zum Kurs limitierten

Beispiel (Kurszusatz „b")

	Kauforder		Verkaufsorder		
Kurs	**Kaufwillige**	**Summe**	**Verkaufswillige**	**Summe**	**Umsatz**
28	80	230	60	60	60
30	**80**	**150**	**90**	**150**	**150**
32	70	70	90	240	70

Festgestellter Kurs = 30: Bei diesem Kurs kaufen alle Marktakteure, die 30 oder mehr für die Aktie gezahlt hätten. Verkaufswillig sind die Marktteilnehmer, die für 30 oder weniger den Titel verkauft hätten.

(2) Kurszusatz „bG" (bezahlt Geld)

Nicht alle Kaufaufträge wurden ausgeführt. Ausgeführt wurden:

Kaufaufträge	Verkaufsaufträge
alle unlimitierten	alle unlimitierten
alle über dem Kurs limitierten	alle unter dem Kurs limitierten
alle zum Kurs limitierten *teilweise*	alle zum Kurs limitierten

Beispiel (Kurszusatz „bG")

Kurs	Kauforder: Kaufwillige	Kauforder: Summe	Verkaufsorder: Verkaufswillige	Verkaufsorder: Summe	Umsatz
19	70	230	60	60	60
20	**70**	**160**	**70**	**130**	**130**
21	60	90	70	200	90
22	30	30	80	280	30

Festgestellter Kurs = 20: Bei diesem Kurs kommt der maximale Umsatz zustande. Allerdings stehen 160 Kaufordern (Nachfrage) nur 130 Verkaufsordern (Angebot) gegenüber.

(3) Kurszusatz „bB" (bezahlt Brief)

Nicht alle Verkaufsaufträge wurden ausgeführt. Ausgeführt wurden:

Kaufaufträge	Verkaufsaufträge
alle unlimitierten	alle unlimitierten
alle über dem Kurs limitierten	alle unter dem Kurs limitierten
alle zum Kurs limitierten	alle zum Kurs limitierten *teilweise*

Beispiel (Kurszusatz „bB")

Kurs	Kauforder: Kaufwillige	Kauforder: Summe	Verkaufsorder: Verkaufswillige	Verkaufsorder: Summe	Umsatz
22	60	190	80	80	80
24	**50**	**130**	**70**	**150**	**130**
25	30	80	50	180	80
27	50	50	40	220	50

Festgestellter Kurs = 24: Bei diesem Kurs kommt der maximale Umsatz zustande. Allerdings stehen 150 Verkaufsordern (Angebot) nur 130 Kaufordern gegenüber.

Weiter Kurszusätze sind:

- „G" = Geld: Es bestand nur Nachfrage, kein Umsatz.
- „B" = Brief: Es bestand nur Angebot, kein Umsatz.
- „T" = Taxe: Der Kurs wurde geschätzt. Umsätze fanden nicht statt.

5.3.2 Börsensegmente

Der Wertpapierhandel an den Börsen findet in zwei gesetzlich geregelten Marktsegmenten statt: dem regulierten Markt und dem Open Market (Freiverkehr).

(1) Regulierter Markt

Gehandelt werden Wertpapiere mit einem sehr hohen Handelsvolumen. Die Emittenten dieser Papiere zeichnen sich dabei durch eine hohe Eigenkapitalausstattung (§32 BörsG: 730.000 Euro) aus und erfüllen weitere strenge Formvorschriften. Für Aktien werden im regulierten Markt überwiegend variable Kurse (fortlaufende Notierung) ermittelt. Dabei werden in periodischen Abständen innerhalb eines Börsentages mehrere Kurse notiert, zu denen Aktien jederzeit gekauft oder verkauft werden. Für bestimmte Rentenwerte erfolgt die Preisfestsetzung über einen börsentäglich ermittelten Einheitskurs.

(2) Open Market (Freiverkehr)

Gehandelt werden Papiere mit einem geringen Handelsvolumen. Bei den Emittenten dieser Papiere handelt es sich meist um sehr kleine und/oder innovative Unternehmen, eventuell verbunden mit entsprechenden Anlegerrisiken. Im Vergleich zu den Teilnahmebedingungen des regulierten Markts sind die Zulassungsvoraussetzungen zur Teilnahme am Freiverkehr am geringsten. Aufgrund der geringen Handelsvolumina werden überwiegend Kassakurse (Einheitskurse) ermittelt. Aktien im Open Market sind Insiderpapiere und werden im Hinblick auf Regeln zum Marktmissbrauch von der BaFin beaufsichtigt.

5.3.3 Transparenzlevels

Börsen können die unterschiedlichen Marktsegmente in weitere Teilmärkte (Transparenzlevels) aufspalten. So führt der Börsengang einer Aktie in den regulierten Markt bei der Frankfurter Wertpapierbörse automatisch in den „General Standard" oder bei Erfüllung weiterer Zulassungsvoraussetzungen auf Antrag des Emittenten in den „Prime Standard". Emittenten im General Standard und Prime Standard erfüllen damit höchste Europäische Transparenzanforderungen. Wertpapiere, die diesen Anforderungen nicht gerecht werden, können bei der Frankfurter Wertpapierbörse im Freiverkehr (dem Open Market) innerhalb des Transparenzlevels „Scale" gehandelt werden. Der Open Market ermöglicht insbesondere kleinen Unternehmen einen einfachen und kostengünstigen Zugang zum Börsenhandel, der eine spätere Notierung im General Standard oder Prime Standard nicht ausschließt. Auch in Frankfurt gehandelte Rentenwerte können einzelnen Transparenzlevels zugeordnet werden.

Während zur Zulassung zum Aktienhandel in den General Standard die Unternehmen im Wesentlichen die gesetzlichen Mindestanforderungen des regulierten Markts erfüllen müssen, gelten für die Aufnahme in den Prime Standard beispielsweise weitere strengere Zulassungsfolgepflichten:

- Pflicht zur Quartalsberichterstattung,
- Anwendungspflicht internationaler Rechnungslegungsstandards,
- Ad-hoc-Mitteilungen und laufende Berichterstattung in englischer Sprache.

Unternehmen, die in einen Index der Frankfurter Wertpapierbörse aufgenommen werden, müssen im Prime Standard der Börse Frankfurt notieren. Weitere Kriterien sind die Höhe der Marktkapitalisierung und des Börsenumsatzes in Abhängigkeit des Streubesitzanteils:

- Die Marktkapitalisierung wird berechnet, indem der aktuelle Kurswert mit der Anzahl der ausgegebenen Aktien multipliziert wird. Eine hohe Marktkapitalisierung ist häufig mit einem hohen Aktienumsatz verbunden.
- Zum Streubesitz oder „Freefloat" zählen alle Aktien, die nicht von Großaktionären (Anteil am Aktienkapital von über 5 %) gehalten werden. Überwiegend sind diese Aktien damit im Besitz eines breiten Publikums. Je höher der Streubesitzanteil ist (mindesten 10 %), desto höher ist in der Regel die Handelbarkeit einer Aktie und fairer die Kursbildung.

- Der Börsenumsatz kann in Stück oder als Eurobetrag ausgedrückt werden, indem die gehandelte Stückzahl mit dem jeweiligen Preis multipliziert wird.

Bei dem DAX ist zwischen dem DAX-Performanceindex (allseits bekannter „TV-DAX") und dem DAX-Kursindex zu unterscheiden:

- Beim DAX-Performanceindex werden ausgeschüttete Dividenden den Handelskursen wieder hinzurechnet, d. h., ein Substanzverlust der AG aufgrund einer Dividendenausschüttung bleibt unberücksichtigt. Der Wert des DAX zum Jahresende 2017 betrug 13.000 Punkte.
- Der DAX-Kursindex bezieht sich ausschließlich auf die aktuellen Handelskurse. Insofern spiegelt der Kursindex mit einer höheren Wahrscheinlichkeit die „wahren" Unternehmenswerte wider. Der Wert des DAX-Kursindex zum Jahresende 2017 betrug 6.000 Punkte.

Aktienindizes erfassen die vorherrschende psychologische und konjunkturelle Stimmung aller Börsenteilnehmer. Innerhalb des „Prime Standards" sind zu nennen:

- Deutscher Aktienindex DAX: Er enthält die 30 größten und umsatzstärksten Unternehmen an der Frankfurter Wertpapierbörse.
- MDAX (Mid Cap DAX): Er wird aus den 50 Werten mittlerer Unternehmen ermittelt, die hinsichtlich Größe und Umsatz auf die DAX-Werte folgen.
- SDAX: Dieser Index besteht aus 50 kleineren Werten klassischer Branchen unterhalb des MDAX.
- TecDAX: Er setzt sich aus den 30 größten Technologiewerten des Prime Segments unterhalb des DAX zusammen.

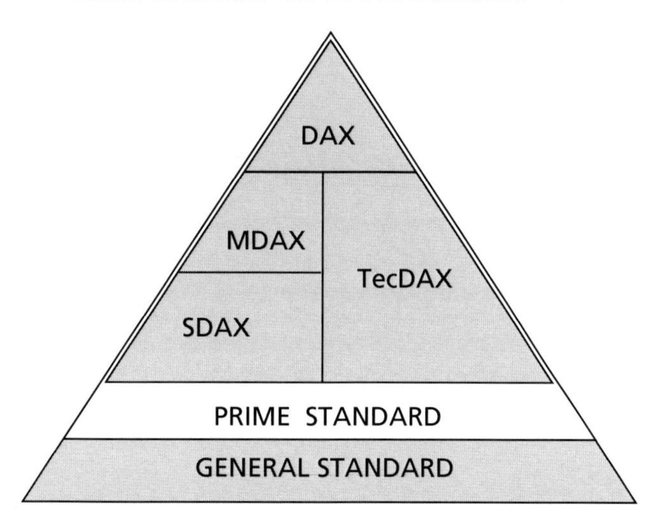

Um die Gesamtentwicklung des Prime Standards und General Standards zu messen, wurde der CDAX eingeführt: Er besteht aus allen deutschen Werten beider Standards und misst demzufolge die Entwicklung des gesamten deutschen Aktienmarkts.

Als repräsentativer Durchschnittswert eignet er sich somit gut zu Analysezwecken.

5.4 Aktienrisiko

5.4.1 Instrumente der Risikoanalyse

Um Risiken in der Aktienanlage zu reduzieren, werden mehr oder weniger kontrovers diskutierte Analyseinstrumente zur Schätzung des zukünftigen Kursverlaufes eingesetzt. Dabei handelt es sich zum einen um die Fundamentalanalyse, zum anderen um die technische Chart-Analyse:

- Die Fundamentalanalyse beurteilt die Kursentwicklung der Aktien nach verfügbaren volkswirtschaftlichen, unternehmensbezogenen und branchenbezogenen Marktdaten zur Berechnung des wahren (inneren) Werts der Aktie. Zu den volkswirtschaftlichen Daten zählen beispielsweise die Gewinnerwartung und Zinspolitik, zu den unternehmensbezogenen bzw. branchenbezogenen Daten zählen beispielsweise Bilanzkennzahlen, Abs.prognosen und Daten der Erfolgsrechnung.
- Die technische Analyse (Chart-Analyse) beurteilt die Kursentwicklung der Aktien nach grafisch aufbereiteten historischen Kursverläufen, Umsatz- oder Preisentwicklungen. Dabei geht es darum, innerhalb dieser Kursverläufe Regelmäßigkeiten zu erkennen, um beispielsweise Kurstrends entwickeln zu können.

5.4.2 Das Aktienrisiko der Profis: Die Volatilität

Mit einer Investition in ein Wertpapier, das exakt die Kursbewegungen des Deutschen Aktienindex DAX vollzieht, hätte seit 1959 bis 2013 eine durchschnittliche Jahresrendite von ca. 6 % erwirtschaftet werden können. Zieht man von diesem Wert die langjährige durchschnittliche Rendite risikoloser verzinslicher Bundeswertpapiere in Höhe von ca. 4 % ab, ergibt sich eine in der Vergangenheit mit Aktien verbundene Risikoprämie von ca. 2 %.

Die meisten in Aktien investierten Anleger unterliegen nun dem Irrtum, diese Risikoprämie garantiert auch realisieren zu können. Das Problem liegt darin, dass es sich bei der durchschnittlichen Rendite von 6 % um einen historischen, d. h., aus vergangenen Werten berechneten Mittelwert handelt, der nur selten erreicht, bisweilen übertroffen oder deutlich unterschritten wurde.

Eine Garantie „Aktie schlägt Staatspapier" kann zumindest bei einem kurzfristigen Anlagehorizont nicht gegeben werden, zumal auch eine von der konjunkturellen Entwicklung abhängige EZB-Zinspolitik und zukünftige Gewinnerwartungen der Unternehmen einen nichtvorhersehbaren Einfluss auf die Aktienkursentwicklung haben.

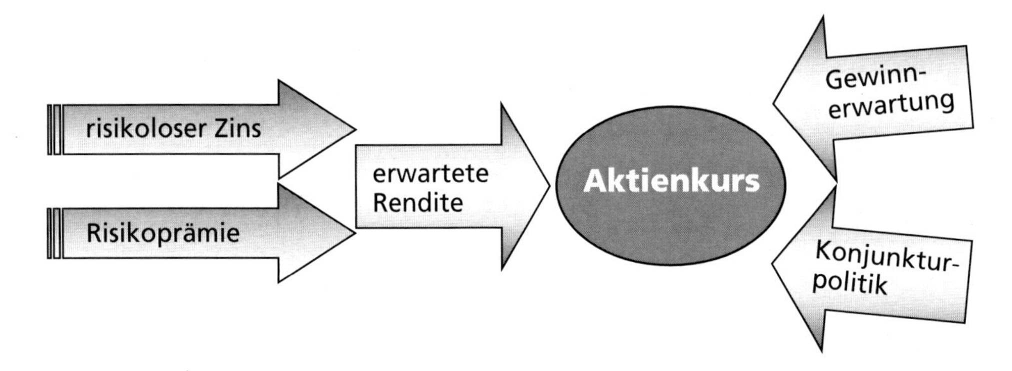

Wie wird nun in der Praxis das Aktienrisiko gemessen bzw. wie lange sollten Aktien gehalten werden, bis mit einer annähernden Wahrscheinlichkeit von 100 % selbst im Falle eines Börsen-Crashs dennoch eine positive Rendite realisiert wird?

Beispiel (Schwankung)

Ein Kapitalanleger muss sich zwischen zwei Wertpapieren entscheiden. Aus der Vergangenheit sind ihm folgende Monatsendkurse bekannt:

Zeitpunkt	Aktie 1 in Euro	Monatsrenditen Aktie 1	Aktie 2 in Euro	Monatsrenditen Aktie 2
01.01.01	20,00	Kauf	20,00	Kauf
30.01.01	21,00	5,00 %	21,00	5,00 %
30.02.01	23,00	9,52 %	22,00	4,76 %
30.03.01	24,00	4,35 %	23,00	4,55 %
30.04.01	25,00	4,17 %	25,00	8,70 %
30.05.01	24,00	–4,00 %	25,00	0,00 %
30.06.01	23,00	–4,17 %	26,00	4,00 %
30.07.01	24,00	4,35 %	26,00	0,00 %
30.08.01	24,00	0,00 %	25,00	–3,85 %
30.09.01	24,00	0,00 %	22,00	–12,00 %
30.10.01	25,00	4,17 %	23,00	4,55 %
30.11.01	25,00	0,00 %	24,00	4,35 %
30.12.01	26,00	4,0 %	26,00	8,33 %
Mittelwert	**24,00**	**2,21 %**	**24,00**	**2,21 %**

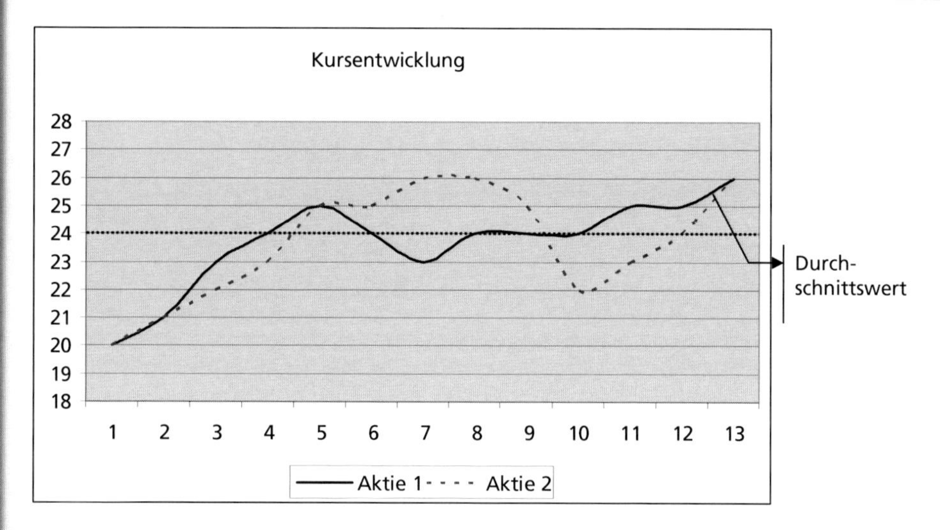

Die Mittelwerte beider Papiere sind zwar mit 24 Euro bzw. 2,21 % Wertzuwachs pro Monat identisch, jedoch schwanken die Monatskurse der zweiten Aktie gegenüber denen der ersten Aktie um den Mittelwert stärker. Verkaufsgewinne oder -verluste fallen damit höher als bei Aktie 1 aus.

In der Praxis werden die Schwankungen der in der Vergangenheit beobachteten Einzelrenditen pro Zeitperiode um den daraus ermittelten Renditemittelwert betrachtet. Das Ausmaß dieser Schwankung beschreibt die Standardabweichung:

$$\text{Standardabweichung} = \sqrt{\frac{1}{\text{Anzahl der Einzelwerte}} \cdot \sum(\text{gemessener Einzelwert–Mittelwert})^2}$$

Die Standardabweichung liefert einen auf historischen Daten beruhenden „Korridor", bei dem vermutet wird, dass mit hoher Wahrscheinlichkeit die zukünftig realisierte Rendite darin liegen wird. Da es sich bei den betrachteten Perioden nicht immer um Kalenderjahre handelt, Renditen sich grundsätzlich jedoch auf einen Zeitraum von einem Jahr beziehen, werden die gemessenen Periodenrenditen auf eine Jahresrendite und anschließend die periodische Standardabweichung auf die Jahresstandardabweichung (die Volatilität) hochgerechnet. Da in die Standardabweichung bzw. Volatilität nur quadrierte Abweichungen und damit dem Betrag nach positive Werte einfließen, sagt sie nichts über die Kursrichtung aus, in die sich die Aktie innerhalb des Betrachtungszeitraumes bewegt hat.

Beispiel (Standardabweichung)

Für die Standardabweichung[1] der Aktie 1 gilt:

$$Std_{Aktie1} = \sqrt{\frac{(5\%-2{,}21\%)^2 + (9{,}52\%-2{,}21\%)^2 + \ldots + (4\%-2{,}21\%)^2}{12}}$$

$$= 3{,}82\%$$

Damit kann der Anleger die nächste Quartalsrendite mit hoher Wahrscheinlichkeit innerhalb des Intervalls [–1,61 %, + 6,03 %] erwarten:

2,21% – 3,82% = –1,61%	2,21%	2,21% + 3,82% = 6,03%

Die Standardabweichung der zweiten Aktie berechnet sich zu 5,48 %.

1 Daten siehe vorangegangenes Beispiel

Renditen von Aktien und Aktienindizes gehorchen oftmals gewissen statistischen „Gesetzmäßigkeiten". So gleicht sich beispielsweise die Verteilung der gemessenen DAX-Jahresrenditen der Vergangenheit einer bildlichen Darstellung an, die den früheren 10-DM Schein zierte: Die „Gauß'sche Glockenkurve" oder Normalverteilung.

Unter dieser Verteilungsvoraussetzung lässt sich sogar die Wahrscheinlichkeit berechnen, dass die in der nächsten Periode erwartete Rendite innerhalb der folgenden Intervalle liegen wird:

- [Mittelwert –1·Std. abw. ; Mittelwert +1·Std. abw.]: Wahrscheinlichkeit 68 %
- [Mittelwert –2·Std. abw. ; Mittelwert +2·Std. abw.]: Wahrscheinlichkeit 95 %
- [Mittelwert –3·Std. abw.; Mittelwert +3·Std. abw.]: Wahrscheinlichkeit 99 %

Beispiel (DAX 1959–2014)

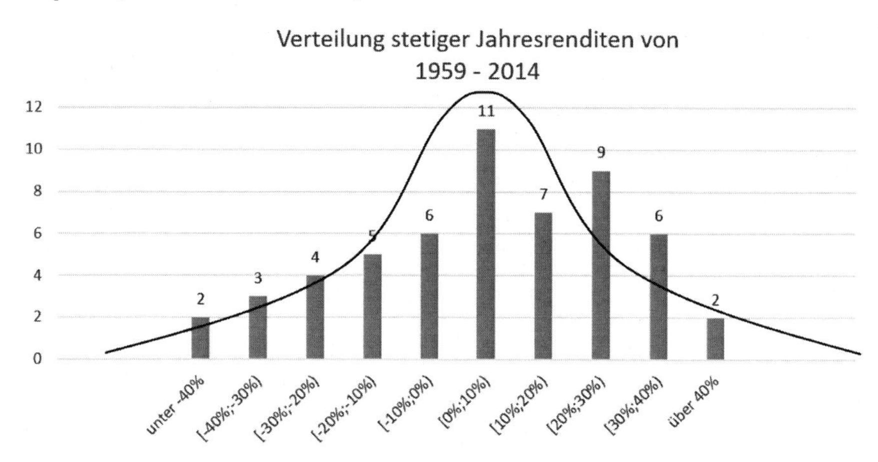

Werden die von 1959 bis 2014 berechneten Jahresrenditen innerhalb der angegebenen Intervalle sortiert, wird eine Rechtsschiefe der Häufigkeitsverteilung deutlich. Der aus den historischen Jahresrenditen ermittelte Renditedurchschnitt beträgt ca. 6 % und die Volatilität des DAX ca. 24 %.

Dann gilt für die Prognose „Was darf ich in einem Jahr zu 99 % erwarten?":

Unter der (sehr!) idealisierten Annahme einer Normalverteilung der Aktienrenditen bewegt sich die zukünftig erwartete Rendite zwischen -66 % (6 % - 72 %) und 78 % (6 % + 72 %).

Zudem: Mit einer Wahrscheinlichkeit von 0,5 % liegt die Rendite höher als 78 % bzw. niedriger als – 66 %.

5.4.3 Aktienrenditen in der Praxis

„Langfristig schlägt die Aktie jede Anlageform."

Diese Worte hört man gerade in Börsenflauten jeden Tag (in Boomphasen fühlen sich die Börsenpropheten darin sowieso bestärkt!). Tatsache ist: Die Aussage stimmt generell, sofern es sich um Zeiträume von ca. 15 Jahren oder länger handelt.

Wie die auf den folgenden Seiten abgebildeten Tabellen zeigen, ist jedoch auch unbestritten, dass eine große Anzahl an Anlagezeiträumen von weniger als 15 Jahren gefunden werden kann, in denen mit Aktienanlagen mehr zu gewinnen war als mit verzinslichen Wertpapieren. Diesen Zeiträumen ist gemeinsam, dass die Aktienhausse der Jahre 1987 bis 2012 eingerechnet wurde:

1 Hinweis für Profis: Die Bildung eines arithmetischen Mittelwerts mit den „normalen" Prozentzahlen liefert nur ungenaue Ergebnisse. Beispiel: Zum Zeitpunkt 0 werden 100 Euro investiert, die sich innerhalb eines Jahres verdoppeln (Ergebnis 1. Jahr: 200 Euro und 100 % Rendite) und sich nach einem weiteren Jahr unglücklicherweise halbieren (Ergebnis 2. Jahr: 100 Euro und –50 % Rendite). Das arithmetische Mittel liefert einen Wert von (100 % – 50 %) / 2 = 25 % Wertzuwachs pro Jahr, obwohl tatsächlich keine Rendite in den zwei Jahren erwirtschaftet wurde. Der Grund dieser Verzerrung liegt darin, dass positive Renditewerte bei der Mittelwertsberechnung stärker ins Gewicht fallen als negative Renditewerte. Daher wurden die in den folgenden Beispielen dargestellten Ergebnisse auf Basis sogenannter stetiger Renditen ermittelt. Mit dieser Berechnungsmethode wird das Problem der Verzerrung umgangen.

Jahresrendite vom Startjahr (fest) 1959 bis Ende 1960/1961/1962 .../...2012 (variabel)					
Jahresende	Wert in Euro	Rendite in %	Jahresende	Wert in Euro	Rendite in %
1959	417,79		1986	1432,25	4,67
1960	534,09	27,84	1987	1000	3,17
1961	489,79	8,27	1988	1327,87	4,07
1962	386,32	-2,58	1989	1790,37	4,97
1963	438,95	1,24	1990	1398,23	3,97
1964	477,89	2,72	1991	1577,98	4,24
1965	422,36	0,18	1992	1545,05	4,04
1966	333,36	-3,17	1993	2266,68	5,10
1967	503,22	2,35	1994	2106,58	4,73
1968	555,62	3,22	1995	2253,88	4,79
1969	622,38	4,07	1996	2888,69	5,36
1970	443,86	0,55	1997	4249,69	6,29
1971	473,46	1,05	1998	5002,39	6,57
1972	536,36	1,94	1999	6958,14	7,28
1973	396,25	-0,38	2000	6433,61	6,90
1974	401,79	-0,26	2001	5160,1	6,17
1975	563,25	1,88	2002	2892,63	4,60
1976	509,02	1,17	2003	3965,16	5,25
1977	549,34	1,53	2004	4256,08	5,29
1978	575,15	1,70	2005	5408,26	5,72
1979	497,79	0,88	2006	6596,92	6,05
1980	480,92	0,67	2007	8067,32	6,36
1981	490,39	0,73	2008	4810,2	5,11
1982	552,77	1,22	2009	5957,43	5,46
1983	773,95	2,60	2010	6914,19	5,66
1984	820,91	2,74	2011	5898,35	5,22
1985	1366,23	4,66	2012	7612,39	5,63

Handbuch der privaten Kapitalanlage

Jahresrendite von Startjahr (variabel) 1959/1960/1961 .../... bis Ende 2012 (fest)					
Jahresende	**Wert in Euro**	**Rendite in %**	**Jahresende**	**Wert in Euro**	**Rendite in %**
1959	417,79	5,63	1986	1432,25	6,64
1960	534,09	5,24	1987	1000	8,46
1961	489,79	5,53	1988	1327,87	7,55
1962	386,32	6,14	1989	1790,37	6,50
1963	438,95	6,00	1990	1398,23	8,01
1964	477,89	5,94	1991	1577,98	7,78
1965	422,36	6,35	1992	1545,05	8,30
1966	333,36	7,04	1993	2266,68	6,58
1967	503,22	6,22	1994	2106,58	7,40
1968	555,62	6,13	1995	2253,88	7,42
1969	622,38	6,00	1996	2888,69	6,24
1970	443,86	7,00	1997	4249,69	3,96
1971	473,46	7,01	1998	5002,39	3,04
1972	536,36	6,86	1999	6958,14	0,69
1973	396,25	7,87	2000	6433,61	1,41
1974	401,79	8,05	2001	5160,1	3,60
1975	563,25	7,29	2002	2892,63	10,16
1976	509,02	7,80	2003	3965,16	7,52
1977	549,34	7,80	2004	4256,08	7,54
1978	575,15	7,89	2005	5408,26	5,00
1979	497,79	8,62	2006	6596,92	2,41
1980	480,92	9,01	2007	8067,32	-1,15
1981	490,39	9,25	2008	4810,2	12,16
1982	552,77	9,14	2009	5957,43	8,51
1983	773,95	8,20	2010	6914,19	4,93
1984	820,91	8,28	2011	5898,35	29,06
1985	1366,23	6,57	2012	7612,39	

Die Tabellen belegen eindrucksvoll, dass eine Anlage in Aktien vorteilhaft oder nachteilig dargestellt werden kann:

- Zwischen 1959 und 1982 erfuhr der DAX eine Wertsteigerung von 417,79 Euro auf 552,77 Euro. Das entspricht einer Jahresrendite von nur 1,2 %.
- Eine Langfristinvestition von 1959 bis 2009 (Laufzeit 50 Jahre!) brachte eine Rendite von 5,46 % pro Jahr.
- Betrachtet man beispielsweise zwei unterschiedliche Zehn-Jahreszeiträume, wird der Marketingcharakter des Betrachtungszeitraums deutlich:
- Eine Anlage in den DAX brachte zwischen 2002 und 2012 eine Jahresrendite von 10,16 %.
- Eine Anlage in den DAX brachte zwischen 1959 bis 1969 eine Jahresrendite von „nur" 4,07 %.

Eine genaue Analyse sämtlicher Laufzeitbänder innerhalb des Zeitraums von 1959 bis 2013 führt zu weiteren interessanten Ergebnissen:

	Rendite			
Anlagezeitraum	Minimal	Maximal	Durchschnitt	Spanne
1 Jahr	-58 %	51 %	6 %	109 %
2 Jahre	-40 %	32 %	5 %	72 %
3 Jahre	-29 %	30 %	5 %	59 %
5 Jahre	-10 %	24 %	6 %	34 %
10 Jahre	-2 %	15 %	6 %	17 %
15 Jahre	0 %	14 %	6 %	14 %
20 Jahre	0 %	13 %	7 %	13 %
30 Jahre	3 %	9 %	7 %	6 %
40 Jahre	5 %	8 %	6 %	3 %
50 Jahre	5 %	6 %	6 %	1 %

Datenquelle: Deutsche Bundesbank – eigene Berechnungen

Im Ein-Jahreszeitraum ergab die Analyse der 54 Laufzeitbänder (1959–1960, 1960–1961, ... 2012–2013), dass sehr hohe Spekulationsgewinne (max. 51 % Rendite) wie auch sehr hohe Spekulationsverluste (58 % Verlust) möglich sind. Damit zeigt sich, dass ein kurzfristiges Aktieninvestment in der Vergangenheit eher spekulativen Charakter besaß und in der Zukunft auch haben wird.

Die enorme Bandbreite der erzielten Renditen und damit das Risiko des Anlegers reduzieren sich deutlich mit Zunahme der Haltedauer. So liefern die bis 2013 verfügbaren 5 Laufzeitbänder im 50-Jahreszeitraum (1959–2009, 1960–2010, ... 1963–2013) eine relativ stabile Durchschnittsrendite von 6 %. Verallgemeinert würde das bedeuten, dass ein Aktieninvestment mit einer 50-jährigen Haltedauer zu der „fast sicheren" Rendite von 6 % führt.

Schließlich zeigt die Auswertung, dass historisch ab einer Haltedauer von 15 bis 20 Jahren bisher mit einem fast „sicheren" Ertrag von zumindest 0 % gerechnet werden konnte.[1]

5.4.4 Der Zusammenhang von Rendite und Aktienkursrisiko

Rendite allein ist nicht alles. Die erwartete Rendite ist dem zugrunde liegenden Risiko gegenüberzustellen. Die grafische Darstellung des Zusammenhanges zwischen der Rendite und dem Risiko eines Wertpapiers erfolgt in Rendite-Risiko-Diagrammen. Werden beispielsweise mehrere Wertpapiere einer Gattung gleichzeitig untersucht, können effiziente von ineffizienten Anlagen leicht unterschieden werden. Zur Definition der „Effizienz": Eine Anlage A ist gegenüber einer Anlage B effizient, wenn

- bei gleicher Rendite die Anlage A ein geringeres Risiko (gemessen in der Standardabweichung) als Anlage B aufweist bzw.
- bei gleichem Risiko die Anlage A eine höhere Rendite als Anlage B erwirtschaftet.

1 Nach 15 bis 20 Jahren übertrifft erstmalig die unter Berücksichtigung des Zinseszinseffekts realisierbare „Renditechance" das sich über Jahre aufgebaute Kursänderungsrisiko, sodass die Differenz (Renditechance –Kursänderungsrisiko) positiv wird (siehe auch Kapitel 5.4.4).

Beispiel (Rendite-Risiko-Diagramm)

Gemessen wurden die Jahresrenditen und Standardabweichungen (Volatilität) folgender Aktien:

Anlage	Jahresrendite	Volatilität
1	7,5 %	2,5 %
2	12,0 %	5,0 %
3	9,0 %	3,0 %
4	10,0 %	5,0 %
5	9,0 %	2,0 %

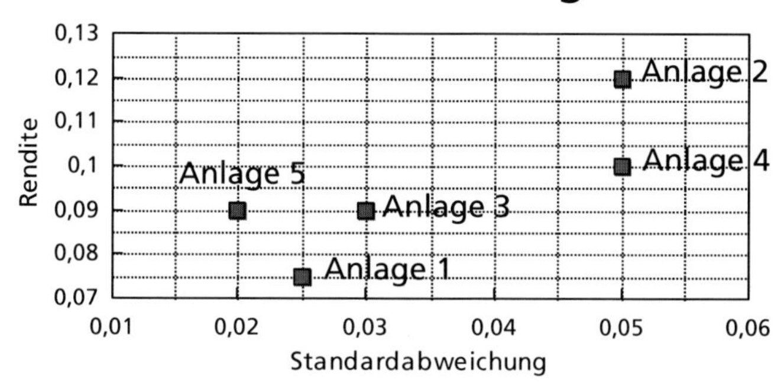

Welche Folgerungen können aus dem Schaubild abgeleitet werden?

Folgerung 1: Anlage 4 scheidet in der Betrachtung aus, da bei identischer Standardabweichung von 5 % Anlage 2 besser ist.

Folgerung 2: Anlage 3 bleibt in einer Anlageentscheidung ebenfalls unberücksichtigt, da Anlage 5 bei gleicher Rendite ein geringeres Risiko aufweist.

Folgerung 3: Anlage 1 scheidet ebenfalls aus. Sie ist gegenüber Anlage 5 in Bezug auf das Risiko als auch auf die Rendite ineffizient.

Wie verhalten sich nun die Renditechancen und Aktienkursrisiken über mehrere Jahre hinweg? Die Renditechancen wachsen, gemäß dem Zinseszinseffekt folgend, exponentiell. Aber auch die Risiken nehmen über die Jahre – entgegen gängiger Meinung – zu.[1]

1 Mit statistischen Verfahren lässt sich nachweisen, dass die Standardabweichung über die Jahre t hinweg mit dem Faktor Wurzel(t) zunimmt („Wurzel t"-Regel). Damit steigt das über die Jahre kumulierte Aktienkursrisiko langfristig langsamer an als die unter Berücksichtigung des Zinseszinseffektes berechnete Renditechance.

Beispiel (Risikozunahme)

Ein Anleger investiert in den DAX 100 Euro. Dann darf er nach einem Jahr ca. 6 % Rendite erwarten. Bei einer Volatilität von 24 % realisiert er im ungünstigsten Fall einen Verlust von 6 % – 24 % = 18 %. Für die verbleibenden 82 Euro gilt dann: Im Durchschnitt darf der Anleger eine Rendite von erneut 6 % erwarten. Das Kapital wächst von 82 Euro auf 86,92 Euro an. Allerdings könnte der Aktienmarkt sich auch jetzt gegen den Anleger wenden und er verliert wie schon ein Jahr zuvor 24 % (= 20,86 Euro aus 86,92 Euro) Sein ursprünglicher Einsatz von 100 Euro ist dann auf 66,06 Euro geschrumpft.

Hinweis: Natürlich gilt dieses Rechenbeispiel auch für einen über zwei Jahre andauernden Wertzuwachs.

Das folgende Schaubild veranschaulicht die Mindesthaltedauer eines einmaligen Investments in den DAX, um selbst im Falle des „Worst Case" zumindest eine Rendite von 0 % zu realisieren. Berechnungsgrundlage ist die aus den historischen Daten von 1959 bis 2014 ermittelte DAX-Rendite von 6 % p. a. und einer Volatilität von 24 % p. a.

Dabei vermutet der risikoscheue Anleger, dass der Aktienindex hohen Schwankungen unterliegt (2-fache Volatilität: 48 %). Der „sorglose" Anleger spekuliert auf eine nur geringe Schwankung des Index (1-fache Volatilität: 24 %).

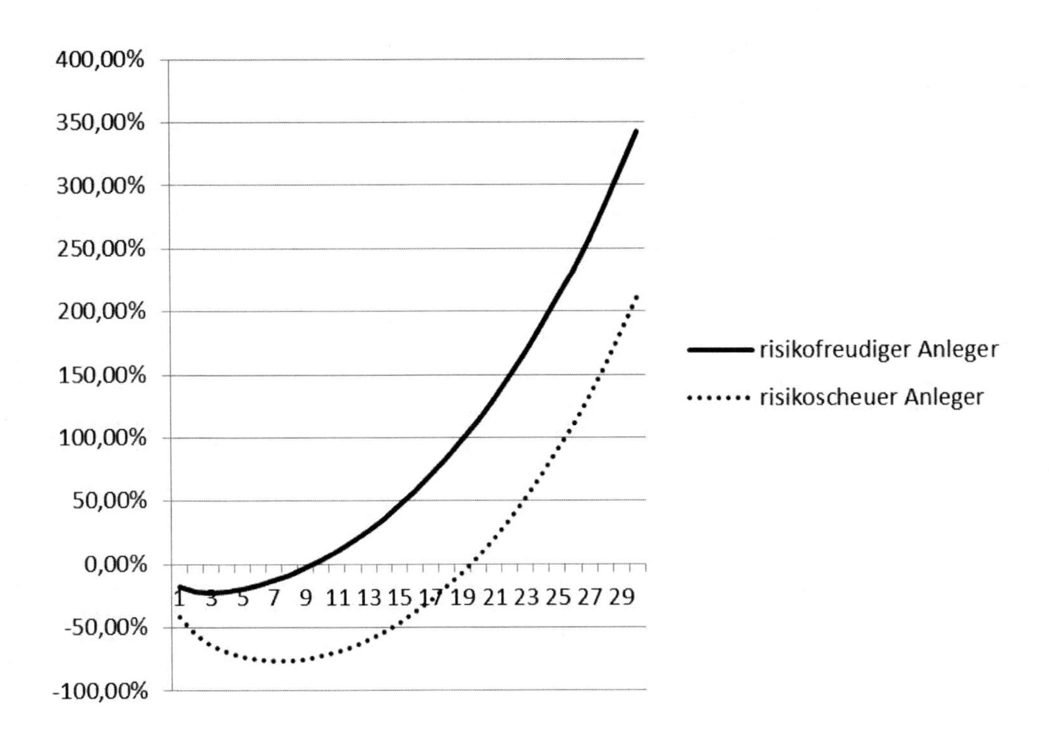

- Dem risikobereiten Anleger reicht eine Haltedauer von ca. 10 Jahren, sofern der DAX innerhalb dieses Zeitraumes tatsächlich nur mit 24 % pro Jahr schwankt.
- Der mit einer Jahresschwankung des DAX von 48 % rechnende risikoscheue Anleger sollte zumindest 20 Jahre warten. Danach kann er „fast sicher" erwarten, auch bei einem zwischenzeitlichen Crash ohne Verluste sein Investment veräußern zu können.

5.5 Korrelation und Beta-Faktor

Wertpapieranalysten stellen sich bei Aktien(-fonds) die Frage, inwieweit sich deren Renditen in Anlehnung eines Gesamtmarktes, ausgedrückt durch einen Index, entwickeln. Der Deutsche Aktienindex DAX beispielsweise stellt den Querschnitt von 30 deutschen Aktien unterschiedlicher Branchen dar, d. h., einzelwirtschaftliche Risiken werden innerhalb dieses synthetischen Portfolios weitgehend eliminiert und die Wertentwicklung ist nur von konjunkturellen Einflussgrößen abhängig. So wundert es nicht, dass der deutsche Leitindex als Anlageinstrument von den meisten Aktienfonds nicht geschlagen wird.

Gemessen wird die Abhängigkeit einer Geldanlage gegenüber einzelwirtschaftlichen (unsystematischen) wie auch konjunkturellen (systematischen) Risiken mit den beiden Kennziffern „Beta-Koeffizient" und „Korrelation".

5.5.1 Beta-Faktor

Der Beta-Faktor beschreibt die prozentuale Veränderung der Fonds- oder Aktienrendite bei einer 1%igen Renditeänderung des DAX. Da der DAX einzelwirtschaftliche Risiken weitgehend eliminiert, können aus dem Wert des Beta-Faktors Rückschlüsse über den Einfluss konjunktureller Risiken auf den Wertpapierfonds oder die Aktie gezogen werden:

- Beta-Faktor = 1: Die Aktienrendite bewegt sich im Mittel gemäß der Rendite des DAX. Konjunkturelle Risiken wirken bei dem Wertpapier genauso wie beim DAX.
- Beta-Faktor → 0: Eine Renditeänderung des DAX beeinflusst die Rendite der Aktie im Mittel kaum. Konjunkturelle Risiken haben auf das Wertpapier keine Auswirkungen.
- Beta-Faktor > 1: Die Aktienrendite bewegt sich im Mittel stärker als die Rendite des DAX. Konjunkturelle Risiken wirken bei dem Wertpapier damit wesentlich stärker als beim DAX.

5.5.2 Korrelationskoeffizient

Die Qualität der Abhängigkeit zweier Größen wird in der Praxis durch den Korrelationskoeffizienten ausgedrückt. Er ist zugleich Gradmesser für das einzelwirtschaftliche Risiko eines Wertpapiers. Es gilt:

- Je gleichgerichteter der Renditeverlauf zwischen DAX und des betrachteten Wertpapiers ist, desto eher strebt der Wert der Korrelation gegen + 1, d. h., die einzelwirtschaftlichen Risiken des Wertpapiers werden als gering eingestuft und Renditeschwankungen sind nur auf konjunkturelle Risiken zurückzuführen. Idealtypischerweise sind dann die Wertpapiere am „berechenbarsten", die einen Beta-Faktor und Korrelationskoeffizienten von 1 aufweisen.
- Je unabhängiger der Renditeverlauf zwischen DAX und des betrachteten Wertpapiers ist, desto eher strebt der Wert der Korrelation gegen 0, d. h., die einzelwirtschaftlichen Risiken des Wertpapiers werden als sehr hoch und der Einfluss konjunktureller Risiken nur als gering eingestuft. Wertpapiere mit einem sehr hohen Beta-Faktor und einem Korrelationskoeffizienten von 0 ab sind in ihrer Wertentwicklung nur schwer zu prognostizieren.

Der Korrelationsfaktor ist auch ein entscheidender Parameter bei der Konstruktion effizienter Portfolios. Harry Markowitz (*1927) untersuchte den Diversifikations- oder Risikostreuungseffekt unter mathematisch statistischen Gesichtspunkten. Er erkannte, dass eine erfolgreiche Aufteilung des Vermögens in unterschiedliche Einzelwerte nicht nur von deren Risiken und Renditen abhängen, sondern zudem die Wechselwirkungen („Korrelationen") der Aktienwerte untereinander zu berücksichtigen sind. Weiter konnte er darlegen, dass eine Diversifikation dann sinnvoll ist, wenn sich die im Depot befindlichen Aktienwerte tendenziell gegenläufig verhalten, der Korrelationskoeffizient also negativ ist. Allerdings ist für die Diversifikation ein Preis zu zahlen: Spekulative Renditechancen reduzieren sich deutlich. Dafür steigen die Stabilität der Wertentwicklung und die Wahrscheinlichkeit, die erwartete Rendite unabhängig des Verkaufszeitpunkts auch in etwa zu realisieren.

Das Mischen unterschiedlicher Anlageklassen (Aktien, verzinsliche Wertpapiere, Immobilien, Rohstoffe) ist sinnvoll, wenn die zu mischenden Klassen negativ korreliert sind. Allerdings ist die Höhe der beobachteten Korrelationen zwischen den Anlageklassen konjunkturabhängig und variiert von Jahr zu Jahr. Langfristig erscheint aber die Mischung verzinslicher Wertpapiere oder Aktien mit Rohstoffen oder Immobilien sinnvoll zu sein:

Korrelation zwischen	**Wert**
Aktien und Renten	tendenziell > 0
Aktien/Renten und Gold/Immobilien	**tendenziell < 0**

5.6 Aktienkennzahlen

Mit dem Aktiengeschäft sind einige Kennziffern verknüpft, welche die Vorteilhaftigkeit einer Aktie herausstellen sollen. Im Einzelnen können genannt werden:

5.6.1 Dividendenrendite

Die Dividendenrendite beschreibt, wie viel Dividende man für einen eingesetzten Euro erhält. Bei der Dividende handelt es sich um die um die Körperschaftsteuer bereinigte Bardividende.

Die Dividendenrendite berechnet sich aus:

$$\text{Dividendenrendite} = \frac{\text{Dividende}}{\text{Aktienkurs}} \cdot 100\%$$

Das Preis-Dividenden-Verhältnis als reziproker Wert der Dividendenrendite gibt die Amortisationsdauer in Kalenderjahren an, bis das eingesetzte Kapital nominell über die Jahresdividende wiedergewonnen wird. Die Aussagekraft der Dividendenrendite ist eher als gering einzustufen: Oftmals wird die zuletzt gezahlte historische Dividende in Beziehung zum aktuellen Börsenkurs gesetzt und liefert damit keine Aussage über die zukünftige Entwicklung.

Beispiel (Dividendenrendite)

	WPKN	Schlusskurs in Euro	Ergebnis je Aktie[1] in Euro			Dividende geschätzt (2017) in %	Dividendenrendite (2017) in %
			2016	2017	2018s		
Sono AG	500 341	81,80	5,49	5,85	6,57	1	1,2

1 Gewinn des Unternehmens geteilt durch die Anzahl der Aktien

Für das Jahr 2017 darf eine Dividende von 1 Euro erwartet werden. Bezogen auf den gegenwärtigen Aktienkurs ergibt sich eine Dividendenrendite in Höhe von 1,2 %:

$$\frac{1}{81,80} \cdot 100\% \approx 1,2\%$$

5.6.2 Kurs-Gewinn-Verhältnis (KGV)

Das Kurs-Gewinn-Verhältnis berechnet sich aus:

$$\text{KGV} = \frac{\text{Aktienkurs}}{\text{Gewinn pro Aktie/Jahr}}$$

Die Kennziffer beschreibt, was 1 Euro Unternehmensgewinn (genauer: Jahresüberschuss nach Steuern, aber vor Rücklagenbildung) kostet und drückt damit in gewisser Weise das „Preis-Leistungsverhältnis" einer Aktie aus. Ist das KGV hoch, wird die Aktie als überteuert bezeichnet, ist das KGV gering, erscheint die Aktie preiswert. Viele Anleger schließen aus einem niedrigen KGV auf ein zukünftig hohes Kurspotenzial. Ein KGV von 10 bis 12 wird allgemein als angemessen gewertet.

Beispiel (KGV)

	WPKN	Schlusskurs in Euro	Ergebnis je Aktie in Euro 2016	2017	2018s	KGV 2017	2018s	Dividendenrente in %
ALFA AG	500 342	81,80	5,49	5,85	6,57	14	12,5	1,2

Bei einem Schlusskurs der Alfa-Aktie von 81,80 Euro und einem erwarteten Ergebnis je Aktie von 5,85 Euro in 2017, berechnet sich das KGV zu:

$$\frac{81,80}{5,85} \approx 14$$

Erneut offenbaren sich bekannte Schwächen:

- Die zur Berechnung des KGV notwendigen Werte sind grundsätzlich vergangenheitsbezogen und ermöglichen kaum Rückschlüsse auf zukünftige Aktienkurse oder Bilanzgewinne. Zukünftige Gewinnschätzungen dagegen können schnell hinfällig werden.
- Die Berechnung des Jahresüberschusses ist länderabhängig. So wird beispielsweise der Verschleiß der Produktionsmaschinen in Form der Abschreibung als Aufwand in der Gewinn- und Verlustrechnung berücksichtigt. Wie hoch die Abschreibungen sind, bestimmen unterschiedlich ausgestaltete internationale Bilanzrichtlinien.

5.6.3 Cash-Flow

Um weitere Aufschlüsse über die zukünftige Ertragslage zu gewinnen, werden dem Bilanzgewinn diejenigen Finanzpositionen hinzugerechnet, die dem Unternehmen langfristig verbleiben und später investiven Zwecken zur Verfügung stehen. Diese Positionen werden zwar als Aufwand in der Gewinn- und Verlustrechnung erfasst, führen aber nicht unmittelbar zu einer Auszahlung, beispielweise Abschreibungen oder Rückstellungen für in der Zukunft zu leistende Verpflichtungen. Damit täuscht der Bilanzgewinn eine geringere Ertragsstärke vor, als das Unternehmen tatsächlich hat. Unter Berücksichtigung der Positionen, welche die Ertragskraft des Unternehmens stärken, berechnet sich der Cash-Flow folgendermaßen:

	Jahresüberschuss	
+	Abschreibung	Die Abschreibung bewertet den Verschleiß der Produktionsanlagen und reduziert als Aufwandsposition den Gewinn. Somit wird der Verschleiß unternehmensintern berücksichtigt und erhöht als Reserve für spätere Ersatzinvestitionen die Ertragskraft des Unternehmens.
+	Langfristige Rückstellungen	Rückstellungen sind Verbindlichkeiten gegenüber Dritten und verbleiben längerfristig im Unternehmen (bspw. Pensionsrückstellungen). Obwohl Rückstellungen juristisch als Fremdkapital zu werten sind, werden sie aufgrund der langfristigen Verfügbarkeit im Unternehmen als eigenkapitalähnlich angesehen.
=	Cash-Flow	Gilt als besserer Indikator für die Ertragskraft des Unternehmens als Bilanzgewinn oder Jahresüberschuss.

Das Kurs-Cash-Flow-Verhältnis (das KCV) ermittelt sich nach der Formel:

$$KGV = \frac{\text{Aktienkurs}}{\text{Cash-Flow}}$$

Somit signalisiert ein

- geringer KCV-Wert ein hohes Maß an „versteckter" Ertragskraft,
- ein hoher KCV-Wert eine nur geringe Ertragskraft des Unternehmens.

5.6.4 Ebit und Ebitda

Berechnungsgrundlage dieser Werte ist der Jahresüberschuss vor Ertragsteuern:

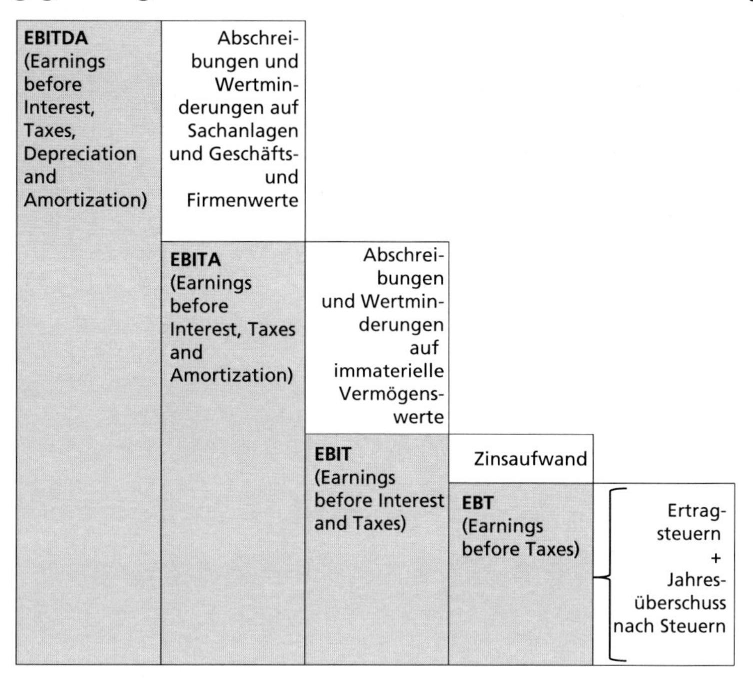

Bei diesen Begriffen handelt es sich um Bilanzkennzahlen, mit denen Unternehmen sich unter Umständen besser darstellen können, als es der Wirklichkeit entspricht. Obwohl das Unternehmen beispielsweise einen Jahresverlust verbuchen muss, können diese Kennziffern subjektiv den Betriebserfolg des Unternehmens wesentlich verbessern.

5.6.5 Fazit

Die Analysten versuchen anhand unterschiedlicher Bilanzkennzahlen den zukünftigen Aktienkurs des Unternehmens tendenziell vorherzusagen. Leider beziehen sich Bilanzkennzahlen nicht nur auf das vergangene Geschäftsjahr, sondern können auch manipuliert werden. Sollten Aktien dennoch über die vorgestellten Kennziffern verglichen werden, ist zu beachten

- dass nur Unternehmenswerte der gleichen Branche und des gleichen Landes miteinander verglichen werden,
- dass der Analyst keine Bindung zu dem analysierten Unternehmen hat, da ansonsten die Gefahr einer möglicherweise ungerechtfertigt positiven Unternehmenseinstufung besteht (Kursmanipulationen).

Handbuch der privaten Kapitalanlage

6 Investmentfonds

6.1 Wesen

Der Grundgedanke eines Investmentfonds besteht darin, durch Anlage in unterschiedliche Wertpapiere einer Art (beispielsweise Aktien) oder in unterschiedliche Anlageklassen (Wertpapiere, Rohstoffe, Immobilien) die einzelwirtschaftlichen Risiken zu reduzieren. Um dabei den Kostenaufwand der Risikostreuung gering zu halten, überträgt man Kapitalanlagegesellschaften (auch Fondsgesellschaften genannt) die Aufgabe, die der Gesellschaft von den Investoren zugeflossenen Geldeinlagen (Sondervermögen) sorgsam in den Wertpapier- oder Immobilienmarkt breit gestreut zu investieren und zu verwalten. Grundsätzlich werden Kapitalanlagegesellschaften in der Rechtsform einer Gesellschaft mit beschränkter Haftung (GmbH) betrieben, d.h., das durch die Anleger gebildete Sondervermögen haftet nicht für eventuelle Schulden der Fondsgesellschaft. Verbrieft wird das Miteigentum am Sondervermögen durch den Fondsanteil oder das Investmentzertifikat. Es verbrieft keinen Anteil an der Gesellschaft selbst.

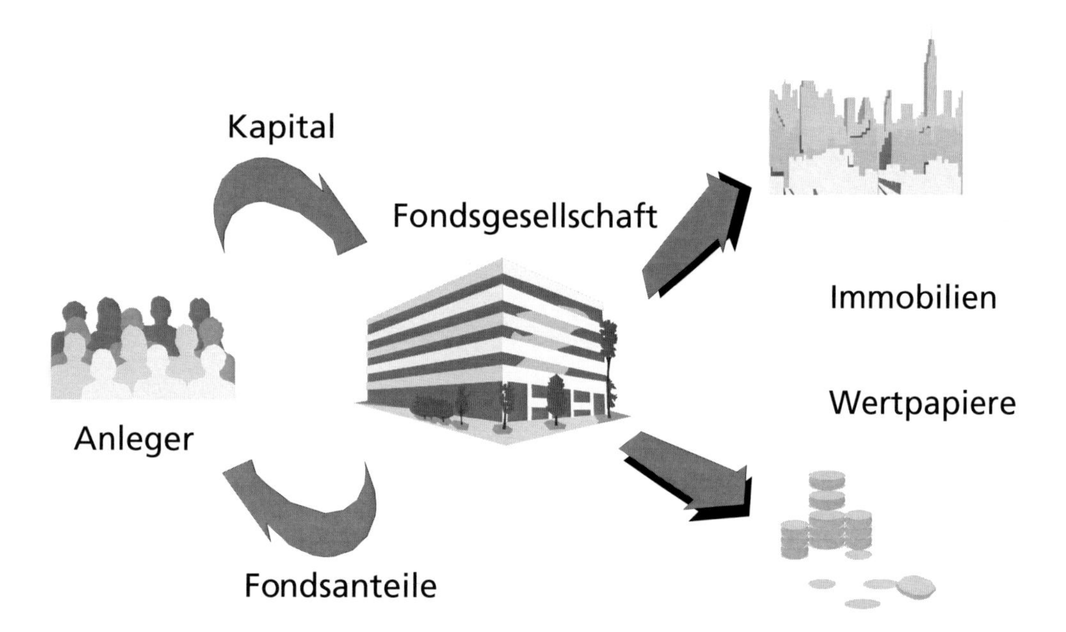

Um für den Kapitalanleger eine hohe Sicherheit zu gewährleisten, sind an Fondsgesellschaften unterschiedliche gesetzliche Auflagen geknüpft. Zudem bedürfen sie der Genehmigungspflicht durch die Bundesanstalt für Finanzdienstleistungsaufsicht. Der potenzielle Anleger kann von der Fondsgesellschaft nicht nur einen detaillierten Verkaufsprospekt, sondern auch einen Rechenschafts- und Jahresbericht verlangen.

Überwiegend werden „offene" Investmentfonds aufgelegt, die sich durch die Möglichkeit auszeichnen, das Sondervermögen jederzeit durch die Aufnahme neuer Fondsanleger erweitern zu können. Dieses Prinzip entspricht den im öffentlichen Vertrieb angebotenen Publikumsfonds, die in verzinsliche Wertpapiere, Aktien und auch als Beimischung in Immobilien, Rohstoffe oder risikoreichere Termingeschäfte investieren.

Handbuch der privaten Kapitalanlage

Die mit dem Sondervermögen erwirtschafteten Erträge in Form von Mieten, Zinsen, Dividenden oder Kursgewinnen werden an den Anleger ausgeschüttet (ausschüttender Fonds) oder in das Sondervermögen reinvestiert (thesaurierender Fonds). Während die Fondsgesellschaft das Sondervermögen verwaltet, wickelt die das Sondervermögen überwachende Verwahrstelle alle von der Fondsgesellschaft erteilten An- und Verkaufsaufträge ab. Zudem wirkt sie bei der Berechnung des Ausgabepreises und des Rücknahmepreises von Fondsanteilen mit.

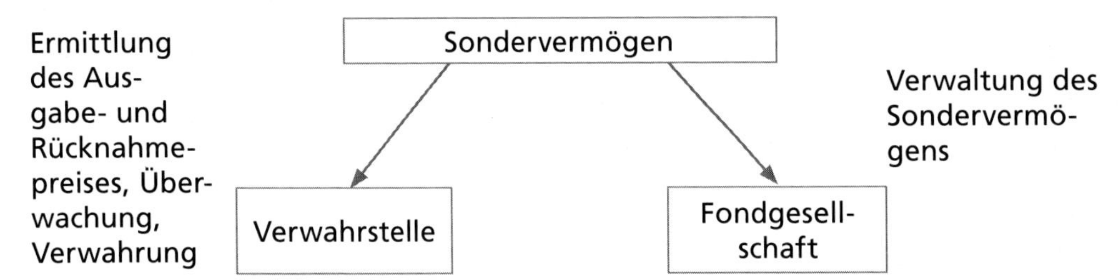

Sofern nun der Kapitalanleger in den Investmentfonds investiert, erwirbt er von der Fondsgesellschaft zum tagesaktuellen Ausgabepreis einen oder mehrere Fondsanteile. Verbrieft werden diese Anteile durch grundsätzlich an der Börse handelbare Investmentzertifikate. Möchte der Anleger die Fondsanteile zu einem späteren Zeitpunkt veräußern, ist die Fondsgesellschaft bei offenen Fonds verpflichtet, die Anteile börsentäglich zum tagesaktuellen Rücknahmepreis anzukaufen. Veräußerungsprobleme konnten allerdings dann entstehen, wenn der Investmentfonds überwiegend in Immobilien und damit nur schwer veräußerbare Werte investiert hat. Während der Finanzkrise 2010 haben einige Anbieter offener Immobilienfonds die Rücknahme von Fondsanteilen eingestellt und den Fonds damit kurzfristig geschlossen, um nicht in Liquiditätsschwierigkeiten zu kommen.

Für Fondsanteile offener Immobilienfonds, die nach dem 21.07.2013 erworben wurden, gilt daher eine verschärfte Halteregelung:

- Kündigungsfrist der Fondsanteile 12 Monate,
- Haltefrist der Fondsanteile 24 Monate (eine Kündigung während der Haltefrist ist möglich).

Sollte ein Ankauf der Anteile durch die Fondsgesellschaft aufgrund einer kurzfristigen Schließung nicht möglich sein, verbleibt immer noch die Möglichkeit, die Anteile an der Börse unter hohen Abschlägen zu verkaufen.

Der von der Verwahrstelle unter Mitwirkung der Fondsgesellschaft bekanntgegebene Rücknahmepreis errechnet sich aus der Summe sämtlicher tagesaktueller Vermögenswerte des Sondervermögens, dividiert durch die Anzahl der ausgegebenen Anteile. Neben den jeweiligen Wertpapierkursen fließen auch die zeitanteiligen Dividenden- und Zinserträge sowie Zinsansprüche des Fonds in diese Preisberechnung ein:

$$\text{Rücknahmepreis} = \frac{\text{tagesaktueller Inventarwert}}{\text{ausgegebene Fondsanteile}}$$

Die Differenz zwischen dem höheren Ausgabepreis und dem niedrigeren Rücknahmepreis wird als Ausgabeaufschlag bezeichnet. Damit errechnet sich der Ausgabepreis aus dem Rücknahmepreis zuzüglich des Ausgabeaufschlages.

Handbuch der privaten Kapitalanlage

Beispiel (Ausgabeaufschlag, Rücknahmepreis)

Zum 4.1. betrug der Ausgabepreis eines Fondsanteils des UniGlobal Aktienfonds 102,94 Euro. Die Rücknahme des Fondanteils erfolgte zu 98,04 Euro.

Uni Global Aktienfonds	Ausgabepreis	Rücknahmepreis	Preisdatum
DE0008491051	102,94 EUR	98,04 EUR	4.1.

Das entspricht einem Ausgabeaufschlag von 5 %:

$$\text{Rücknahmepreis} \cdot 1 + \left(\frac{\text{Ausgabeaufschlag}}{100}\right) = 98{,}04 \cdot 1{,}05 = 102{,}94$$

Fonds sind kostenintensiver als Direktanlagen in Aktien oder Anleihen:

- Einmaliger Ausgabeaufschlag: Der Ausgabeaufschlag (in %) wird fällig, wenn der Anleger einen Fondsanteil kauft. Dieser Aufschlag deckt die Beratungs- und Vertriebskosten und ermittelt sich aus der Differenz zwischen Ausgabe- und Rücknahmepreis. Je länger die Anlagedauer, umso geringer wirkt sich der Ausgabeaufschlag bei der Rendite aus. Fonds mit höherem Ausgabeaufschlag sind demnach für langfristige Anlagen gedacht. Für Anleger, die eine kürzere Anlagedauer bevorzugen, gibt es Investmentfonds ohne Ausgabeaufschlag („No-Load-Fonds"). Da der Ausgabeaufschlag bei der Fondsgesellschaft direkt abgeschöpft wird, erhöht sich der Wert des Sondervermögens bei Erwerb eines Fondsanteils betragsmäßig nur um den Ausgabepreis abzüglich des Ausgabeaufschlages (= Rücknahmepreis). Für die Berechnung der Wertentwicklung des Fonds ist der Ausgabeaufschlag damit irrelevant.

Beispiel (siehe vorhergehendes Beispiel)

Obwohl der Anleger effektiv 102,94 Euro für seinen Fondsanteil bezahlt, werden nach Abzug des Ausgabeaufschlages von 5 % dem Sondervermögen verzinslich nur 98,04 Euro zugeführt. Sollte sich der Wert des Sondervermögens aufgrund stagnierender Kursentwicklung während des Jahres nicht verändern und er seinen Fondsanteil am Jahresende zum Rücknahmepreis von 98,04 Euro veräußern, beträgt die anfängliche Rendite –5 %.

- Laufende Verwaltungsgebühr: Die Verwaltungs- oder Managementgebühr der Fondsmanager deckt die Kosten für beispielsweise Researchkosten, Kosten der Analyse und des Fondscontrolling. Bei „No-Load-Fonds" sind grundsätzlich höhere Verwaltungsgebühren fällig als bei Fonds mit Ausgabeaufschlag. Da die Verwaltungsvergütung direkt aus dem Fondsvermögen entnommen wird, wirkt sie sich auf die Wertentwicklung des Fonds aus.
- Laufende Gebühr der Verwahrstelle: Mit dieser Gebühr werden beispielsweise die Kosten der Verwahrung des Fondsvermögens und die Kosten der börsentäglichen Berechnung der Ausgabe- und Rücknahmepreise bezahlt. Sie wird direkt dem Fondsvermögen entnommen und wirkt sich auf die Wertentwicklung des Fonds aus.

Gemäß den „Wohlverhaltensregeln" des BVI (Bundesverband Investment und Asset Management e.V.) legen Kapitalanlagegesellschaften die bei der Verwaltung des Sondervermögens angefallenen Kosten (ohne Ausgabeaufschläge) offen. Dabei wird in den Verkaufsunterlagen und Werbebroschüren der Gesamtbetrag dieser Kosten als Prozentsatz des durchschnittlichen Fondsvolumens (Gesamtkostenquote, Total Expense Ratio) ausgewiesen. Dient ein Investmentfonds als Ansparplan, zehren Ausgabeaufschläge zumindest bei kurzen Laufzeiten an der prognostizierten Renditeerwartung:

Renditeprognose	3,0 %	4,0 %	5,0 %	6,0 %	7,0 %	8,0 %	3,0 %	4,0 %	5,0 %	6,0 %	7,0 %	8,0 %
Aufschlag	2,0 %	2,0 %	2,0 %	2,0 %	2,0 %	2,0 %	3,0 %	3,0 %	3,0 %	3,0 %	3,0 %	3,0 %
Laufzeit in Jahren	Rendite nach Kosten/Jahr (in %)											
2	1,08	2,07	3,07	4,06	5,06	6,06	0,14	1,13	2,11	3,10	4,09	5,09
4	2,03	3,02	4,02	5,03	6,03	7,03	1,54	2,54	3,54	4,54	5,54	6,54
6	2,35	3,35	4,35	5,36	6,36	7,36	2,03	3,03	4,03	5,04	6,04	7,04
8	2,52	3,52	4,52	5,52	6,53	7,53	2,28	3,28	4,28	5,29	6,29	7,29
10	2,62	3,62	4,62	5,63	6,63	7,63	2,42	3,43	4,43	5,44	6,44	7,45
12	2,68	3,69	4,69	5,69	6,70	7,70	2,52	3,53	4,53	5,54	6,54	7,55
14	2,73	3,73	4,74	5,74	6,74	7,75	2,60	3,60	4,61	5,61	6,62	7,62
16	2,77	3,77	4,77	5,78	6,78	7,78	2,65	3,65	4,66	5,66	6,67	7,67
18	2,79	3,80	4,80	5,80	6,81	7,81	2,69	3,70	4,70	5,71	6,71	7,72
20	2,82	3,82	4,82	5,83	6,83	7,83	2,72	3,73	4,73	5,74	6,74	7,75

Renditeprognose	3,0 %	4,0 %	5,0 %	6,0 %	7,0 %	8,0 %	3,0 %	4,0 %	5,0 %	6,0 %	7,0 %	8,0 %
Aufschlag	4,0 %	4,0 %	4,0 %	4,0 %	4,0 %	4,0 %	5,0 %	5,0 %	5,0 %	5,0 %	5,0 %	5,0 %
Laufzeit in Jahren	Rendite nach Kosten/Jahr (in %)											
2	–	0,21	1,28	2,35	3,42	4,49	-1,84	-0,79	0,27	1,34	2,40	3,47
4	1,11	2,15	3,19	4,23	5,27	6,31	0,62	1,66	2,70	3,74	4,77	5,81
6	1,76	2,79	3,82	4,85	5,88	6,91	1,44	2,47	3,49	4,52	5,55	6,58
8	2,08	3,10	4,13	5,15	6,18	7,20	1,84	2,87	3,89[1]	4,91	5,94	6,96
10	2,27	3,29	4,31	5,33	6,36	7,38	2,08	3,10	4,13	5,15	6,17	7,19
12	2,40	3,42	4,44	5,46	6,47	7,49	2,24	3,26	4,28	5,30	6,32	7,34
14	2,49	3,51	4,53	5,54	6,56	7,57	2,36	3,38	4,39	5,41	6,43	7,45
16	2,56	3,57	4,59	5,61	6,62	7,63	2,44	3,46	4,48	5,49	6,51	7,53
18	2,61	3,63	4,64	5,66	6,67	7,68	2,51	3,53	4,54	5,56	6,57	7,59
20	2,65	3,67	4,68	5,69	6,71	7,72	2,56	3,58	4,59	5,61	6,62	7,64

1) Ein Fonds erwartet eine Rendite von 5 %. Der Ausgabeaufschlag beträgt ebenfalls 5 %. Tritt während der Laufzeit von acht Jahren die Renditeerwartung ein, realisiert der Anleger unter Berücksichtigung der Gebühren eine tatsächliche Rendite von 3,89 %. Damit „zehrt" der Ausgabeaufschlag an der Rendite mit 1,11 % pro Jahr.

6.2 Fondsarten im Überblick

Investmentfonds können beispielsweise eingeteilt werden nach der Börsenfähigkeit des Fonds, der Zusammensetzung des Sondervermögens und der Ausschüttungspolitik.

6.2.1 Börsenfähigkeit des Fonds

Offener Fonds	Geschlossener Fonds
Anzahl der Anteile nicht festgelegt	Anzahl der Anteile festgelegt
An-, Verkauf der Anteile jederzeit über die Börse möglich; Verpflichtung der Fondsgesellschaft zur Rücknahme	An-, Verkauf der Anteile nicht oder nur erschwert möglich; keine Verpflichtung der Fondsgesellschaft zur Rücknahme
Sondervermögen jederzeit erweiterbar (Open-end-Fonds)	Sondervermögen begrenzt, da es nur einem bestimmten Zweck dient (Closed-end-Fonds)
geringes Risiko	hohes Risiko (eventuell steuerschädliches Verlustzuweisungsmodell: § 15b EStG)

Bei geschlossenen Immobilienfonds handelt es sich meist um langfristige Anlagen in Sachwerten. Sie sind daher auch weniger den Geldanlagen als vielmehr den Sachwertanlagen zuzurechnen. So gehören die dem Kapitalanleger aus dem Fonds zufließenden Erträge zu den Mieteinnahmen und nicht zu den Erträgen aus Geldvermögen.

6.2.2 Zusammensetzung des Fondsvermögens

Über die Struktur eines Fondsvermögens entscheidet die „Richtlinie zur Festlegung von Fondskategorien gemäß §4 Abs. 2 Kapitalanlagegesetzbuch". So dürfen sogenannte offene Immobilienfonds beispielsweise nur maximal 49 % Liquidität in Form von verzinslichen Wertpapieren oder Bankguthaben aufweisen, dagegen sind mindestens 51 % des Sondervermögens in Immobilien zu halten.

Wertpapierfonds			**Immobilienfonds**	**Spezialitätenfonds**	**Geldmarktfonds**
Aktienfonds: Legt Vermögen vorzugsweise in inländische und/oder ausländische Aktien an.	**Rentenfonds:** Legt Vermögen vorzugsweise in inländische und/oder ausländische Renten an.	**Gemischter Fonds:** Legt Vermögen in inländische und/oder ausländische Renten und Aktien an.	Legt Vermögen vorzugsweise in gewerblichen Immobilien oder Wohnobjekten an.	Engagiert sich in bestimmten Märkten (beispielsweise Optionen, Genussscheine oder Futures).	Legt das Vermögen in in- und ausländische Bankguthaben und Renten mit kurzer Restlaufzeit an (höchstens ein Jahr).

6.2.3 Ausschüttungspolitik

Ausschüttender Fonds	Thesaurierender Fonds
Erträge werden i.d.R. jährlich ausbezahlt; der Wert des Anteilsscheins reduziert sich nach der Ausschüttung um den Ausschüttungsbetrag. ➔Oftmals vergüten Fondsgesellschaften den Ausschüttungsbetrag in Form neuer Fondsanteile. Damit erhöht sich der im Depot befindliche Anteilsbestand.	Erträge werden komplett in den Fonds reinvestiert; das führt zu steigendem Wert des Sondervermögens und der Anteilswerte. ➔Während sich der Anteilsbestand im Depot nicht verändert, steigt der Wert der einzelnen Fondsanteile.

6.3 Performance

Wie gut oder schlecht das Fondsmanagement ein Sondervermögen verwaltet, beschreibt die Performance pro Jahr bzw. die durchschnittliche jährliche Wertentwicklung des Fonds.

Fondsgesellschaften berechnen die Jahresperformance mit der „Methode BVI", die sich als brancheneinheitliches Berechnungsverfahren durchgesetzt hat. Das Berechnungsverfahren unterstellt, dass die dem Kapitalanleger zugutekommenden Ausschüttungen inklusive Steuergutschrift zum aktuellen Rücknahmepreis wieder angelegt werden. Kostenerhöhende Ausgabeaufschläge bleiben unberücksichtigt, laufende Verwaltungs- und Depotbankgebühren werden hingegen bei der Performanceberechnung berücksichtigt – insofern ist die Gesamtkostenquote TER in die Wertentwicklung nach BVI „eingepreist".

Beispiel (BVI-Methode)

Folgende Ausschüttungen und Wertentwicklungen eines Fonds wurden registriert (vereinfachende Annahme: Ausschüttung zum Jahresende):

Jahr	Jahresbeginn		Jahresende				
	Anteile	Anteilswert	Ausschüttung	Anteilswert[1)]	Zukunft Fondsanteile	Anteile	Fondswert (thesauriert)
1	1	100,00	5,00	100,00	$\frac{5}{100} = 0{,}050$	1,050	105,00
2	1,05	100,00	18,87	102,00	$\frac{18{,}87}{102} = 0{,}185$	1,235	125,97
3	1,235	102,00	0,00	96,92	0,00	1,235	119,70

1) aktueller Rücknahmepreis laut Tagespresse

Die durchschnittliche Jahresperformance (durchschnittlich jährliche Wertentwicklung) berechnet sich dann für den Dreijahreszeitraum einfach aus:

$$\left(\left(\frac{119{,}70}{100}\right)^{\frac{1}{3}} - 1\right) \cdot 100\% = 6{,}18\%$$

Die Jahresperformance bzw. Wertentwicklung der einzelnen Jahre beträgt:

1. Jahr: $\left(\frac{105}{100} - 1\right) \cdot 100\% = 5\%$

2. Jahr: $\left(\frac{125{,}97}{105} - 1\right) \cdot 100\% = 20\%$

3. Jahr: $\left(\frac{119{,}70}{125{,}97} - 1\right) \cdot 100\% = -5\%$

Leider muss auch über die gelegentlich in der Praxis unrühmlich auftretenden Spielarten der Performance- bzw. Wertentwicklungsberechnung aufmerksam gemacht werden:

- Die Jahresperformances werden einfach addiert: 5 % + 20 % – 5 % = 20 %. Richtig wäre jedoch, die Zuwachsfaktoren miteinander zu multiplizieren: 1,05 · 1,2 · 0,95 = 1,197 → Wertzuwachs 19,7 %
- Die Summe aller jährlichen Wertzuwächse wird einfach durch 3 dividiert:

$$\text{Mittelwert} = \frac{5\% + 20\% - 5\%}{3} = 6{,}67\%$$

Beispiel (Wertentwicklungsprofil UNI Global)

Wertentwicklung in % Stand: 31.12.2013	
laufendes Jahr	18,23%
12 Monate	18,23%
3 Jahre	28,69%
5 Jahre	101,61%
10 Jahre	101,48%
seit Auflegung	1.219,13%

kumulierte Wertentwicklung über mehrere Jahre

Durchschn. jährliche Wertentwicklung in % Stand: 31.12.2013	
3 Jahre	8,77%
5 Jahre	15,05%
10 Jahre	7,26%
seit Auflegung	4,89%

durchschnittliche Jahresperformance nach BVI

6.4 Risiko

Die Risiken eines Fonds entsprechen im Grundsatz den Risiken einer Direktanlage in Aktien oder Anleihen. Allerdings werden sie aufgrund des Streuungseffektes abgemildert wirksam.

6.4.1 Aktienfonds

Bei Aktienfonds sind einzelwirtschaftliche und gesamtwirtschaftliche Risiken zu nennen (siehe auch das entsprechende Kapitel zu Aktien). Bei Anlagen in Fremdwährungsaktien kann zudem die Währungsentwicklung erheblichen Einfluss auf das Gesamtergebnis des Fonds nehmen. Zur überproportionalen Steigerung der Performance können auch spekulative Termingeschäfte getätigt werden, die allerdings besonders hohe Verlustrisiken aufweisen. Insofern ist auf die Fondsstruktur, d. h., auf die dem Sondervermögen zugeführten Einzelwerte und deren Gewichtungen zu achten. Wertentwicklungsprofile, die die Schwankungsbreite der durchschnittlich jährlichen Wertentwicklung für rollierende Betrachtungszeiträume mehrerer Jahre abbilden, sind ein guter Indikator für das einem Aktienfonds innewohnende Risiko.

Beispiel (Wertentwicklungsprofil Aktienfonds)

Es wurden elf 1-Jahreszeiträume betrachtet: Durchschnittlich betrug die Jahresperformance 9,5 %. Das schlechteste Jahr lieferte einen Verlust von –38,8 %, das beste Jahr einen Wertzuwachs von 67,3 %. Alle weiteren neun Werte lagen innerhalb dieser Bandbreite.

UniGlobal

	1 Jahr	5 Jahre	10 Jahre
Hoch	+ 67,3 %	+ 31,6 %	+ 11,5 %
∅	+ 9,5 %	+ 7,5 %	+ 7,1 %
Tief	– 38,8 %	– 7,4 %	– 1,1 %

Betrachtungszeitraum: 30.11.1994 bis 30.11.2009

Weitere für Aktienfonds interessante Kennziffern sind:

- Beta-Faktor: Der Beta-Faktor gibt die durchschnittliche prozentuale Veränderung der Fondsrendite an, wenn der als Vergleichsmaßstab gewählte Markt(-index) um 1 % steigt oder fällt. Ein Wert über (unter) eins bedeutet im Schnitt eine stärkere (schwächere) Bewegung des Fonds gegenüber dem Markt. In einem steigenden Markt bieten Fonds mit einem Beta größer eins überproportionale Gewinnchancen, in einem fallenden Markt bieten Fonds mit einem Beta kleiner eins geringere Verlustrisiken.

- Sharpe-Ratio: Die Sharpe-Ratio misst den Überschussertrag eines Fonds gegenüber einem risikolos erzielbaren Ertrag. Diese Differenz wird durch die Volatilität des Fonds geteilt. Eine positive Kennzahl zeigt an, dass gegenüber der risikolosen Geldmarktanlage eine höhere Rendite erreicht wurde. Eine negative Sharpe-Ratio bedeutet, dass eine niedrigere Rendite gegenüber einer risikolosen Anlage erwirtschaftet wurde. Sie ist eine der bekanntesten Kennzahlen der Performancemessung.

6.4.2 Rentenfonds

Bei Rentenfonds ist auf Zinsänderungs-, Emittenten- und Fremdwährungsrisiken zu achten (siehe auch das entsprechende Kapitel zu Anleihen). Deren Höhe kann mit den Kennziffern „durchschnittliche Restlaufzeit" und „durchschnittliche Zinsbindungsdauer" gemessen werden:

- durchschnittliche Restlaufzeit: Unter Berücksichtigung der prozentualen Anteile der einzelnen Rentenwerte am Gesamtfondsvolumen handelt es sich bei diesem Wert um den gewichteten Mittelwert aller Restlaufzeiten der im Fonds befindlichen Anleihen. Das Ausmaß von Kursbewegungen, die durch Marktzinsänderungen ausgelöst werden, hängt sowohl von der Höhe der Zinskupons als auch von der Höhe der Restlaufzeit ab. Grundsätzlich gilt: Je länger die durchschnittliche Restlaufzeit ist, und je niedriger die Zinskupons sind, desto höher ist das Kursänderungsrisiko des Rentenfonds.
- durchschnittliche Zinsbindungsdauer: Rentenfonds profitieren in Zeiten sinkender Zinsen, da währenddessen die Kurse der Anleihen stark steigen. In Phasen steigender Zinsen dagegen werden Rentenfonds im Wert nachgeben. Ähnlich der modifizierten Duration bei festverzinslichen Wertpapieren kann das Kursänderungsrisiko eines Rentenfonds mit der durchschnittlichen Zinsbindungsdauer gemessen werden. Sie gibt an, wie lange der Anleger in den Fonds verzinslich gebunden ist.

Ein Geldmarktfonds, der überwiegend aus variabel verzinslichen Wertpapieren aufgebaut ist, zeichnet sich durch eine kurze Zinsbindungsdauer und damit einem geringen Kursänderungsrisiko aus; klassische Rentenfonds mit langlaufenden Rentenwerten sind durch eine lange Zinsbindungsdauer gekennzeichnet und bei steigender Marktzinsentwicklung damit einem hohen Kursänderungsrisiko ausgesetzt.

Beispiel (Wertentwicklungsprofil Rentenfonds)

(1) Geldmarktnaher Fonds (UniReserve: Euro A)

Geldmarktfonds dienen einer nur kurzfristigen Geldanlage. Kursänderungsrisiken sind zu minimieren. Zum Jahresende 2013 betrug die

- durchschnittliche Zinsbindungsdauer des Fonds 2 Monate und
- die durchschnittliche Restlaufzeit der in dem Fonds befindlichen Wertpapiere 2 Jahre.

(2) Rentenfonds (UniEuropa Renta)

Der Rentenfonds dient dem langfristigen Vermögensaufbau. Daher sind die Risiken mit einer zum Jahresende bestehenden

- durchschnittlichen Zinsbindungsdauer von 7 Jahren und
- durchschnittlichen Restlaufzeit der in dem Fonds befindlichen Wertpapiere von ca. 10 Jahren

deutlich höher als bei einem Geldmarkfonds.

6.4.3 Mischfonds

Mischfonds, die in Aktien und Rentenwerten investiert sind, sollen die Kursänderungsrisiken reduzieren. Der Gedanke beruht einerseits auf der Tatsache, dass über die sicheren Zinsen der Rentenwerte ein eventueller Kursrückgang der Aktien aufgefangen wird, andererseits auf der Theorie, dass aufgrund der Diversifikation der unterschiedlichen Anlageformen „Aktie" und „Rentenwert" eine bestimmte Rendite bei geringerem Risiko erwirtschaftet werden kann. Statistisch über einen längeren Zeitraum nachweisbar ist die Gegenläufigkeit der Kursbewegung von Aktien und Anleihen jedoch nicht.

In der Literatur werden je nach Anlageziel und Anlagehorizont bezüglich des Mischungsverhältnisses verzinslicher Wertpapiere und Aktien innerhalb eines Fondsportfolios folgende Zahlen genannt:

- **Spremann (Vermögensverwaltung/Oldenburg 1999)**

  Angegeben werden die Mischungsverhältnisse, wenn mit einer Wahrscheinlichkeit von 97 % zumindest die kaufkraftgeschützte Entnahme des investierten Kapitals möglich sein soll. Investiert wird in Schweizer Aktien bzw. Rentenwerte.

  Grundlage der Berechnungen liefern folgende (leider für 2015 nicht mehr zeitgemäße und zu optimistische) Werte:
  - Inflationsrate pro Jahr ca. 3 %,
  - Aktienrendite pro Jahr ca. 8,6 %, Volatilität p. a. 20,8 %,
  - Rendite verzinslicher Wertpapiere pro Jahr ca. 4,6 %.

Anlagedauer (Jahre)	Aktienanteil bei Kapitalverzehr durch	
	Einmalentnahme	lfd. Rente
4	9 %	6 %
8	16 %	10 %
12	25 %	14 %
16	37 %	18 %
20	55 %	24 %

- **Eigene Berechnungen (optimistische Betrachtung: Durchhalterfall)**

  Angegeben werden die Mischungsverhältnisse, wenn mit einer Wahrscheinlichkeit von 99 % (Tabelle 1) und 84 % (Tabelle 2) nach Sparende zumindest die kaufkraftgeschützte Entnahme des investierten Kapitals möglich sein soll. Investiert wird in den DAX bzw. Bundesanleihen. Grundlage der Berechnungen liefern die folgenden (optimistischen) Werte:
  - Inflationsrate 2 % pro Jahr,
  - DAX-Rendite 6 % pro Jahr,
  - Volatilität (Wertschwankung) 22 % pro Jahr,
  - Rendite verzinslicher Wertpapiere ca. 3 % pro Jahr.

Anlagedauer (Jahre)	Tabelle 1: Aktienanteil, um ein bestimmtes Sparziel mit einer 99 %igen Wahrscheinlichkeit zu erreichen bei	
	Einmaleinzahlung	jährl. Einzahlung
4	5 %	4 %
8	9 %	6 %
12	13 %	8 %
16	21 %	10 %
20	36 %	15 %

Anlagedauer (Jahre)	Tabelle 2: Aktienanteil, um ein bestimmtes Sparziel mit einer 84 %igen Wahrscheinlichkeit zu erreichen bei	
	Einmaleinzahlung	**jährl. Einzahlung**
4	14 %	10 %
8	32 %	19 %
12	90 %	30 %

6.5 Fondsansparpläne

Um den durchschnittlichen Kaufpreis der erworbenen Fondsanteile über die Jahre zu senken, sollte regelmäßig ein fester Betrag investiert und nicht regelmäßig eine bestimmte Anzahl an Fondsanteilen erworben werden („Cost-Averaging").

Die nachfolgend dargestellten Sparplantabellen zeigen die erzielbaren Endsalden einer monatlich nachschüssigen Rente von 100 Euro bei unterschiedlichen Laufzeiten in Jahren und Zinssätzen. Der in der Tabelle abgelesene Betrag ist dann nur noch mit dem Faktor $\frac{\text{tatsächliche Monatsrate}}{100}$ zu multiplizieren.

Sparplantabelle: Monatsrate 100 Euro (Teil 1)

Laufzeit	2,5 %	3,0 %	3,5 %	4,0 %	4,5 %	5,0 %	5,5 %	6,0 %
1	1.213,75	1.216,50	1.219,25	1.222,00	1.224,75	1.227,50	1.230,25	1.233,00
2	2.457,84	2.469,50	2.481,17	2.492,88	2.504,61	2.516,38	2.528,16	2.539,98
3	3.733,04	3.760,08	3.787,26	3.814,60	3.842,07	3.869,69	3.897,46	3.925,38
4	5.040,12	5.089,38	5.139,07	5.189,18	5.239,71	5.290,68	5.342,07	5.393,90
5	6.379,87	6.458,56	6.538,19	6.618,75	6.700,25	6.782,71	6.866,14	6.950,54
6	7.753,12	7.868,82	7.986,27	8.105,50	8.226,51	8.349,35	8.474,02	8.600,57
7	9.160,69	9.321,39	9.485,04	9.651,72	9.821,46	9.994,32	10.170,35	10.349,60
8	10.603,46	10.817,53	11.036,27	11.259,78	11.488,17	11.721,53	11.959,97	12.203,58
9	12.082,30	12.358,55	12.641,79	12.932,18	13.229,89	13.535,11	13.848,01	14.168,79
10	13.598,10	13.945,81	14.303,50	14.671,46	15.049,98	15.439,36	15.839,90	16.251,92
11	15.151,81	15.580,68	16.023,37	16.480,32	16.951,98	17.438,83	17.941,35	18.460,04
12	16.744,35	17.264,60	17.803,44	18.361,53	18.939,57	19.538,27	20.158,37	20.800,64
13	18.376,71	18.999,04	19.645,81	20.318,00	21.016,60	21.742,69	22.497,33	23.281,68
14	20.049,88	20.785,51	21.552,67	22.352,72	23.187,10	24.057,32	24.964,94	25.911,58
15	21.764,88	22.625,58	23.526,26	24.468,82	25.455,27	26.487,69	27.568,26	28.699,27
16	23.522,75	24.520,85	25.568,93	26.669,58	27.825,51	29.039,57	30.314,76	31.654,23
17	25.324,57	26.472,97	27.683,09	28.958,36	30.302,41	31.719,05	33.212,32	34.786,48
18	27.171,43	28.483,66	29.871,25	31.338,69	32.890,76	34.532,50	36.269,25	38.106,67
19	29.064,47	30.554,67	32.135,99	33.814,24	35.595,60	37.486,63	39.494,31	41.626,07
20	31.004,83	32.687,81	34.480,00	36.388,81	38.422,15	40.588,46	42.896,75	45.356,63
21	32.993,70	34.884,94	36.906,05	39.066,36	41.375,90	43.845,38	46.486,32	49.311,03
22	35.032,29	37.147,99	39.417,01	41.851,02	44.462,56	47.265,15	50.273,32	53.502,69
23	37.121,85	39.478,93	42.015,86	44.747,06	47.688,13	50.855,91	54.268,60	57.945,86
24	39.263,64	41.879,80	44.705,66	47.758,94	51.058,84	54.626,20	58.483,62	62.655,61
25	41.458,99	44.352,70	47.489,61	50.891,30	54.581,24	58.585,01	62.930,47	67.647,94
26	43.709,21	46.899,78	50.371,00	54.148,95	58.262,15	62.741,76	67.621,90	72.939,82
27	46.015,69	49.523,27	53.353,23	57.536,91	62.108,69	67.106,35	72.571,35	78.549,21
28	48.379,83	52.225,47	56.439,85	61.060,39	66.128,33	71.689,17	77.793,03	84.495,16
29	50.803,08	55.008,73	59.634,49	64.724,80	70.328,86	76.501,13	83.301,89	90.797,87
30	53.286,91	57.875,49	62.940,95	68.535,79	74.718,41	81.553,69	89.113,75	97.478,74

Beispiel (Sparplan: Vermögenswirksame Leistungen)

Bei einer monatlichen Einzahlung von 100 Euro könnte der Anleger bei einem Zinssatz von 6 % und einer Laufzeit von zehn Jahren mit 16.251,92 Euro rechnen (siehe Tabelle).

Sieht der Vertrag jedoch nur eine monatliche Zahlung von 78 Euro vor, beträgt der Auszahlungsbetrag:

$$16.251{,}92 \text{ Euro} \cdot \frac{78}{100} = 12.676{,}50 \text{ Euro}$$

Handbuch der privaten Kapitalanlage

Sparplantabelle: Monatsrate 100 Euro (Teil 2)

Laufzeit	6,5 %	7,0 %	7,5 %	8,0 %	8,5 %	9,0 %	9,5 %	10,0 %
1	1.235,75	1.238,50	1.241,25	1.244,00	1.246,75	1.249,50	1.252,25	1.255,00
2	2.551,82	2.563,70	2.575,59	2.587,52	2.599,47	2.611,46	2.623,46	2.635,50
3	3.953,44	3.981,65	4.010,01	4.038,52	4.067,18	4.095,99	4.124,94	4.154,05
4	5.446,17	5.498,87	5.552,01	5.605,60	5.659,64	5.714,12	5.769,06	5.824,46
5	7.035,92	7.122,29	7.209,67	7.298,05	7.387,46	7.477,90	7.569,37	7.661,90
6	8.729,00	8.859,35	8.991,64	9.125,90	9.262,14	9.400,41	9.540,71	9.683,09
7	10.532,14	10.718,01	10.907,26	11.099,97	11.296,17	11.495,94	11.699,33	11.906,40
8	12.452,48	12.706,77	12.966,56	13.231,96	13.503,10	13.780,08	14.063,02	14.352,04
9	14.497,64	14.834,74	15.180,30	15.534,52	15.897,61	16.269,79	16.651,25	17.042,24
10	16.675,73	17.111,67	17.560,07	18.021,28	18.495,66	18.983,57	19.485,37	20.001,47
11	18.995,41	19.547,99	20.118,33	20.706,99	21.314,54	21.941,59	22.588,73	23.256,61
12	21.465,86	22.154,85	22.868,45	23.607,55	24.373,03	25.165,83	25.986,91	26.837,28
13	24.096,89	24.944,19	25.824,84	26.740,15	27.691,48	28.680,25	29.707,92	30.776,00
14	26.898,93	27.928,78	29.002,95	30.123,36	31.292,01	32.510,98	33.782,42	35.108,60
15	29.883,12	31.122,29	32.419,42	33.777,23	35.198,58	36.686,46	38.244,00	39.874,46
16	33.061,27	34.539,35	36.092,13	37.723,41	39.437,21	41.237,75	43.129,43	45.116,91
17	36.446,00	38.195,61	40.040,29	41.985,28	44.036,12	46.198,64	48.478,98	50.883,60
18	40.050,74	42.107,80	44.284,56	46.588,10	49.025,94	51.606,02	54.336,73	57.226,96
19	43.889,79	46.293,85	48.847,15	51.559,15	54.439,90	57.500,06	60.750,97	64.204,66
20	47.978,38	50.772,92	53.751,94	56.927,88	60.314,04	63.924,57	67.774,57	71.880,12
21	52.332,72	55.565,52	59.024,58	62.726,11	66.687,48	70.927,28	75.465,40	80.323,14
22	56.970,10	60.693,61	64.692,67	68.988,20	73.602,67	78.560,24	83.886,86	89.610,45
23	61.908,90	66.180,66	70.785,88	75.751,26	81.105,65	86.880,16	93.108,36	99.826,50
24	67.168,73	72.051,81	77.336,07	83.055,36	89.246,38	95.948,87	103.205,91	111.064,15
25	72.770,45	78.333,93	84.377,52	90.943,79	98.079,07	105.833,77	114.262,72	123.425,56
26	78.736,28	85.055,81	91.947,08	99.463,29	107.662,54	116.608,31	126.369,93	137.023,12
27	85.089,89	92.248,22	100.084,37	108.664,36	118.060,61	128.352,56	139.627,32	151.980,43
28	91.856,48	99.944,09	108.831,94	118.601,50	129.342,51	141.153,79	154.144,17	168.433,47
29	99.062,90	108.178,68	118.235,59	129.333,62	141.583,37	155.107,13	170.040,11	186.531,82
30	106.737,74	116.989,68	128.344,51	140.924,31	154.864,71	170.316,27	187.446,17	206.440,00

Mit Sparplantabellen lässt sich nicht nur die Höhe des Endvermögens leicht ermitteln, sondern sie beantworten auch die Frage nach der Höhe der Ansparraten, die nötig ist, um ein gegebenes Sparziel innerhalb einer festgelegten Laufzeit zu erreichen. Wie die folgenden Berechnungen eindrucksvoll zeigen, kann mit einem konsequenten Sparen zur Deckung einer Vorsorgelücke im Alter nicht früh genug begonnen werden. Jedes verlorene Sparjahr führt zu einer nicht unerheblichen Erhöhung der Ratenzahlung:

Beispiel (Sparplan: Ermittlung der Ratenhöhe)

Ein Anleger wünscht in Abhängigkeit von der Laufzeit die monatliche Sparrate zu wissen, mit der er ein Endvermögen von 100.000 Euro erzielen kann (Zinssatz 5 %). Betrachtet wird eine Ansparphase über 10, 20 und 30 Jahre.

(1) Ansparphase über 10 Jahre

Gemäß der Sparplantabelle kann mit einer monatlichen Ratenzahlung über 100 Euro und einer Verzinsung von 5 % ein Betrag von 15.439,36 Euro erzielt werden. Damit sind bei einem Zielsaldo von 100.000 Euro immerhin notwendig:

$$\frac{100.000}{15.439,36} \cdot 100 \text{ Euro} = 647,70 \text{ Euro}$$

(2) Ansparphase über 20 Jahre

Gemäß der Sparplantabelle kann mit einer monatlichen Ratenzahlung über 100 Euro und einem Zinssatz von 5 % ein Betrag von 40.588,46 Euro erzielt werden. Damit reduziert sich bei einem Zielsaldo von 100.000 Euro der Ansparbetrag erheblich:

$$\frac{100.000}{40.588,46} \cdot 100 \text{ Euro} = 246,40 \text{ Euro}$$

(3) Bei einer Ansparphase über 30 Jahre wären bei einem Zinssatz von 5 % nur noch 122,62 Euro monatlich zu leisten.

6.6 Fondsverzehrpläne

Den Auszahlungsplänen liegt oftmals die Fragestellung zugrunde, welcher Betrag zu Monatsbeginn jeweils abgehoben werden kann, bis der vorgegebene Kapitalstock vollständig verbraucht ist.

Da die Berechnung der Höhe von Monatsrenten im Gegensatz zu Sparplanberechnungen sehr komplex ist, helfen dem (der) Vermögensberater(in) oder Anlagesuchenden Auszahlungspläne weiter. Sie geben in Abhängigkeit eines vorgegebenen Zinssatzes die monatliche Rentenhöhe an, mit der ein Kapitalstock innerhalb der gewünschten Rentenlaufzeit vollständig aufgezehrt wird. Die nachfolgend abgedruckten Beträge beziehen sich auf ein Startvermögen von 10.000 Euro bei vollständigem Kapitalverzehr. Bei einem Mehrfachen von 10.000 Euro ist einfach der Tabellenwert mit dem Faktor $\frac{\text{Kapitalstock}}{10.000}$ zu multiplizieren.

Auszahlungsplantabelle: Kapitalstock 10.000 Euro									
Laufzeit	2,5 %	3,0 %	3,5 %	4,0 %	4,5 %	5,0 %	5,5 %	6,0 %	6,5 %
1	842,75	844,61	846,45	848,29	850,11	851,93	853,73	855,53	857,32
2	426,58	428,55	430,51	432,46	434,41	436,35	438,29	440,22	442,15
3	287,88	289,90	291,91	293,92	295,93	297,94	299,94	301,94	303,95
4	218,56	220,60	222,65	224,71	226,76	228,81	230,87	232,92	234,98
5	176,98	179,05	181,13	183,22	185,31	187,40	189,50	191,60	193,71
6	149,27	151,37	153,48	155,60	157,72	159,85	161,99	164,13	166,29
7	129,49	131,62	133,75	135,90	138,05	140,22	142,39	144,58	146,78
8	114,67	116,82	118,97	121,15	123,34	125,53	127,75	129,97	132,21
9	103,15	105,32	107,50	109,70	111,92	114,15	116,40	118,66	120,94
10	93,94	96,13	98,34	100,56	102,81	105,07	107,36	109,66	111,98
11	86,42	88,62	90,85	93,11	95,38	97,68	100,00	102,33	104,69
12	80,15	82,38	84,63	86,91	89,21	91,54	93,89	96,27	98,67
13	74,86	77,10	79,38	81,68	84,01	86,37	88,76	91,17	93,61
14	70,33	72,59	74,89	77,22	79,58	81,97	84,39	86,83	89,31
15	66,41	68,69	71,01	73,36	75,75	78,17	80,62	83,10	85,61
16	62,98	65,28	67,62	70,00	72,41	74,86	77,35	79,86	82,41
17	59,96	62,28	64,64	67,05	69,49	71,97	74,48	77,03	79,62
18	57,28	59,62	62,01	64,43	66,90	69,41	71,96	74,54	77,16
19	54,89	57,25	59,65	62,10	64,60	67,14	69,71	72,33	74,99
20	52,74	55,12	57,54	60,02	62,54	65,11	67,72	70,37	73,06

Beispiel (Auszahlungsplan: Ermittlung der Monatsrate)

Soll ein zu 5 % verzinslicher Kapitalstock in Höhe von 100.000 Euro einer 20 Jahre dauernden vorschüssigen Rente dienen, können pro Monat gemäß der Tabellenangabe

$$65{,}11 \text{ Euro} \cdot \frac{100.000}{10.000} = 651{,}10 \text{ Euro}$$

abgehoben werden.

7 Termingeschäfte

7.1 Wesen

Das Finanzderivat ist für den sicherheitsorientierten Anleger die ungünstigste aller Anlageformen. Derivate sind gemäß WpHG:

> **§2 WpHG (Derivate)**
>
> „Derivate im Sinne dieses Gesetzes sind
>
> [...] Festgeschäfte oder Optionsgeschäfte, die zeitlich verzögert zu erfüllen sind und deren Wert sich unmittelbar oder mittelbar vom Preis oder Maß eines Basiswertes ableitet (Termingeschäfte) [...]"

Da Derivate zeitlich verzögert erfüllt werden, handelt es sich bei dieser Anlageform um Termingeschäfte. Dabei wird schon zum Zeitpunkt des Vertragsabschlusses festgelegt,

- welche Anlageform (Basiswert)
- zu welchem Preis (Basispreis) und
- zu welchem Zeitpunkt oder innerhalb welchen Zeitraums

geliefert oder abgenommen werden kann oder muss. Im Gegensatz zu Kassageschäften fallen bei Termingeschäften die Zeitpunkte zwischen Vertragsabschluss (dem Verpflichtungsgeschäft) und Erfüllungsgeschäft teilweise mehrere Monate auseinander.

Der Handel von Finanzderivaten findet in Deutschland hauptsächlich an den Terminbörsen statt. Börsengehandelte Derivate sind hinsichtlich Mengen, Laufzeiten und Basiswerten standardisiert. Wichtige Terminbörsen in Deutschland sind:

- Euwax in Stuttgart (Handelsplattform für Optionsscheine)

Das Handelssegment Euwax wurde 1999 als spezielles Segment der Börse Stuttgart eingerichtet. Gehandelt werden verbriefte Derivate wie beispielsweise Optionsscheine und Aktienanleihen.

- Eurex in Frankfurt am Main (Handelsplattform für Optionen und Futures)

Die Eurex AG (European Exchange) ist eine der größten Terminbörsen für Futures und Optionen. Sie entstand 1998 aus dem Zusammenschluss der DTB (Deutsche Terminbörse) und der SOFFEX (Swiss Options and Financial Futures Exchange) und gehört zu 100 % der Deutsche Börse Group.

Termingeschäfte beinhalten auch für die Börse hohe Geschäftsrisiken, die ihren Ruf als zuverlässige Handelsplattform nachhaltig beeinträchtigen könnte:

- Der eine Geschäftspartner kann die Ware zum vereinbarten Zeitpunkt nicht abnehmen, da er kein Geld hat.
- Der andere Geschäftspartner kann die Ware zum vereinbarten Zeitpunkt nicht liefern, da er sie nicht besitzt.

Die Eurex AG beispielsweise betreibt über ihre Tochtergesellschaft Eurex Clearing AG mit Sitz in Frankfurt am Main ein System zur Sicherung der Erfüllung von Geschäften in Wertpapieren und Derivaten (Clearing-Haus). Dazu sind die Handelsteilnehmer verpflichtet, Liquidität auf Clearing-Konten aufzubauen („Margins"). Für Teilnehmer am Terminhandel vermindert sich somit das Risiko der Nichterfüllung wegen Insolvenz eines Geschäftspartners.

Die Derivatebörsen unterscheiden zwischen unbedingten (festen) und bedingten Termingeschäften sowie standardisierten und nicht standardisierten Geschäften:

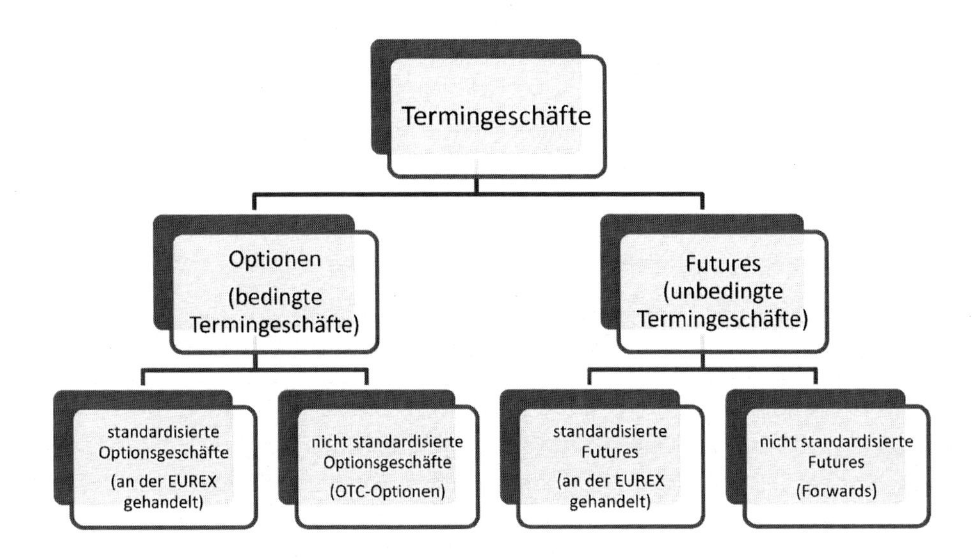

OTC-Optionen (Over The Counter) werden nicht an der Börse gehandelt, sondern werden außerbörslich zwischen Verkäufer und Käufer unmittelbar ausgehandelt.

Forwards bezeichnen nicht an der Börse gehandelte Finanztermingeschäfte. Vertragliche Einzelheiten werden grundsätzlich zwischen Käufer und Verkäufer vereinbart.

Termingeschäfte	
Unbedingtes Termingeschäft (Future)	**Bedingtes Termingeschäft (Option)**
Verpflichtung der Vertragspartner: • Der Käufer übernimmt die Verpflichtung, das Anlageobjekt (Fremdwährung, Indizes etc.) zu einem bestimmten Termin und einem bereits heute ausgehandelten Preis abzunehmen. • Der Verkäufer muss das Anlageobjekt zum festgesetzten Termin liefern. Kaufpreis: Der Kaufpreis eines (1) Futures beträgt mehrere tausend Euro (Kontraktgröße); i. d. R. wird beim Börsenmakler ein Einschuss (Margin) als Sicherheit für eventuell entstehende Verluste verlangt.	Verpflichtung der Vertragspartner: • Während der Käufer der Option das Wahlrecht zur Geschäftserfüllung hat, muss sich der Verkäufer der Option (Stillhalter) den Weisungen des Käufers fügen; die Option kann entweder nur bei Fälligkeit ausgeübt werden (europäische Option) oder innerhalb eines Zeitraums (amerikanische Option). Kaufpreis: Oftmals sind Optionen über die Computerbörse Eurex in Frankfurt nicht einzeln erhältlich, sondern umfassen einen ganzen Kontrakt über zumindest 100 Stück.

7.2 Optionen

7.2.1 Einfache Optionsstrategien

Der Investor kann zwischen einer Kauf- und einer Verkaufsoption wählen:

Kaufoption (Call)	Verkaufsoption (Put)
• Der Käufer der Kaufoption erhält das Recht, innerhalb der Optionsfrist vom Stillhalter das Anlageobjekt zu einem schon heute bestimmten Basispreis zu erwerben (Long Position); dieses Recht wird durch Zahlung des Optionspreises erworben.	• Der Käufer der Verkaufsoption erhält das Recht, innerhalb der Optionsfrist vom Stillhalter zu verlangen, dass er das Anlageobjekt zu einem schon heute bestimmten Basispreis abnimmt (Long Position); dieses Recht wird durch Zahlung des Optionspreises erworben.
Erwartung: steigende Preise des Anlageobjekts	Erwartung: fallende Preise des Anlageobjekts
• Der Verkäufer (Stillhalter) der Kaufoption hat die Pflicht, die Ware innerhalb der Optionsfrist zum vereinbarten Basispreis zu liefern (Short Position); als Ausgleich für übernommene Risiken erhält er die Optionsprämie.	• Der Verkäufer (Stillhalter) der Verkaufsoption hat die Pflicht, die Ware innerhalb der Optionsfrist zum vereinbarten Basispreis abzunehmen (Short Position); als Ausgleich für übernommene Risiken erhält er die Optionsprämie.
Erwartung: fallende oder konstante Preise des Anlageobjekts	Erwartung: steigende oder konstante Preise des Anlageobjekts

Beispiel (Aktienoption: Optionsausübung am Verfalltag)

(1) Erwerb einer Kaufoption

- Preis der Kaufoption: 30 Euro
- Basispreis der Aktie: 600 Euro

Der Käufer einer Kaufoption möchte die Aktien zum festgelegten Basispreis vom Stillhalter erwerben, um sie anschließend mit Gewinn an der Börse zu verkaufen. Damit spekuliert der Käufer auf steigende Kurse:

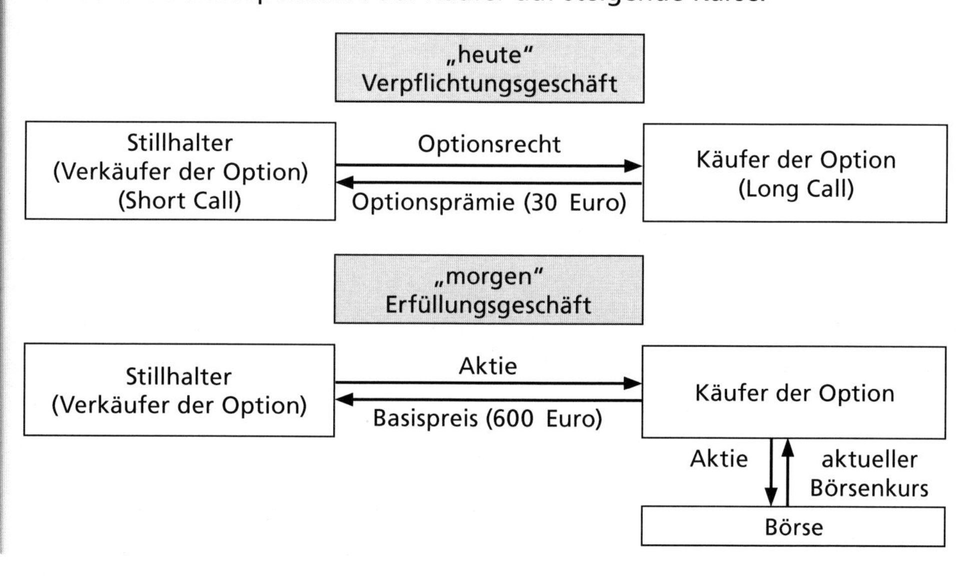

(1/1) Kurs der Aktie kleiner 600 Euro: Der Erwerber der Option verliert seine Optionsprämie, da er die Aktie über die Börse zu einem geringeren Kurs als dem Basispreis erwerben könnte. Der Stillhalter hat die Optionsprämie vereinnahmt und muss nicht liefern.

(1/2) Kurs der Aktie zwischen 600 Euro und 630 Euro: Der Erwerber der Option kann durch Ausübung der Option seinen Ausgangsverlust von 30 Euro reduzieren. Bei einem aktuellen Aktienkurs von 630 Euro entsprechen sich der gezahlte Optionspreis (30 Euro) und der Gewinn aus der Ausübung der Option (30 Euro). Der Stillhalter hat die Optionsprämie vereinnahmt. Sofern er jedoch die Aktien erst zu einem über dem Basispreis liegenden Kurs erwerben musste, schmälert sich sein Ertrag.

(1/3) Kurs der Aktie größer 630 Euro: Der Erwerber der Option befindet sich in der Gewinnzone und führt die Option aus. Der Stillhalter muss die Aktien zum Basispreis von 600 Euro liefern. Der Käufer wird sie anschließend über die Börse mit Gewinn verkaufen. Der Stillhalter gerät in die Verlustzone.

Kaufoption

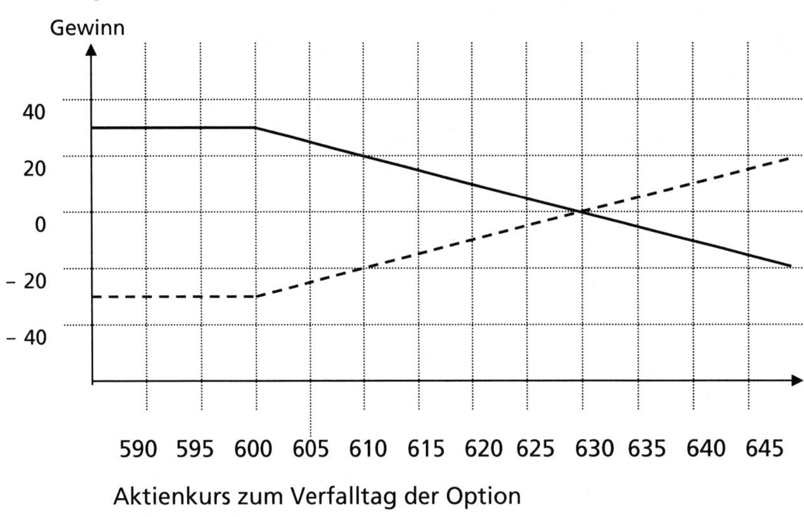

——— Gewinn Stillhalter („short call") ------- Gewinn Käufer („long call")

(2) Erwerb einer Verkaufsoption

- Preis der Verkaufsoption: 30 Euro
- Basispreis der Aktie: 600 Euro

Der Käufer einer Verkaufsoption möchte die Aktie zum aktuellen Kurs über die Börse erwerben oder eine bereits sich im Depot befindende Aktie abstoßen. Der Stillhalter ist verpflichtet, die Aktien zum festgelegten Basispreis abzunehmen. Damit spekuliert der Käufer auf fallende Kurse.

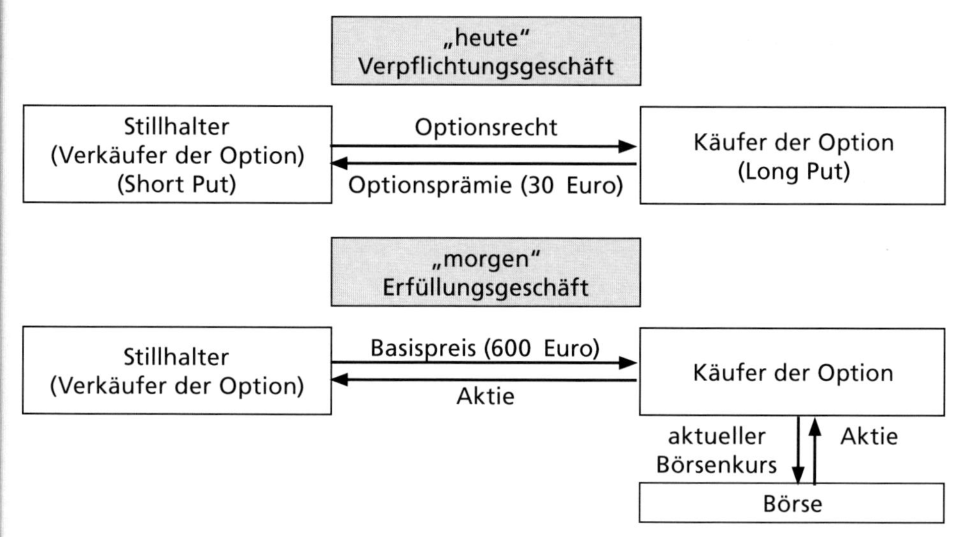

(2/1) Kurs der Aktie kleiner 570 Euro: Der Erwerber der Option führt die Option aus, da er die Aktie über die Börse unter dem Basispreis erwirbt, der Stillhalter jedoch das Wertpapier zum Basispreis abnehmen muss. Der erwirtschaftete Kursgewinn deckt dabei die gezahlte Optionsprämie von 30 Euro ab. Der Stillhalter hat zwar die Optionsprämie vereinnahmt, muss aber gleichzeitig bei Verkauf der erhaltenen Aktie einen Kursverlust von zumindest 30 Euro verkraften.

(2/2) Kurs der Aktie zwischen 570 Euro und 600 Euro: Der Erwerber der Option führt die Option aus, da er die Aktie über die Börse unter dem Basispreis erwirbt, der Stillhalter jedoch das Wertpapier zum Basispreis abnehmen muss. Zumindest wird über die Ausübung der Option dann ein Teil des Optionspreises zurückerwirtschaftet. Der Stillhalter hat die Optionsprämie vereinnahmt, muss aber bei Verkauf der erhaltenen Aktie einen Kursverlust von maximal 30 Euro verkraften.

(2/3) Kurs der Aktie größer 600 Euro: Der Erwerber der Verkaufsoption verzichtet auf sein Optionsrecht. Er erleidet einen Verlust von 30 Euro. Der Stillhalter hat die Optionsprämie vereinnahmt und muss keine Wertpapiere abnehmen.

Verkaufsoption

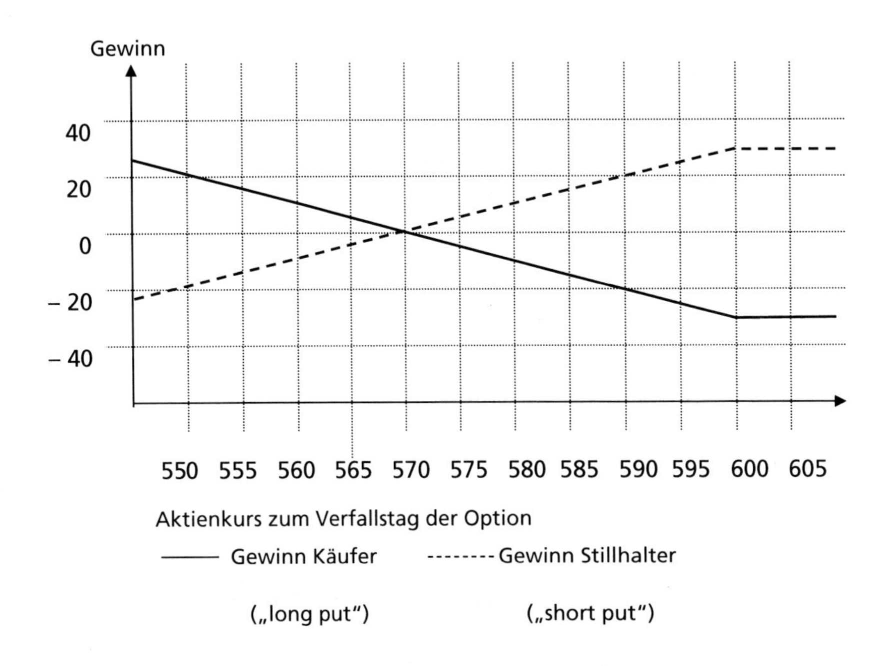

Bei einer Hedge-Put-Strategie können bestehende Aktienpositionen gegen drohende Verluste durch den Kauf von Put-Optionen abgesichert werden. Der für die Put-Option zu zahlende Preis stellt damit eine Versicherungsprämie dar.

Fällt der Aktienkurs unter den anfänglichen Kaufkurs, wird der durch den Aktienverkauf erlittene Kursverlust durch den Veräußerungsgewinn der zwischenzeitlich gestiegenen Put-Option ausgeglichen. Sollte der Aktienkurs hingegen steigen, kann die Aktie gewinnbringend veräußert werden. Die Option allerdings verfällt.

7.2.2 Glattstellung einer Eurex-Option

„Glattstellen" bedeutet, die aus dem Optionsgeschäft entstandenen Risiken mit einem Gegengeschäft zu neutralisieren.

Für gekaufte Optionen gilt:

- Eine gekaufte Call-Option wird durch den Call-Inhaber durch den Verkauf des Calls glattgestellt. Die Position des ursprünglichen Stillhalters bleibt unverändert. Die Position des ursprünglichen Erwerbers ändert sich.
- Eine gekaufte Put-Option wird durch den Put-Inhaber durch den Verkauf des Put glattgestellt. Die Position des ursprünglichen Stillhalters bleibt unverändert. Die Position des ursprünglichen Erwerbers ändert sich.

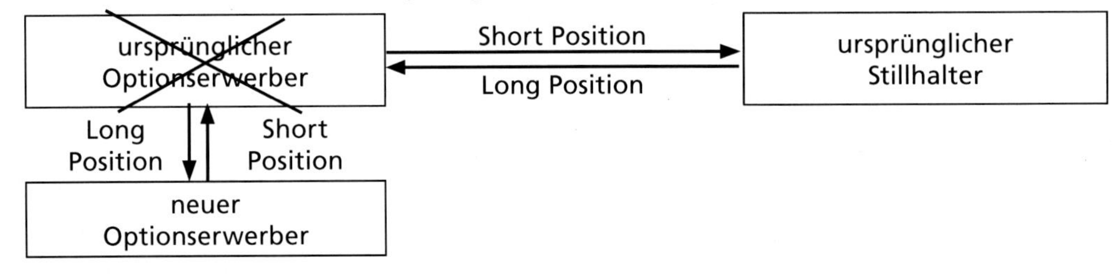

Der ursprüngliche Optionserwerber kompensiert seine erhaltene Long Position (Erwerb der Option) mit einer Short Position (Veräußerung der Option). In der Praxis wird der ursprünglich gezahlte Optionspreis mit dem aus der Glattstellung erzielten Optionspreis verrechnet.

Für verkaufte Optionen gilt:

- Eine verkaufte Call-Option wird durch den Stillhalter durch Kauf einer Call-Option glattgestellt. Die Position des ursprünglichen Stillhalters verändert sich.
- Eine verkaufte Put-Option wird durch einen Stillhalter durch Kauf einer Put-Option glattgestellt. Die Position des ursprünglichen Stillhalters ändert sich.

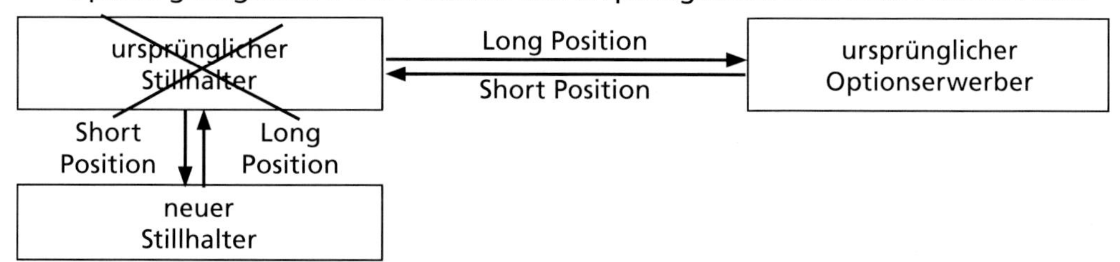

Der ursprüngliche Stillhalter kompensiert seine eingegangene Short Position (Verkauf der Option) mit einer Long Position (Erwerb der Option). In der Praxis wird der ursprünglich erhaltene Optionspreis mit dem aus der Glattstellung gezahlten Optionspreis verrechnet.

7.2.3 Zusammenfassender Überblick: Optionen und Optionsscheine

Die wichtigsten Optionsarten		
Aktienoption	**Indexoption**	**Zinsoption**
Der Käufer erwirbt gegen Zahlung der Optionsprämie das Recht, Aktien zu einem Basispreis zu erwerben (Call) oder zu verkaufen (Put).	Der Käufer erwirbt gegen Zahlung der Optionsprämie zum Fälligkeitszeitpunkt das Recht auf eine Ausgleichszahlung in Höhe von (Index $_{aktuell}$ – Index $_{vereinbart}$); als Index kann dabei z. B. der DAX dienen.	Der Käufer einer Zinsoption erwirbt das Recht, einen BUND-Future zum Basispreis zu erwerben (Call) oder zu verkaufen (Put); mit Ausübung der Option wird aus dem freiwilligen Geschäft (Option) das verpflichtende Geschäft (Future), zu einem bestimmten Zeitpunkt Bundesanleihen zu kaufen bzw. zu verkaufen.

Im Gegensatz zu den von der EUREX nicht verbrieften Optionen sind von Kreditinstituten emittierte Optionsscheine (Warrants) echte Wertpapiere und berechtigen zum Kauf (Call) oder Verkauf (Put) anderer Wertpapiere, wie Aktien, festverzinsliche Wertpapiere oder auch Devisen. Oftmals werden Optionsscheine als Ertragsausgleich niedrigverzinslichen Anleihen (Optionsanleihen) beigefügt, die zum Erwerb junger Aktien berechtigen. Inhaber eines Optionsscheins befinden sich grundsätzlich in einer „Long Position".

Die wichtigsten Optionsscheine			
Aktienoptionsschein	**Devisenoptionsschein**	**Indexoptionsschein**	**Zinsoptionsschein**
Dient dem Bezug (Call) oder Verkauf (Put) von Aktien zu einem festgelegten Basispreis oder dem Erhalt eines Barausgleichs in Höhe des Differenzbetrages.	Dient dem Bezug (Call) oder Verkauf (Put) einer Fremdwährung zu einem festgelegten Basispreis (Call: Spekulation auf steigende Wechselkurse) oder dem Erhalt eines Barausgleichs.	Berechtigt den Erhalt eines Barausgleichs, wenn der zugrundeliegende Index über (Call) bzw. unter (Put) dem vereinbarten Basisindex liegt.	Dient dem Bezug (Call) oder Verkauf (Put) festverzinslicher Wertpapiere zu einem festgelegten Basispreis (Call: Spekulation auf fallende Zinsen mit Kursgewinnen) oder dem Erhalt eines Barausgleichs.

Beispiel (Call Optionsscheine auf Aktien)

auswahl	Name	WKN	Geld	Brief	Zeit	Quotierung	Basiswert	Typ	Strike
☐	Dt.Post long 44 2015/06 (DZ)	DZP0R5	0,077	0,087	11:15	DZF	DT. POST	Long	44,000
☐	Dt.Post long 40 2015/06 (DZ)	DZN310	0,200	0,210	11:08	DZF	DT. POST	Long	40,000
☐	Dt.Post long 40 2014/12 (DZ)	DZN7WC	0,068	0,078	11:20	DZF	DT. POST	Long	40,000
☐	Dt.Post long 40 2015/12 (DZ)	DZS5GK	0,040	0,050	11:04	DZF	DT. POST	Long	40,000
☐	Dt.Post long 36 2014/12 (DZ)	DZK3BT	0,210	0,220	11:08	DZF	DT. POST	Long	36,000
☐	Dt.Post long 36 2015/06 (DZ)	DZL3VT	0,440	0,460	11:08	DZF	DT. POST	Long	36,000
☐	Dt.Post long 36 2014/09 (DZ)	DZP1S3	0,120	0,130	11:20	DZF	DT. POST	Long	36,000
☐	Dt.Post long 36 2015/12 (DZ)	DZS5GL	0,076	0,086	11:20	DZF	DT. POST	Long	36,000
☐	Dt.Post long 35 2014/12 (DZ)	DZK3BS	0,250	0,260	11:11	DZF	DT. POST	Long	35,000
☐	Dt.Post long 35 2015/06 (DZ)	DZL3VP	0,540	0,560	11:11	DZF	DT. POST	Long	35,000
☐	Dt.Post long 35 2014/09 (DZ)	DZP1L4	0,140	0,150	11:09	DZF	DT. POST	Long	35,000

Zu welchem Preis ein Call-Optionsschein zu haben ist (Brief-Kurs) bzw. vom Emittenten zurückgekauft wird (Geld-Kurs), zeigt der Vergleich:

Bei gleicher Laufzeit (06/2015) ist Optionsschein 1 preiswerter, da er mit einem höheren Basispreis (44 Euro) und damit niedrigerer Ausübungswahrscheinlichkeit ausgestattet ist als Optionsschein 2 (Basispreis 40 Euro). Optionsschein 4 hat aufgrund des günstigsten Basispreises (35 Euro) die größte Gewinnchance und ist daher mit einem Brief-Kurs (=Verkaufspreis) von 0,56 Euro am teuersten.

7.3 Grundlagen der Optionspreisbewertung

Mit dem Optionsgeschäft sind einige Kennziffern verknüpft, welche die Vorteilhaftigkeit einer Option herausstellen sollen:

7.3.1 Optionsverhältnis, Bezugsverhältnis

Das Optionsverhältnis oder „Ratio“ (OV) bzw. Bezugsverhältnis (BV) berechnet sich aus:

$$OV = \frac{\text{Anzahl Basiswerte}}{\text{Anzahl Optionen}} \qquad BV = \frac{\text{Anzahl Optionen}}{\text{Anzahl Basiswerte}}$$

Das Optionsverhältnis gibt an, wie viele Basiswerte (beispielsweise Aktien) für eine Option erworben bzw. verkauft werden können. Der Kehrwert des Optionsverhältnisses wird als „Bezugsverhältnis" bezeichnet. Das Bezugsverhältnis beschreibt die benötigte Anzahl der Optionen zum Bezug eines Basiswerts.

7.3.2 Innerer Wert

(1) Call-Option

Beispiel (innerer Wert eines Calls)

Eine Aktie der U-Haft AG (= Basiswert) kostet gegenwärtig 270 Euro und sie erwarten steigende Kurse. Von einem Geschäftspartner erhalten sie das Angebot, die Aktie bei ihm für 250 Euro (= Basispreis) innerhalb eines bestimmten Zeitraumes erwerben zu können.

Natürlich wird der Geschäftspartner für das Angebot einen angemessenen Optionspreis verlangen. Wie hoch ist dieser Preis maximal (der „innere Wert")?

Der Preis darf nicht mehr als 20 Euro betragen, da sonst die Aktie direkt über die Börse günstiger erworben werden könnte als über die Option.

Bei einem Bezugsverhältnis von 1:1 entspricht der innere Wert der Differenz aus aktuellem Kurswert und Basispreis der Aktie. Bei Bezugsverhältnissen von mehr als 1:1 ist dieser Wert noch durch die Anzahl der zum Bezug einer Aktie notwendigen Optionen zu teilen:

$$\text{innerer Wert} = \frac{\text{Kurswert}_{\text{Basiswert}} - \text{Basispreis}_{\text{Basiswert}}}{\text{Bezugsverhältnis}}$$

Übersteigt der Aktienkurs den Basispreis, so entspricht der Optionspreis zumindest dem inneren Wert und ein Aktiendirekterwerb bietet gegenüber dem Erwerb über die Option keinen Vorteil. Ein steigender Aktienkurs ist mit einer Erhöhung des inneren Werts und damit des Optionspreises verbunden. Bei einem Aktienkurs unterhalb des Basispreises ist die Option wertlos, da die Aktie günstiger über die Börse erworben werden kann.

Call-Option	
Aktienkurs > Basispreis	innerer Wert = Aktienkurs – Basispreis („in the money")
Aktienkurs = Basispreis	innerer Wert = 0 („at the money")
Aktienkurs < Basispreis	innerer Wert = 0 („out of the money")

(2) Put-Option

Beispiel (innerer Wert eines Put)

Eine Aktie der U-Haft AG (= Basiswert) kostet gegenwärtig 270 Euro und sie erwarten fallende Kurse. Da die Aktie bereits in ihrem Besitz ist, erfreut sie folgendes Angebot: Ein Geschäftspartner verspricht ihnen, die Aktie für 290 Euro (= Basispreis) innerhalb eines bestimmten Zeitraumes abzunehmen.

Natürlich wird der Geschäftspartner für das Angebot einen angemessenen Optionspreis verlangen. Wie hoch ist dieser Preis maximal (der „innere Wert")?

Der Preis darf nicht mehr als 20 Euro betragen, da sonst die Aktie direkt über die Börse günstiger veräußert werden könnte als über die Option.

Für ein Bezugsverhältnis von 1:1 gilt: Unterschreitet der Kurswert der Aktie den Basispreis, so entspricht der Optionspreis zumindest dem inneren Wert. Ein weiterer Rückgang des Aktienkurses führt zu einer Erhöhung des inneren Werts und damit auch des Optionspreises. Bei einem Kurswert oberhalb des Basispreises ist die Option wertlos, da der Direktverkauf der Aktie vorteilhafter wäre.

Put-Option	
Aktienkurs < Basispreis	innerer Wert = Basispreis – Aktienkurs („in the money")
Aktienkurs = Basispreis	innerer Wert = 0 („at the money")
Aktienkurs > Basispreis	innerer Wert = 0 („out of the money")

7.3.3 Zeitwert (Risikoprämie)

(1) Call Option

Grundsätzlich ist eine Option teurer als ihr innerer Wert. Eine weitere Preiskomponente ist die zu zahlende „Risikoprämie". Mit steigender Restlaufzeit der Option erhöht sich für den Optionsverkäufer das Risiko, dass der Aktienkurs über den Basispreis steigt und die Option ausgeübt wird. Die Übernahme dieses Risikos ist mit einer Prämie verbunden, die sich auch als Risiko- bzw. Versicherungsprämie interpretieren lässt. Sie fällt mit Abnahme der Restlaufzeit überproportional ab. Diese Risikoprämie wird auch Zeitwert genannt. Er berechnet sich aus der Differenz zwischen dem gegenwärtig an der Börse gehandelten Optionspreis und dem inneren Wert. Da die Option bei Fälligkeit ihren Versicherungscharakter verliert (Zeitwert verfällt wertlos), wird der Optionspreis zum Fälligkeitstermin ausschließlich durch seinen inneren Wert bestimmt.

Zeitwert = Optionspreis – innerer Wert

Zudem ist die Volatilität der Aktie zu berücksichtigen. Schwankungsintensive Werte eröffnen dem Optionskäufer eine größere Gewinnchance als eher konservative Werte. Der Wert einer Call-Option wird demzufolge mit zunehmender Volatilität der Aktie steigen. Auf die Risikoprämie hemmend wirkt ein erheblich unter (über) dem Basispreis liegender Aktienkurs, da die Wahrscheinlichkeit einer gewinnbringenden Optionsausübung für den Optionserwerber bereits im Vorfeld sehr gering (hoch) bzw. der Spekulationscharakter der Option gering ist.

Beispiel (Zeitwert eines Call)

Basispreis:	55 Euro
Aktienkurs:	60 Euro
Optionspreis des Call:	19 Euro

Innerer Wert = 60 Euro – 55 Euro = 5 Euro

Zeitwert = 19 Euro – 5 Euro = 14 Euro

Zusammenfassend ergibt sich für den Preis eine Kaufoption:

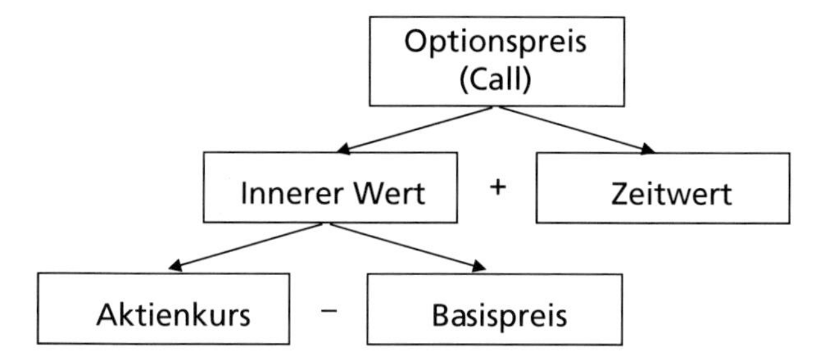

(2) Put-Option

Mit steigender Restlaufzeit der Option erhöht sich für den Verkäufer das Risiko, dass der Aktienkurs unter den Basispreis fällt und die Option ausgeübt wird. Die damit verbundene Risikoprämie steigt mit Zunahme der Restlaufzeit an. Zudem ist die Volatilität der Aktie zu berücksichtigen. Schwankungsintensive Werte eröffnen dem Optionskäufer eine größere Chance, dass der Basispreis während der Restlaufzeit unterschritten wird als eher konservative Werte. Der Wert einer Put-Option wird auch jetzt mit zunehmender Volatilität der Aktie steigen. Dagegen wirkt auf die Risikoprämie ein erheblich über (unter) dem Basispreis liegender Aktienkurs hemmend, da die Wahrscheinlichkeit einer gewinnbringenden Optionsausübung für den Optionserwerber bereits im Vorfeld sehr gering (hoch) ist. Auch jetzt ist der Spekulationscharakter der Option vernachlässigbar.

Beispiel (Zeitwert eines Put)

Basispreis:	60 Euro
Aktienkurs:	55 Euro
Optionspreis des Call:	19 Euro

Innerer Wert = 60 Euro – 55 Euro = 5 Euro

Zeitwert = 19 Euro – 5 Euro = 14 Euro

Zusammenfassend ergibt sich für den Preis einer Verkaufsoption:

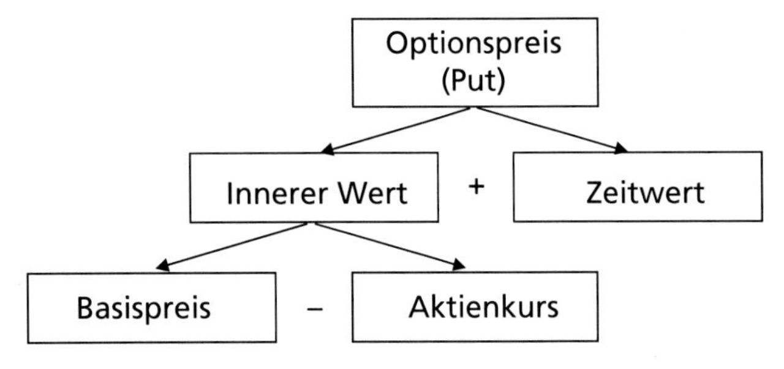

7.3.4 Aufgeld

Das Aufgeld berechnet sich aus:

$$\text{Aufgeld} = (\text{Basispreis}_{\text{Basiswert}} + \text{Optionspreis} \cdot \text{Bezugsverhältnis}) - \text{Kurswert}_{\text{Basiswert}}$$

Das Aufgeld gibt bei einem Call an, um wie viel teurer der Erwerb des Basiswerts über die Option als der Direkterwerb über die Börse ist.

7.3.5 Hebel

Würde der Optionspreis ausschließlich von seinem inneren Wert bestimmt, müsste eine Aktienkursänderung in bestimmter Höhe eine Optionspreisänderung gleicher Höhe nach sich ziehen. So gilt bei einem Bezugsverhältnis von 1:1:

Beispiel (Hebel einer Call-Option)

Basispreis:	99 Euro
Aktienkurs:	100 Euro
Bezugsverhältnis:	1:1
Optionspreis des Call:	1 Euro (innerer Wert)

Annahme: Der Optionspreis wird ausschließlich durch seinen inneren Wert bestimmt. Einen Zeitwert gibt es nicht.

Steigt der Aktienkurs um 1 Euro, erhöht sich der Optionspreis auf 2 Euro.

Damit ist die Aktie prozentual um 1 % gestiegen, der Wert der Option hat sich hingegen verdoppelt. Mit anderen Worten: Der mögliche Gewinn mit der Option ist 100-mal höher als der Gewinn bei einem Direktinvestment im Basiswert. Diese Hebelwirkung entsteht im Wesentlichen durch den im Vergleich zu dem Direktinvestment deutlich geringeren Kapitaleinsatz, mit dem auf die Kursbewegungen des Basiswertes spekuliert wird.

Für beliebige Bezugsverhältnisse berechnet sich der Hebel aus:

$$\text{Hebel} = \frac{\text{Aktienkurs}_{\text{aktuell}}}{\text{Optionspreis}_{\text{aktuell}} \cdot \text{Bezugsverhältnis}}$$

Da der Hebel eine einheitslose Kennziffer ist, soll er nur eine Aussage darüber treffen, um welchen Faktor (Hebel) die Option stärker steigt als der Kurs des der Option zugrunde liegenden Basiswerts.

Als Ausdruck für die Sensitivität des Optionspreises in Bezug auf eine Aktienkursänderung ist diese Kennziffer allerdings nur bedingt tauglich, da ein möglicher Zeitwertverfall nicht berücksichtigt wird. So werden mit abnehmender Restlaufzeit der Option auch der Hebel und damit die Chance auf überproportionale Kursgewinne abnehmen. Eine genauere Abschätzung unter Berücksichtigung des Zeitwertverfalls liefert das aus der Optionspreisformel von Black/Scholes abgeleitete Delta.

Beispiel (Kennzahlen einer Option)

Preis der Kaufoption (Unternehmen XY)	30
Kurs der Aktie	200
Basispreis	150
Bezugsverhältnis (Optionsverhältnis)	2:1 (0,5)

Option	Call/Put	Basispreis	Kurs	Laufzeit
Unternehmen XY	Call	150	30	14.3.

(1) innerer Wert = (200 Euro – 150 Euro) · 0,5 = 25 Euro („in the money")

(2) Zeitprämie = 30 Euro – 25 Euro = 5 Euro („Versicherungswert")

(3) Aufgeld = (150 Euro + 30 Euro · 2) – 200 Euro = 10 Euro

(4) Hebel: $\frac{200}{30 \cdot 2} = 3{,}3$

Interpretation: Die Option steigt um den Faktor 3,3. Allerdings gilt dies nur unter der Voraussetzung, dass die Option weit im Geld ist und damit der Zeitwert nur noch eine untergeordnete Rolle spielt.

Handbuch der privaten Kapitalanlage

Kursbeeinflussende Parameter auf den Optionspreis im Überblick:

Parameter		Wert des Calls	Wert des Puts	Hintergrund
Basispreis	⇧ (⇩)	⇩ (⇧)	⇧ (⇩)	Beim Optionskäufer: Call: Je höher der Basispreis, desto unwahrscheinlicher erscheint es, dass der tatsächliche Aktienkurs den Basispreis übertrifft. Put: Je höher der Basispreis, desto wahrscheinlicher erscheint es, dass der tatsächliche Aktienkurs den Basispreis unterschreitet.
Aktienkurs	⇧ (⇩)	⇧ (⇩)	⇩ (⇧)	Beim Optionskäufer: Call: Bei festgelegtem Basispreis wird mit steigendem Aktienkurs die Ausübung wahrscheinlicher. Put: Bei festgelegtem Basispreis wird mit steigendem Aktienkurs die Ausübung unwahrscheinlicher.
Restlaufzeit	⇩	⇩	⇩	Beim Optionskäufer: Die Ausübungswahrscheinlichkeit fällt, da aufgrund der immer kürzer werdenden Restlaufzeit die Chance einer für den Optionsinhaber vorteilhaften Kursentwicklung schwindet.
Volatilität	⇧ (⇩)	⇧ (⇩)	⇧ (⇩)	Beim Optionskäufer: Bei hoher historischer Schwankung des Aktienkurses steigt die Ausübungswahrscheinlichkeit, dass der tatsächliche Aktienkurs zu einem bestimmten Zeitpunkt über (Call) oder unter (Put) dem festgelegten Basispreis liegt.
Zinsniveau	⇧ (⇩)	⇧ (⇩)	⇩ (⇧)	Beim Stillhalter: Call: Bei „gedeckten" Optionsgeschäften muss der Stillhalter bereits zum Zeitpunkt der Veräußerung der Option die Aktien besitzen. Daher erleidet er aufgrund der Kapitalbindung einen Zinsverzicht, der vom Käufer der Option zu zahlen ist. Der Zinsverzicht steigt mit Zunahme des Zinsniveaus und der Restlaufzeit an. Put: Der Verkäufer der Option hat zum Ausübungstag dem Käufer den Basispreis zu zahlen. Den dafür notwendigen Geldbetrag legt er bis zum Ausübungstermin verzinslich an. Mit Zunahme des Zinsniveaus fällt daher die Optionsprämie immer geringer aus.

⇧ höherer Wert/steigender Wert; ⇩ niedrigerer Wert/fallender Wert

7.4 Futures

Im Gegensatz zu Optionen gehören Futures zu den unbedingten Termingeschäften. Der Future beinhaltet die vertragliche Verpflichtung, zum Erfüllungszeitpunkt eine bestimmte Warenmenge (Basiswert, Underlying) zu einem im Voraus festgelegten Preis zu kaufen oder zu liefern. Bei der Ware kann es sich um Rohstoffe, Metalle und Nahrungsmittel (Warentermingeschäfte bzw. Commodity Futures) oder Rentenwerte, Aktien und Währungen handeln (Finanztermingeschäfte bzw. „Financial Futures"). In Abhängigkeit der dem Future zugrunde liegenden Ware können unterschieden werden:

- Aktienindex-Futures (beispielsweise DAX-Future),
- Zins-Futures (beispielsweise BUND-Future, Bobl-Future, Euribor-Future),
- Währungs-Futures.

Beispiel (Kauf eines Futures)

Basiswert:	verzinsliches Wertpapier mit Restlaufzeit 4 Jahre
Lieferung:	heute in einem Jahr
Kontraktpartner:	Julius (Käufer „geht Futures long") und Benedikt (Verkäufer „geht Futures short")
Future-Preis:	100 Euro
Abkommen:	Julius verpflichtet sich, die Anleihe für 100 Euro in einem Jahr zu kaufen. Benedikt verpflichtet sich, die Anleihe für 100 Euro in einem Jahr zu verkaufen.

Zwei Fälle lassen sich nun unterscheiden:

(1) Da die Zinsen zwischenzeitlich gefallen sind, ist der Marktpreis für die Anleihe in einem Jahr auf 105 Euro gestiegen. Julius erzielt einen Gewinn, denn er erwirbt die Anleihe zu 100 Euro und kann sie daraufhin zu 105 Euro verkaufen. Benedikt verliert, denn er muss die Anleihe zu 105 Euro kaufen, erhält jedoch von Julius nur 100 Euro.

(2) Da die Zinsen zwischenzeitlich gefallen sind, ist der Marktpreis für die Anleihe in einem Jahr auf 95 Euro gefallen. Julius erzielt einen Verlust, denn er erwirbt die Anleihe zu 100 Euro und kann sie daraufhin nur zu 95 Euro verkaufen. Benedikt gewinnt, denn er muss die Anleihe nur zu 95 Euro kaufen, erhält jedoch von Julius 100 Euro.

Oftmals ist es unmöglich, am Fälligkeitstag die konkrete Ware zu liefern. In solchen Fällen erfüllen die Vertragspartner ihre Pflicht durch einen Barausgleich („Cash Settlement"). Die Marktfähigkeit und damit Börsengängigkeit von Financial Futures wird einerseits durch einen hohen Standardisierungsgrad der gehandelten Ware in Bezug auf Warenart und Menge erreicht. Aufgrund dieser Handelsvereinfachung kann es dann zu einem börsentäglichen Preis, dem Future-Kurs, kommen. Andererseits stehen sich Käufer und Verkäufer eines Futures nicht direkt gegenüber. Als Vertragspartner beider Parteien tritt eine Clearingstelle ein, die nicht nur für eine Vertragserfüllung sorgt, sondern auch ein Bonitätsrisiko beider Parteien ausschließt. Um das Erfüllungsrisiko auszuschalten, sind die Vertragspartner eines Financial Futures verpflichtet, Geldleistungen (Margins) zu erbringen. Die Höhe dieser Margins ergibt sich börsentäglich aus den Änderungen des Future-Kurses.

Beispiel (Prinzip des Margin-Systems)

Beide Vertragspartner eines standardisierten Futures vereinbaren in drei Monaten die Lieferung und Abnahme einer Bundesanleihe im Nennwert von 100.000 Euro zu einem „heute" vereinbarten Kurs von 89%. Damit muss der Käufer des Futures (long position) am Fälligkeitstag 89.000 Euro bezahlen. Vereinfachend soll angenommen werden, dass eine Änderung des Future-Kurses nur zum Ende eines jeden Monats erfolgt.

(1) Future-Kurs fällt nach einem Monat auf 88%: Der Käufer (long position) des Futures muss dem Verkäufer (short position) 1.000 Euro zahlen.

(2) Future-Kurs steigt nach zwei Monaten auf 90%: Der Verkäufer des Futures muss dem Käufer 2.000 Euro zahlen.

(3) Schlusskurs nach drei Monaten beträgt 87%: Der Käufer des Futures muss dem Verkäufer 3.000 Euro zahlen.

Per Saldo erhält der Verkäufer des Futures damit einen Barausgleich in Höhe von 2.000 Euro.

Die bekanntesten Futures sind der DAX-Future und der BUND-Future:

(1) DAX-Future

- Basiswert: Deutscher Aktienindex
- Kontraktwert (Mindestauftragswert): Index · 25 Euro

DAX-Futures dienen beispielsweise der Absicherung eines dem DAX vergleichbaren Aktienpakets gegen Kursverluste. In diesem Fall wird ein Future-Kontrakt verkauft, d. h., der Käufer des Futures muss die Aktien am Erfüllungszeitpunkt zum „heute" festgelegten Future-Kurs abnehmen. Möchte man sich hingegen ein zukünftiges Aktienportfolio zu dem „heutigen" Future-Kurs sichern, muss ein DAX-Future gekauft werden. Am Erfüllungstag nimmt der Käufer dann den Aktienkorb zum festgelegten Future-Kurs ab. Dabei werden enorme Geldmengen bewegt. So wissen die Vertragspartner eines Futures bei einem Kurs von 5.000 Punkten beispielsweise, dass zum Termin 125.000 Euro (also 5.000 Euro · 25) geliefert und abgenommen werden müssen. Auch sind die Risiken eines solchen Geschäfts erheblich: Der Wertverlust des DAX um 100 Punkte führt bei einem Kontrakt automatisch zu einer Einschusspflicht von 2.500 Euro.

Beispiel (DAX-Future)

Ein Fondsmanager möchte Mitte März das nach dem DAX strukturierte Aktienportfolio (das Sondervermögen) gegen fallende Kurse absichern und verkauft einen DAX-Future zu 7.100 an der EUREX.

Das bedeutet zunächst:

- Der Fondsmanager eröffnet ein Futuregeschäft. Dieser Vorgang wird
- „opening" genannt.
- Der Fondsmanager verpflichtet sich zum Fälligkeitstermin, dem Käufer des Futures das Sondervermögen (den DAX) zu liefern.
- Im Gegenzug erhält der Fondsmanager 25 · 7.100 Euro = 177.500 Euro.

Der Future wird fällig und das Geschäft wird erfüllt. Zwischenzeitlich ist der DAX zum Fälligkeitstag des Futures tatsächlich auf 6.100 Punkte gefallen.

Der Fondsmanager liefert: (–) 25 · DAX =	152.500 Euro (Sondervermögen)
Der Fondsmanager erhält: (+)	177.500 Euro (vereinbarter Preis)
Gewinn	25.000 Euro
Der Future-Käufer erhält: (+) 25 · DAX =	152.500 Euro (Sondervermögen)
Der Future-Käufer zahlt: (–)	177.500 Euro (vereinbarter Preis)
Verlust	25.000 Euro

Praktisch wird nur der Barausgleich in Höhe von 25.000 Euro an den Fondsmanager geleistet. Die im DAX vertretenen Wertpapiere selbst werden nicht dem Future-Käufer übertragen.

Oftmals kann die durch den Future-Kauf oder Future-Verkauf eingegangene Verpflichtung durch ein Gegengeschäft kompensiert („glattgestellt" oder „geschlossen") werden.

Bei der Glattstellung

- werden die Zahlungsströme eines gekauften Kontraktes mit den Zahlungsströmen eines verkauften gleichen Kontraktes zum Fälligkeitstermin aufgerechnet und
- die Zahlungsströme eines verkauften Kontraktes mit den Zahlungsströmen eines gekauften gleichen Kontraktes zum Fälligkeitstermin aufgerechnet.

(2) BUND-Future

- Basiswert: Fiktive Bundesanleihe mit einer Nominalverzinsung von 6 % und einer Restlaufzeit von 8,5 bis 10,5 Jahren
- Kontraktwert (Mindestauftragswert): 100.000 Euro

BUND-Futures dienen beispielsweise der Absicherung eines Rentenportfolios gegen unerwünschte Zinsänderungen. Soll eine im Depot befindliche Anleihe später verkauft werden, kann man sich gegenüber steigenden Zinsen und Kursverlusten mit dem Verkauf eines BUND-Futures absichern.

Die Entwicklung des BUND-Futures dient oftmals der Zinsprognose:

- Ein steigender Kurs des BUND-Futures signalisiert die wachsende Bereitschaft, BUND-Futures zu erwerben. Der Käufer des Futures erwartet demnach steigende Anleihekurse bzw. fallende Zinsen. Konjunkturtechnisch ausgedrückt: Es wird eine Stagnation oder sogar Rezession erwartet.
- Ein fallender Kurs des BUND-Futures signalisiert die wachsende Bereitschaft, BUND-Futures zu verkaufen. Der Verkäufer des Futures erwartet demnach fallende Anleihekurse bzw. steigende Zinsen. Konjunkturtechnisch ausgedrückt: Es wird mit einem konjunkturellen Aufschwung gerechnet.

8 Wertpapiersonderformen mit Kapitalgarantie

8.1 Anleihen mit variablem Zins

8.1.1 Standardfloater

Floater gehören zu den variabel verzinslichen Wertpapieren. Berechnungsgrundlage für die zum jeweiligen Zinstermin fällige Zinszahlung ist die in der Vorperiode ermittelte Höhe des Euribors. Beim Euribor handelt es sich um einen börsentäglich ermittelten Durchschnittszins, zu dem sich Banken untereinander Geld ausleihen.

Beispiel (Floater)

Emissionsdaten:

- Zinszahlung jährlich zum 01.01. (Grundlage: 12-Monats-Euribor)
- Emissionsdatum: 01.01.01
- Emissionskurs: 100 %
- Laufzeit: 5 Jahre

Zum 01.01.01 wird der 12-Monats-Euribor mit 4 % taxiert. Diese Zinszahlung ist nachträglich am 01.01.02 fällig.

Während des Zeitraums vom 01.01.01 bis 01.01.02 steigen die Zinsen auf 6 % an. Da während des laufenden Jahres keine Zinsen gezahlt werden, fällt zunächst der Kurswert des Floaters. Zum Ende der betrachteten Periode wird der Kurswert dagegen auf 100 % steigen, da zum Zinstermin der dann aktuelle Euribor in Höhe von 6 % für den nächsten Zinszahlungstermin vom 01.01.02 bis zum 01.01.03 festgelegt wird.

8.1.2 Reverse Floater

Bei einem Reverse Floater verändert sich die Höhe der Zinszahlung entgegengesetzt der Entwicklung des Euribors. Damit fällt bei einem

- Anstieg des Euribors die Zinszahlung immer geringer aus,
- Rückgang des Euribors die Zinszahlung immer höher aus.

Um die Kursentwicklung eines Reverse Floaters bestimmen zu können, ist seine Grundstruktur zu analysieren. Synthetisch besteht der Reverse Floater aus folgenden elementaren Bausteinen:

Der Investor bzw. Kapitalanleger nimmt für 1 Jahr Fremdkapital von 100 Euro auf. Dafür vereinbart er mit seinem Kreditgeber eine variable Verzinsung in Höhe des Euribors:

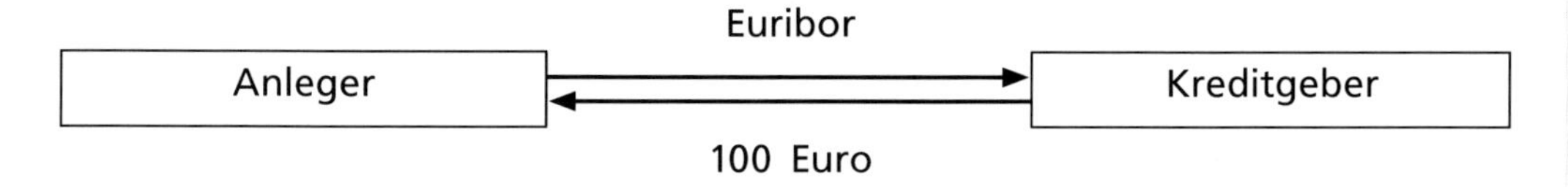

Anschließend legt der Investor den erhaltenen Kreditbetrag und Eigenkapital von ebenfalls 100 Euro festverzinslich für 1 Jahr an. Er vereinnahmt zum Fälligkeitstermin damit x % Zinsen pro 100 Euro Nennwert:

Handbuch der privaten Kapitalanlage

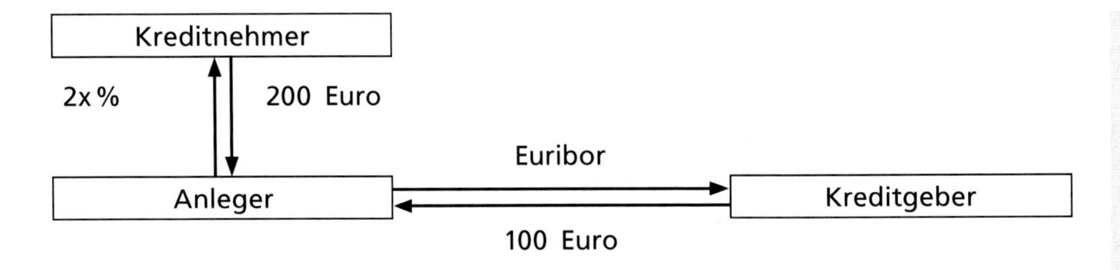

Saldiert ergibt sich damit:

Zinsertrag	2x %	Investitionsbetrag	200
– Zinsaufwand	– Euribor	– Kreditbetrag	– 100
= Ergebnis	**2x % – Euribor**	**= Ergebnis**	**100**

Beispiel (Reverse Floater)

Emissionsbedingungen:

- Zinszahlung jährlich zum 01.01. (Grundlage: 12-Monats-Euribor)
- Variable Verzinsung: 10 % – Euribor
- Emissionsdatum: 01.01.01
- Emissionskurs: 100 %
- Laufzeit: 5 Jahre

Szenario 1: Der Euribor fällt auf 2 %. Die Zinsausschüttung beträgt 8 %

Szenario 2: Der Euribor steigt auf 7 %. Die Zinsausschüttung beträgt 3 %.

Bezüglich der Kursentwicklung können zwei Szenarien unterschieden werden:

- Die Kapitalmarktzinsen fallen. Da die Zinslast variabel vereinbart wurde, beträgt der Kurswert der Schuld (des Floaters) unverändert ca. 100 %. Das mit Eigen- und Fremdkapital finanzierte festverzinsliche Wertpapier wird im Kurs dagegen steigen. Der Kursanstieg eines Reverse Floaters fällt allerdings stärker aus als bei einer traditionellen Anleihe, da ja der doppelte Betrag des Kreditvolumens in die festverzinsliche Anleihe investiert wurde.
- Die Kapitalmarktzinsen steigen. Da die Zinslast variabel vereinbart wurde, beträgt der Kurswert der Schuld (des Floaters) unverändert ca. 100 %. Das mit Eigen- und Fremdkapital finanzierte festverzinsliche Wertpapier wird im Kurs dagegen fallen. Der Kursrückgang eines Reverse Floaters fällt allerdings stärker aus als bei einer traditionellen Anleihe, da ja der doppelte Betrag des Kreditvolumens in die festverzinsliche Anleihe investiert wurde.

Bei der Konstruktion der Kreditaufnahme von 100 Euro und gleichzeitiger Anlage dieses Volumens handelt es sich um ein so genanntes Swap-Geschäft. Dabei nimmt zunächst der Investor den Kreditbetrag auf und verpflichtet sich zur Zahlung eines variablen Zinssatzes, gleichzeitig legt der Investor den Betrag an und empfängt einen Festzins:

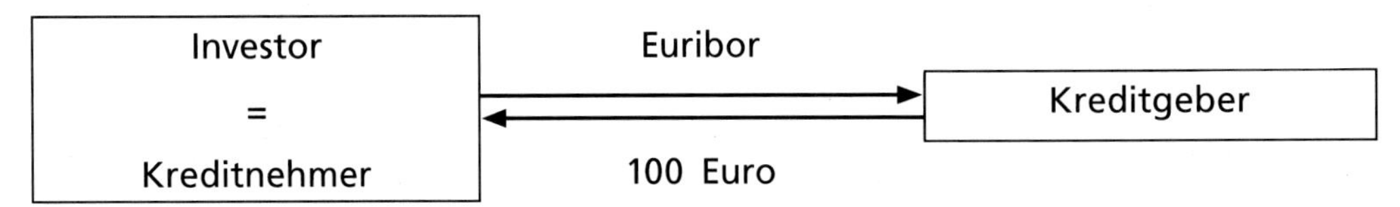

Da sich die nominalen Zahlungsströme ausgleichen, werden bei einem Zinsswap-Geschäft nur die Zinssätze getauscht. Der Receiver empfängt den Festzins, der Payer erhält den variablen Zins:

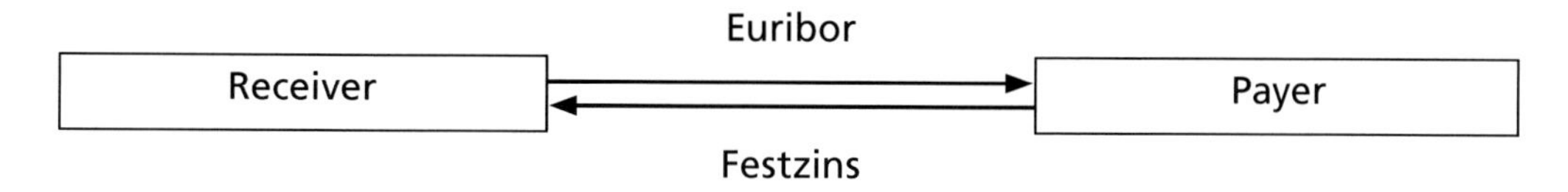

Der Reverse Floater besteht damit aus einem Festzinsgeschäft bei gleichzeitigem Abschluss eines Swap-Geschäftes.

8.1.3 Cap Floater

Der Cap Floater sichert den Emittenten vor Zinszahlungen ab, die über einer vereinbarten Zinsobergrenze (Cap) liegen. Der Kapitalanleger erwirbt einen Standardfloater und verkauft gleichzeitig an den Emittenten ein Bündel von Call-Optionen. Der Erlös aus dem Optionsverkauf wird dem Anleihegläubiger grundsätzlich über einen festgelegten Aufschlag auf den Referenzwert (Euribor) vergütet. Selten erfolgt ein Abschlag vom Kurswert des Floaters. Sofern der aktuelle Zinssatz über dem Cap liegt, erfolgt bei Optionsausübung zugunsten des Anleiheemittenten eine Ausgleichszahlung in Höhe der Differenz aus dem aktuellen Zins und dem Cap.

Beispiel (Cap Floater)

Beträgt der Cap beispielsweise 6 % und das aktuelle Kapitalmarktzinsniveau liegt bei 8 %, erhält der Anleihegläubiger den Zins in Höhe von 8 % vergütet. Gleichzeitig wird die Call-Option ausgeübt und der Anleihegläubiger hat dem Emittenten die Differenz aus aktuellem Kapitalmarktzins und Cap (Basispreis) zu vergüten, also 2 %.

Cap Floater reagieren auf steigende Zinsen mit Kursrückgängen. Da gleichzeitig die Höhe der empfangenen Optionsprämie zunimmt, reduziert sich der Einstiegspreis umlaufender Cap Floater allerdings wesentlich deutlicher als bei Standardanleihen.

8.1.4 Floor Floater

Der Floor Floater sichert den Kapitalanleger vor Zinserträgen ab, die unter einer vereinbarten Zinsuntergrenze (Floor) liegen. Der Kapitalanleger erwirbt einen Standardfloater und ein Bündel von Put-Optionen. Sofern der aktuelle Zinssatz unter dem Floor liegt, erfolgt bei Optionsausübung zugunsten des Kapitalanlegers eine Ausgleichszahlung in Höhe der Differenz aus dem Floor und dem aktuellen Zins.

Beispiel (Floor Floater)

Beträgt der Floor beispielsweise 3 % und das aktuelle Kapitalmarktzinsniveau liegt bei 1 %, erhält der Anleihegläubiger den Zins in Höhe von 1 % vergütet. Gleichzeitig wird die Put-Option ausgeübt und der Anleiheemittent hat dem Anleger die Differenz aus dem Floor (Basispreis) und dem aktuellen Kapitalmarktzins zu vergüten, also 2 %.

Floor Floater reagieren auf stark fallende Zinsen und steigende Optionsprämien mit deutlich stärkeren Kursgewinnen als Standardanleihen.

8.2 Festzinsanleihen mit Kündigungsrecht

Bewertungstechnisch komplexer gestaltet sich die kündbare Anleihe. Da der Emittent zum jeweiligen Zinstermin das Wahlrecht hat, die Anleihe zu kündigen, ist die Zahlungsreihe für den Investor im Vorfeld unbekannt. Dieses Anlagerisiko wird ihm in Form einer höheren Rendite vergütet. Der gegenüber Standardanleihen gewonnene Mehrertrag lässt sich dabei als Erlös mehrerer dem Emittenten verkaufter Optionen mit Kündigungsrecht interpretieren.

Zur Bestimmung der Kursentwicklung ist das Wertpapier in seine Komponenten zu zerlegen. Basisinstrument ist erneut ein Floater, der dem Anleger bei Kündigung zum Zinstermin einen „Kündigungs"-kurs von 100 % garantiert. Gleichzeitig erhält der Anleger aus dem Floater eine variable Verzinsung:

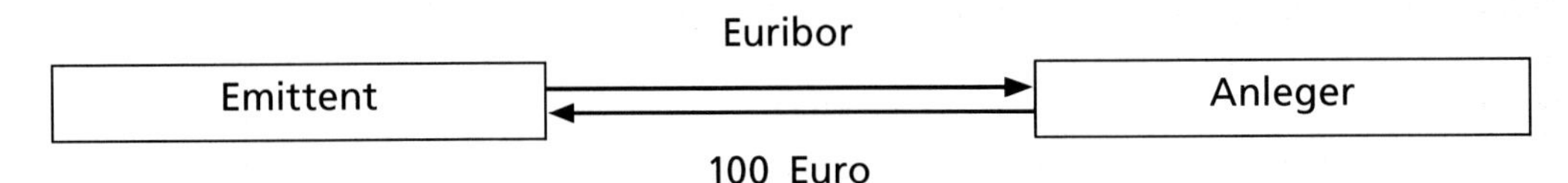

Der zum Zinstermin erhaltene variable Zins wird durch ein Swapgeschäft in den Erhalt eines Festzinses umgewandelt:

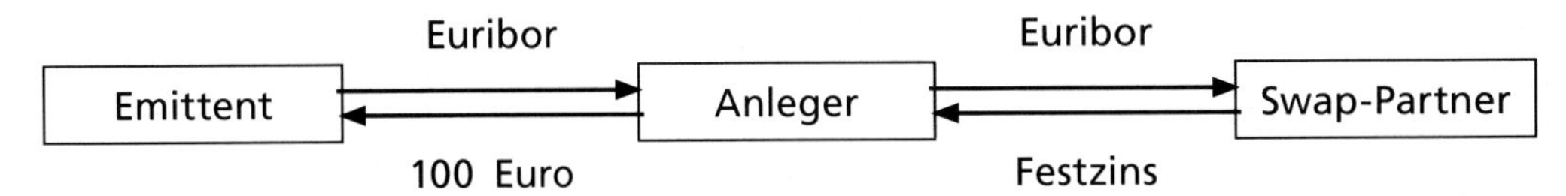

Der dritte Baustein der kündbaren Anleihe ist die Option auf einen Swap, eine Swaption. Damit wird das Recht eingeräumt, den Festzins gegen einen variablen Zins in der folgenden Zinsperiode zu tauschen.

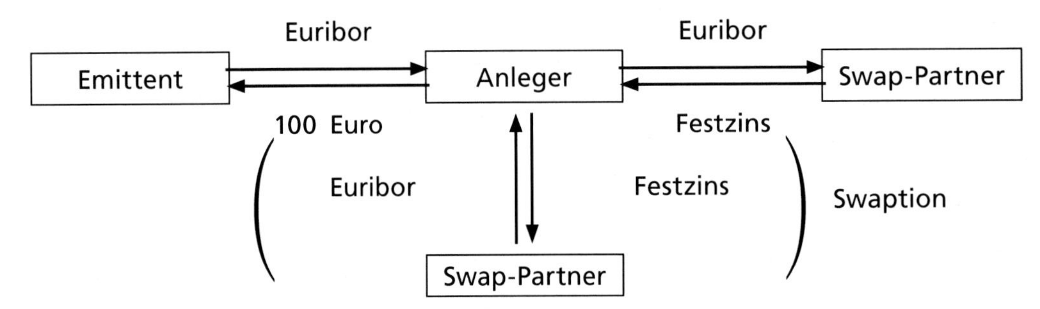

Zum jeweiligen Zinstermin gilt bezüglich der Swaption:

- Wird die Option vom Emittenten nicht ausgeübt, verlängert sich die Laufzeit der Anleihe um ein weiteres Jahr. Der Anleger erhält weiterhin den vereinbarten Festzins. Das wird regelmäßig dann der Fall sein, wenn sich das emittierende Unternehmen nicht günstiger refinanzieren kann.

- Übt der Emittent die Option aus, wird der dem Anleger in der nächsten Zinsperiode zustehende Festzins durch den für die nächste Zinsperiode gültigen marktnahen Zins ersetzt. Gleichzeitig erfolgt die Kündigung des Floaters zum Kurs von 100 %. Das wird regelmäßig dann der Fall sein, wenn das Kapitalmarktzinsniveau unterhalb des Zinskupons der Anleihe liegt.

Bezüglich der Kursentwicklung gilt:

- Je niedriger der Kapitalmarktzins gegenüber dem Festzins der kündbaren Anleihe ist, umso höher ist die Wahrscheinlichkeit der Optionsausübung und damit Kündigung der Anleihe zu Lasten des Anlegers. Damit steigt der Kurs einer kündbaren Anleihe weniger stark an als der Kurs einer Standardanleihe ohne Kündigungsrecht. Die Renditewartung ist aufgrund des günstigeren Kurses höher als bei nicht kündbaren Anleihen.
- Je höher der Kapitalmarktzins über dem Zinssatz der kündbaren Anleihe liegt, desto unwahrscheinlicher wird eine Kündigung zu Lasten des Anlegers. Da die Option damit wertlos ist und keinen Einfluss auf den Kurs der kündbaren Anleihe ausübt, dürfte die negative Kursentwicklung der kündbaren Anleihe in etwa der Kursentwicklung einer Standardanleihe ohne Kündigungsrecht entsprechen.

Das für Festzinsanleihen mit Kündigungsrecht Gesagte gilt im Grundsatz auch für Stufenzinsanleihen mit Kündigungsrecht. Vom Barwert der Stufenzinsanleihe (Kurswert einschließlich Stückzinsen) abzuziehen sind die vom Emittenten nach dem Black-Scholes-Modell bewerteten Optionsprämien, sodass sich daraus für den Anleger ein günstiger Einstiegspreis, verbunden mit einer gegenüber Standardanleihen, höheren Rendite ergibt.

8.3 Optionsanleihen

Börsennotierte Optionsanleihen cum stellen eine Kombination aus festverzinslichem Wertpapier (= Optionsanleihe ex) und Optionsschein dar. Während die Optionsanleihe ex als eigenständiges Wertpapier eine feste Grundverzinsung garantiert, dient der Call-Optionsschein der Möglichkeit, zu einem festgelegten Termin und Bezugspreis Aktien des Unternehmens zu erwerben. Für den Kapitalanleger ist mit dem Erwerb einer Optionsanleihe cum eine garantierte Verzinsung bei gleichzeitiger Möglichkeit der Teilnahme an steigenden Aktienkursen (bzw. Kurszuwächsen des Optionsscheins) verbunden.

8.4 Wandelanleihen

Der Inhaber dieses börsennotierten Papiers erhält neben einer festen Verzinsung das Recht, die Anleihe innerhalb einer festgelegten Wandlungsfrist in Aktien zu einem im Vorfeld festgelegten Wandlungspreis umtauschen zu können. Bei den seltenen Zwangswandelanleihen besteht die Wandlungspflicht. Damit wird Fremdkapital in unternehmerisches Eigenkapital umgewandelt. Ein Umtausch ist nur dann lohnend, wenn der Aktienkurs zum Wandlungszeitpunkt über dem festgesetzten Wandlungspreis liegt.

Der Kurswert von Wandelanleihen hängt nicht nur von Veränderungen des Renditeniveaus verzinslicher Wertpapiere, sondern auch vom Aktienkurs des jeweiligen Werts ab. Damit unterliegen Wandelanleihen einem Zins- und Aktienkursänderungsrisiko. Vor zwischenzeitlichen Kapitalerhöhungen und damit fallenden Aktienkursen ist der Gläubiger durch eine „Verwässerungsklausel" geschützt, die dem Anleger und Altaktionär ein Bezugsrecht auf die Aktien einräumt. Bei Verzicht auf Wandlung wird die Anleihe planmäßig zum Laufzeitende getilgt.

Ob gegenwärtig der Direkterwerb der Aktie oder der Aktienerwerb über die Wandelanleihe lohnender erscheint, kann mit dem Wandlungsaufgeld bestimmt werden. Dabei werden sämtliche mit der Wandlung zusammenhängenden Kosten (Kurswert der Anleihe, Stückzinsen, Zuzahlungen) mit den Kosten des Direkterwerbs verglichen:

$$\text{Aufgeld} = \frac{\text{Wandlungskosten} - \text{Kurswert}_{\text{Aktie}}}{\text{Kurswert}_{\text{Aktie}}} \cdot 100\,\%$$

Die Wandlungskosten berechnen sich aus:

$$\text{Wandlungskosten} = \frac{\text{Nennwert} \cdot \text{Kurswert}_{\text{Anleihe}} + \text{Stückzins} + \text{Wandlungspreis}}{\text{Anzahl umzutauschender Aktien}}$$

8.5 Garantiezertifikate

Das Garantiezertifikat begrenzt zum Zeitpunkt seiner Endfälligkeit, eine gute Bonität des Emittenten vorausgesetzt, das Verlustrisiko auf 0. Während der Laufzeit sind jederzeit Kursschwankungen möglich.

Im Grundsatz besteht ein Garantiezertifikat aus zwei Bausteinen: Einem Zerobond und einem Indexzertifikat.

Zum Fälligkeitstermin des Garantiezertifikats erhält der Anleger dann

- den aktuellen Wert des Indexzertifikats und
- den Zerobond zu 100 %

zurückgezahlt.

Beispiel (Garantiezertifikat)

Es soll ein künstliches Garantiezertifikat mit einer Laufzeit von zwei Jahren konstruiert werden. Das Kapitalmarktzinsniveau für Zerobonds mit einer Restlaufzeit von zwei Jahren betrage 4 %.

1) Zerobond: Um nach zwei Jahren zumindest das investierte Kapital von beispielsweise 100.000 Euro zu erhalten, müssen investiert werden:

$$\frac{100.000 \text{ Euro}}{1{,}04^2} = 92.460 \text{ Euro}$$

2) Der Differenzbetrag (100.000 Euro – 92.460 Euro) wird in einen breit gefächerten Aktienkorb investiert, beispielsweise in ein Indexzertifikat auf den DAX.

Unabhängig zwischenzeitlicher Aktienkursentwicklungen erhält der Anleger auf jeden Fall sein investiertes Vermögen zurück. Müsste er allerdings sein „synthetisches" Garantiezertifikat innerhalb der zwei Jahre veräußern müssen, erzielt er vermutlich einen von 100.000 Euro abweichenden Preis.

Garantiezertifikate können in Zeiten fallender Zinsen eine die Rendite steigernde Beimischung im Depot sein: Zum einen wird der Kurs des Zerobonds bei fallendem Marktzinsniveau ansteigen, zum anderen können fallende Zinsen sich durchaus auch stimulierend auf die Aktienmärkte auswirken.

9 Wertpapiersonderformen ohne Kapitalgarantie

9.1 Full-Indexzertifikate

Bei an der Börse notierten Full-Indexzertifikaten partizipiert der Anleger an einem Korb unterschiedlicher Aktien (Basket) oder einem Index. Es erfolgen weder laufende Dividendenausschüttungen noch ist die Rückzahlung des eingesetzten Kapitals garantiert. Mit dem Erwerb dieses mit relativ kurzen Laufzeiten (ca. zwei Jahre) ausgestatteten Wertpapiers verfolgt der Anleger oftmals spekulative Interessen. Wäre man mit dem Erwerb eines Indexzertifikats zu 100 % an einem Index beteiligt, müssten für das Wertpapier eben auch 100 % des Indexstands bezahlt werden. Eine Marktgängigkeit wäre damit kaum gegeben. Daher emittieren Kreditinstitute Indexzertifikate oftmals mit einem Bezugsverhältnis von 10:1 oder 100:1.

Beispiel (Zertifikat)

Der DAX notiere aktuell bei 7.000 Punkten. Der Erwerber eines Zertifikats mit einem Bezugsverhältnis von 100:1 erwirbt damit einhundertstel des Indexstands, also 70 Euro. Steigt (fällt) der DAX um 10 Punkte, erhöht (verringert) sich der Wert des Zertifikats um 0,10 Euro auf 70,10 Euro (69,90 Euro).

Bei der Auswahl eines Indexzertifikats auf Aktienindizes ist darauf abzustellen, ob das Basisinstrument ein Kurs- oder Performanceindex ist.

- Reine Kursindizes reflektieren die Wertentwicklung eines konstant gehaltenen Wertpapierdepots. Da Dividendenausschüttungen der einzelnen Aktientitel nicht in den Index reinvestiert werden, führen sie zu einem Kursrückgang des Index. Der Dow-Jones-Index beispielsweise ist ein Kursindex.
- Performanceindizes reflektieren die Wertentwicklung eines Wertpapierdepots, bei dem Dividendenausschüttungen der einzelnen Aktientitel in den Index reinvestiert werden. Ausschüttungen führen daher zu keinem Indexrückgang. Der DAX beispielsweise ist ein Performanceindex. Aufgrund der Reinvestition ausgeschütteter Dividenden schneidet ein Performanceindex grundsätzlich besser als der Kursindex ab.

Beispiel (Vergleich Performance-, Kursindex)

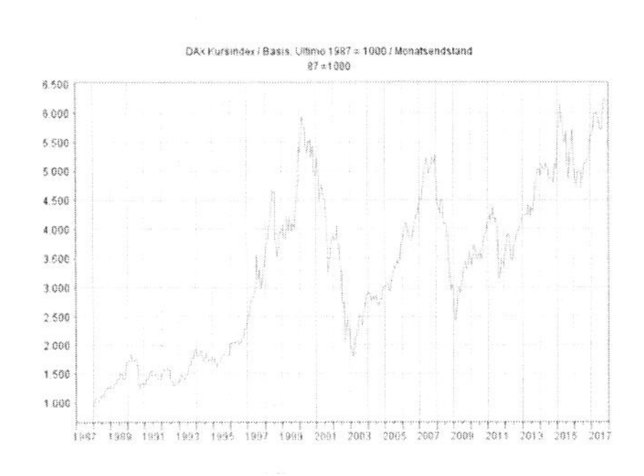

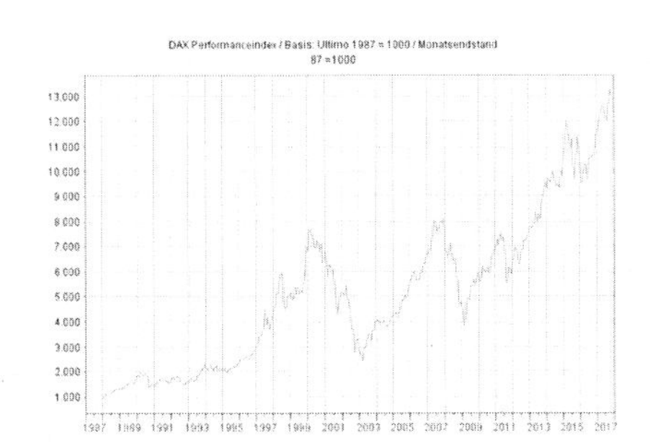

Quelle: Deutsche Bundesbank 2017

Aufgrund der reinvestierten Gewinnausschüttungen schneidet der DAX-Performanceindex dauerhaft besser als der Kursindex ab.

Von den Indexzertifikaten sind die an der Börse gehandelten reinen Indexfonds, auch Exchange Traded Funds (ETF) genannt, zu unterscheiden. Diese bilden passiv ohne Einschaltung eines aktiven Fondsmanagements einen bestehenden Aktienindex nach. Im Gegensatz zu einem Indexzertifikat, dessen Rückzahlung vom Emittenten des Zertifikats abhängt, fließt das von den Anlegern investierte Kapital nicht in die Vermögensmasse der Kapitalanlagegesellschaft oder eines Kreditinstituts ein.

Der Erwerb von ETF verursacht für die Anleger relativ geringe Gebühren, da das passive Nachbilden eines Index für die Fondsgesellschaft deutlich günstiger ist als das aktive Fondsmanagement. Zudem werden Indexfonds-Orders an der deutschen Börse im Handelssegment XTF über das Handelssystem XETRA relativ zügig abgewickelt, was grundsätzlich für faire An- und Verkaufspreise sorgen sollte.

9.2 Aktienanleihen

Bei Aktienanleihen handelt es sich um hochverzinsliche Wertpapiere kürzerer Laufzeit. Der Emittent (beispielsweise ein Kreditinstitut) behält sich bei Fälligkeit der Anleihe das Wahlrecht vor, entweder

- den Nennbetrag (= begrenzte Gewinnchance) zurückzuzahlen oder
- eine festgelegte Anzahl von Aktien eines Unternehmens anzudienen.

Sofern der Wert des Aktienpakets geringer als der Nennwert der Anleihe notiert, wird in Aktien getilgt. Daher muss der Anleger bei stark fallenden Aktienkursen erhebliche Verluste in Kauf nehmen.

Bei dem Erwerb einer Aktienanleihe handelt es sich für den Anleihegläubiger wirtschaftlich betrachtet um eine

- Geldanlage mit einer Grundverzinsung (Festzinskomponente) und
- gleichzeitigem Verkauf einer Put-Option und damit Zahlung einer „Stillhalterprämie" durch den Emittenten (Optionskomponente).

Aus Grundverzinsung und Stillhalterprämie resultiert eine erheblich über dem Kapitalmarktzinsniveau liegende Nominalverzinsung.

Die Wertentwicklung einer Aktienanleihe hängt von unterschiedlichen Komponenten ab: Die Festzinskomponente wird vom Renditeniveau des Anleihemarktes beeinflusst. Fallen (steigen) die Kapitalmarktzinsen, steigt (fällt) der Kurs der Festzinskomponente und damit auch der Aktienanleihe.

Komplexer verhält es sich mit der Optionskomponente. Steigt (fällt) deren Wert, fällt (steigt) der Kurs der Aktienanleihe. Dies lässt sich folgendermaßen begründen:

- Steigende Aktienkurse (beispielsweise aufgrund einer hohen Bonität der AG) führen zu einer zunehmenden Unattraktivität der Put-Option, da die Wahrscheinlichkeit einer Aktienandienung fällt. Die Höhe der dem Anleger zuerkannten Stillhalterprämie verringert sich. Daher wird bei sonst unveränderten Rahmenbedingungen der Kurswert der Aktienanleihe steigen.
- Fallende Aktienkurse hingegen erhöhen die Wahrscheinlichkeit einer Aktienandienung. Der Wert der Stillhalterprämie erhöht sich und der Kurswert der Aktienanleihe wird fallen.

Zudem steigt bei einer hohen Aktienvolatilität die Gefahr, dass die Put-Option ausgeführt wird. Der Kurs der Aktienanleihe geht also zurück. Eine Abnahme der Volatilität führt umgekehrt zu steigenden Anleihekursen, da sich die Wahrscheinlichkeit einer Aktienandienung reduziert. Aufgrund der zunehmenden Attraktivität wird der Kurs der Anleihe anziehen.

Außerdem gilt: Je unwahrscheinlicher eine Aktienandienung aufgrund steigender Aktienkurse ist, umso eher wird der Wert der Aktienanleihe durch das Renditeniveau verzinslicher Wertpapiere bestimmt. Bei fallenden Aktienkursen wird hingegen die Optionspreiskomponente zunehmend kursbestimmend werden.

Beispiel (Aktienanleihe)

Der Nennwert einer Aktienanleihe betrage 1.000 Euro. Bei Fälligkeit behält sich die Emittentin das Recht vor, in 20 Aktien des Unternehmens XY zu tilgen. Das bedeutet: Die Aktienandienung wird durchgeführt, sofern die Aktie den Kurs von 50 Euro unterschreitet.

Aktienkurs	Rückzahlung	Zins	Summe	Rendite
0	0	100	100	– 90 %
10	200	100	300	– 70 %
20	400	100	500	– 50 %
30	600	100	700	– 30 %
40	800	100	900	– 10 %
50	1000	100	1100	10 %

Eine Rendite von 0 % wird zumindest noch dann erreicht, wenn der Aktienkurs einen Wert („Break-Even-Kurs") von 45 Euro nicht unterschreitet:

$$\text{Break-even-Kurs} = \frac{1000\text{ Euro} - 100\text{ Euro}}{20} = 45\text{ Euro}$$

9.3 Discountzertifikate

Mit dem Kauf eines Discountzertifikates erhält der Anleger zum Fälligkeitstermin entweder

- einen Höchstbetrag ausgezahlt (Cap), sofern die dem Zertifikat zugrunde liegende Aktie über dem Cap notiert bzw. ihn gerade erreicht (Gewinnbegrenzung nach oben), oder
- ein Aktienpaket, sofern die dem Zertifikat zugrunde liegende Aktie unter dem Cap notiert (= unbegrenztes Verlustrisiko).

Bei dem Erwerb eines Discountzertifikats handelt es sich für den Anleger wirtschaftlich betrachtet um

- den Kauf einer Aktie zum aktuellen Kurs und
- gleichzeitigen Verkauf einer Call-Option.

Während die Stillhalterprämie bei Aktienanleihen über die laufende Verzinsung vergütet wird, erfolgt sie bei Discountzertifikaten über einen einmaligen Abschlag (Discount).

Im Prinzip bestimmt sich der Kurs eines Discountzertifikats modellhaft aus der Differenz zwischen Aktienkurs und vereinnahmter Call-Prämie: Steigende (fallende) Aktienkurse führen dann bei sonst unveränderten Bedingungen zu steigenden (fallenden) Zertifikatkursen. Steigende (fallende) Call-Prämien führen bei sonst unveränderten Bedingungen zu fallenden (steigenden) Zertifikatkursen. Auch die Restlaufzeit beeinflusst den Kurs eines Discountzertifikats. So führt eine Verringerung der Restlaufzeit zu einem zunehmenden Zeitwertverfall der Option. Dies führt bei sonst unveränderten Bedingungen unter Umständen zu einem Kursanstieg des Zertifikats.

Da die Volatilität der Aktien gerade in konjunkturellen Abschwungphasen zunimmt, verliert die Option während dieser Zeitspanne deutlich an Wert. Die Wertentwicklung des Discountzertifikats dürfte damit der Wertentwicklung des Basiswerts entsprechen. Sofern der Aktienkurs den Cap deutlich übertrifft, wird der Optionspreis zunehmend durch seinen inneren Wert bestimmt. Der Wert des Zertifikates entspricht dann gerade dem Cap, denn es gilt:

Aktienkurs – (Aktienkurs – Cap) = Cap, wobei

der Saldo (Aktienkurs – Cap) den inneren Wert der Option darstellt.

Beispiel (Konstruktion eines Discountzertifikates)

Ein Discountzertifikat wird zu 270 Euro emittiert. Notiert zum Fälligkeitstermin die dem Zertifikat zugrunde liegende Aktie zu 310 Euro (Cap) oder mehr, wird der Differenzbetrag in Höhe von 40 Euro vergütet, ansonsten wird eine eventuell wertlose Aktie ins Depot gebucht. In Abhängigkeit des Aktienkurses bei Fälligkeit ergibt sich folgende Gewinn-Verlust-Situation:

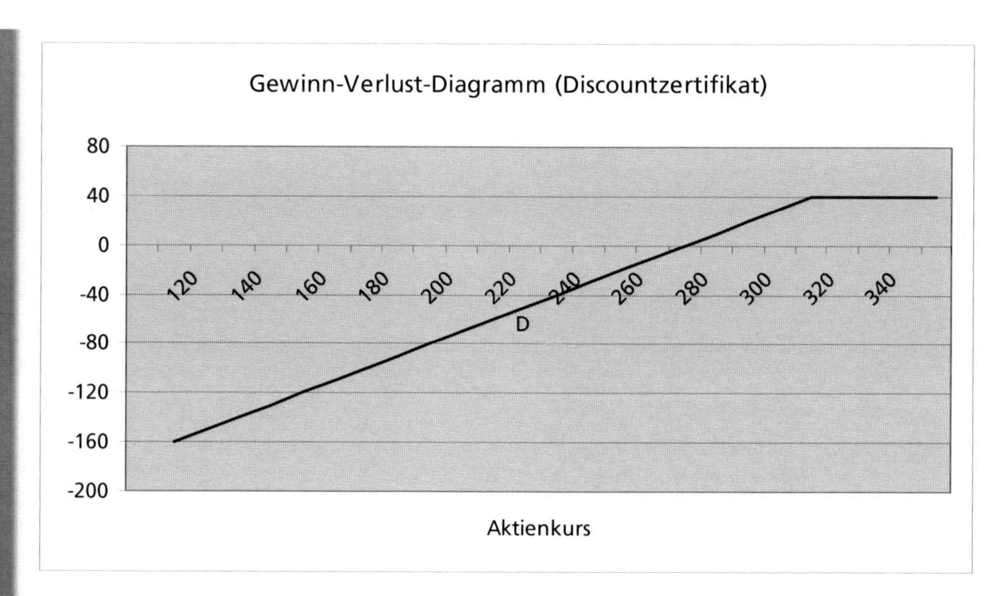

Zur Konstruktion des Zertifikats:

Die Aktie koste im Direkterwerb 300 Euro. Gleichzeitig wird eine Call-Option mit Basispreis 310 Euro zu einem Kurswert von 30 Euro verkauft. Per Saldo hat der Anleger damit 270 Euro für die Aktie ausgegeben. Liegt der Aktienkurs zum Fälligkeitstermin der Option bei 310 Euro oder höher, ist dem Optionsinhaber die Aktie gegen Zahlung des Basispreises zu liefern, ansonsten wird die Option verfallen.

9.4 Bonuszertifikate

Mit Bonuszertifikaten wird der Nachteil des Discountzertifikats, der Gewinnbegrenzung nach oben, konstruktionsbedingt umgangen. Bonuszertifikate partizipieren an der Kursentwicklung eines dem Zertifikat zugrunde liegenden Basiswerts (Einzelaktien oder Aktienindex). Allerdings wird die Kursentwicklung des ausgewählten Basiswerts nicht 1:1 durch ein Bonuszertifikat nachgebildet. Denn wäre man mit dem Erwerb des Zertifikats zu 100 % an einem Index beteiligt, müssten für das Wertpapier eben auch 100 % des Indexstands bezahlt werden, was der Marktgängigkeit solcher Wertpapiere eher schaden würde. Daher emittieren Kreditinstitute Bonuszertifikate oftmals mit einem Bezugsverhältnis von 10:1 oder 100:1.

Das emittierende Kreditinstitut legt ausgehend vom aktuellen Kurs des Basiswerts eine obere („Bonusniveau") und untere Sicherheitsschwelle („Barriere") fest. Der Preis dafür ist der Verzicht auf Erhalt einer Dividende. Am Laufzeitende des Zertifikats sind Art und Höhe der Rückzahlung an den Anleger von der Entwicklung des Basiswerts abhängig.

Folgende Szenarien sind denkbar:

- Szenario 1: Während der Laufzeit wird die untere Sicherheitsschwelle nicht erreicht oder nicht nach unten durchbrochen:
  - Zum Laufzeitende liegt der Basisindex innerhalb der beiden Sicherheitsschwellen. Der Anleger erhält einen fixen Betrag („Bonusbetrag") zurück.
  - Zum Laufzeitende liegt der Basisindex über der oberen Sicherheitsschwelle. Der Anleger erhält den unter Berücksichtigung des Bezugsverhältnisses aktuellen Wert des Basisindex.

- Szenario 2: Während oder am Ende der Laufzeit wird zumindest einmal die untere Sicherheitsschwelle berührt oder sogar nach unten durchbrochen:

  Dem Anleger wird zum Laufzeitende der aktuelle Wert des Basisinstruments gezahlt und der Bonusbetrag verfällt. Ein gänzlicher Verlust des investierten Kapitals ist nicht auszuschließen. Sofern sich der Index von seinem Tiefstand unterhalb der Barriere deutlich erholen sollte, sind ebenso Gewinne möglich.

Beispiel (Bonuszertifikat)

Produkt	**Bonuszertifikat**
Basiswert	DAX
Startwert	8.000
Verhältnis	100:1
Untere Barriere	5.600
Obere Bonusschwelle	8.800
Laufzeit	2 Jahre
Bonusbetrag	88 Euro
Emissionspreis	80 Euro

Szenario 1: Der Index berührt die untere Barriere zu keinem Zeitpunkt und liegt am Laufzeitende bei 5.700 Punkten. Der Anleger erhält 88 Euro zurück.

Szenario 2: Der Index steigt, ohne zwischenzeitlich die untere Barriere zu berühren, und notiert am Laufzeitende bei 8.900 Punkten. Der Anleger erhält 89 Euro zurück (Rendite nach ISMA 5,48 %).

Szenario 3: Der Index durchbricht die Barriere nach unten und liegt am Laufzeitende bei 4.900 (9.000) Punkten. Der Anleger erhält 49 Euro (90 Euro) zurück. Die Rendite ISMA beträgt –21,74 % bzw. 6,07 %.

Grundsätzlich dürfte der Erwerb eines Bonuszertifikats teurer sein als der Erwerb des Basiswerts (Aktie, Index), da technisch zuzüglich des Basiswerts eine Put-Option erworben wird. Sofern zum Laufzeitende der Basiswert innerhalb beider Schwellen liegen sollte, liefert die Option den Differenzbetrag aus oberer Bonusschwelle und aktuellem Kurs des Basiswerts. Damit ist garantiert, dass zum Laufzeitende der volle Bonusbetrag gezahlt wird:

Rückzahlungsbetrag = aktueller $\text{Kurs}_{\text{Basiswert}}$ + Differenzbetrag aus Put-Option

Je geringer der Basiswert notiert, desto mehr gewinnt die Put-Option zunächst an Wert, was sich auf den Kursrückgang des Zertifikats dämpfend auswirkt. Bei Erreichen oder Unterschreitung der unteren Schwelle verfällt die Option allerdings wertlos (Down-and-out-Put). Dann entspricht der Rückzahlungsbetrag dem aktuellen Kurs des Basiswerts.

9.5 Anleihen mit Kreditausfallrisiko (Credit Linked Note)

Bei Credit Linked Notes (CLN) handelt es sich um verbriefte Schuldtitel, die durch Vermögenswerte vorwiegend in Form von Krediten bzw. Anleihen gesichert sind. Die Rückzahlung der CLN hängt somit von der Rückzahlungsfähigkeit des damit abgesicherten Vermögenswerts zusammen.

Wie die Zusammenhänge sich im Einzelnen darstellen, zeigt das nachfolgende Schaubild:

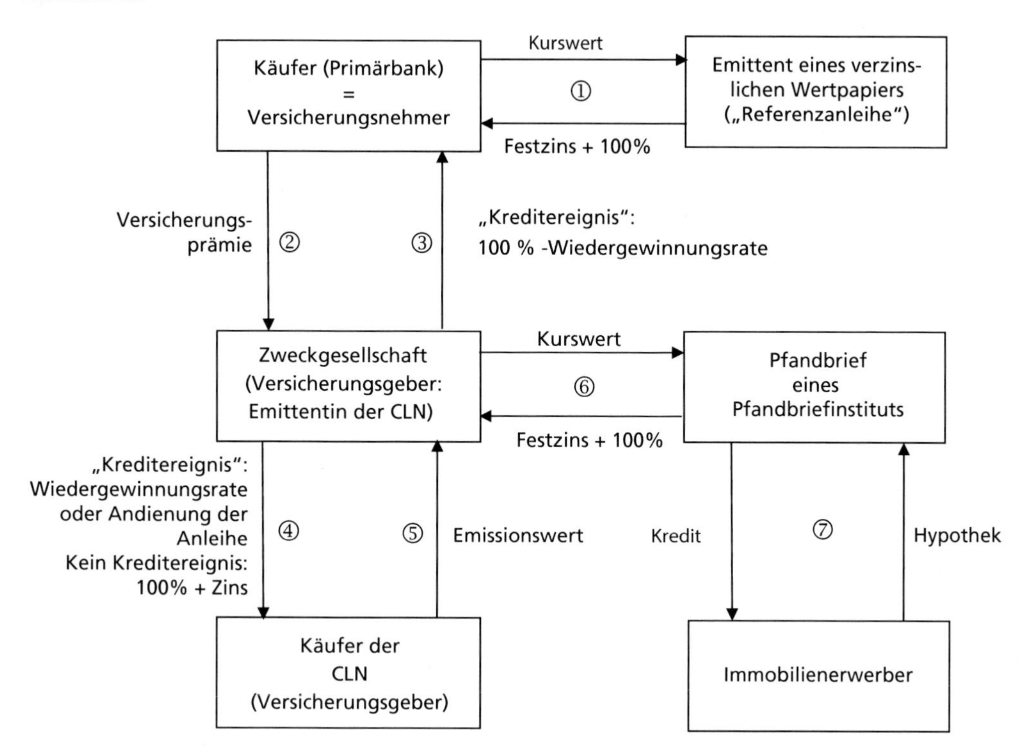

Zu 1: Die Primärbank investiert Eigenkapital in die hochverzinsliche Referenzanleihe eines Emittenten mit geringem Rating.

Zu 2 und 3: Um die mit dem hohen Zins „erworbenen" Ausfallrisiken zu reduzieren, gründet die Primärbank eine hausinterne Zweckgesellschaft („Special Purpose Vehicle": SPV). Die einzige Aufgabe der SPV besteht darin, im Falle eines Teil- oder Komplettausfalls der Referenzanleihe („Kreditereignis"), die Differenz aus 100 % des Nennwerts und der Wiedergewinnungsrate (Betrag, der bei Veräußerung der Referenzanleihe noch erzielt werden kann) der Primärbank zu überweisen. Das bedeutet:

- Bei einem Komplettausfall und einer Wiedergewinnungsrate von 0 % erhält die Primärbank von der SPV den vollen Nennwert.
- Bei einer positiven Wiedergewinnungsrate erhält die Primärbank von der SPV den ausgefallenen Investitionsbetrag. Damit beträgt die Summe aus Wiedergewinnungsrate und erhaltenem Ausfallbetrag ebenfalls 100 % des ursprünglichen Nennwerts.

Da die SPV als Versicherungsgeberin fungiert, erhält sie als Versicherungsprämie einen Teil des der Primärbank zustehenden Festzinses der Referenzanleihe.

Zu 4: Um im Falle des Kreditereignisses liquide zu sein, emittiert die SPV eine CLN mit folgenden Konditionen:

- Bei einem Komplettausfall und einer Wiedergewinnungsrate von 0 % erhält der Käufer der CLN die wertlose Referenzanleihe.
- Bei einer positiven Wiedergewinnungsrate erhält der Käufer der CLN die Wiedergewinnungsrate.

Zu 5 und 6: Das vom Anleger übernommene Kreditausfallrisiko ist über einen angemessenen Zins zu entlohnen. Daher legt die SPV das von den CLN-Anlegern eingebrachte Geld (der Emissionserlös der CLN) in grundsätzlich erstklassige Anleihen, beispielsweise Pfandbriefen, an. Die daraus erhaltenen Zinsen zuzüglich eines Teils der „erwirtschafteten" Versicherungsprämie werden dem Anleger der CLN ausgezahlt.

Zu 7: Da ein Pfandbrief sich dadurch auszeichnet, dass der SPV neben der Bonität des Pfandbriefinstituts als Sicherheit zusätzlich eine Deckungsmasse in Form grundpfandrechtlich gesicherter Grundstücke zur Verfügung steht, sollte man annehmen, dass diese Konstruktion zwar kompliziert, aber durchschaubar ist. Allerdings steht und fällt die Konstruktion des Modells mit der Wertigkeit der Immobilien. Sind diese nichts mehr wert, gerät die gesamte Konstruktion ins Wanken.

10 Staatliche Sparförderung

10.1 Vermögenswirksame Leistungen (VL) nach dem 5. Vermögensbildungsgesetz

10.1.1 VL-Anlageformen

VL sind Geldleistungen, die als steuer- und sozialabgabenpflichtiger Bestandteil des Arbeitslohns unmittelbar auf eine staatlich geförderte Anlageform überwiesen werden. Die Höhe der VL ist im Rahmen der gesetzlichen Höchstbeträge von den Regelungen des Tarifvertrags oder einer Betriebsvereinbarung abhängig. Staatlich gefördert werden diese Geldleistungen mit der Arbeitnehmersparzulage. Die Gewährung vermögenswirksamer Leistungen selbst ist nicht an Einkommensgrenzen gekoppelt. Der Anspruch auf Arbeitnehmersparzulage auf die vermögenswirksamen Leistungen hingegen ist einkommensabhängig.

Anspruch auf Erhalt vermögenswirksamer Leistungen haben Arbeitnehmer (Angestellte, Arbeiter), Auszubildende, in Heimarbeit Beschäftigte, Beamte, Richter, und Berufssoldaten.

VL-Anlageformen gemäß dem 5. Vermögensbildungsgesetz sind

- der Banksparvertrag,
- die Kapitallebensversicherung,
- der Fondsparvertrag,
- der Bausparvertrag zur Erlangung eines Wohnbaudarlehens und
- der Immobilienkredit für die eigen genutzte Immobilie; dabei dient die VL im Rahmen einer vereinbarten Sondertilgung der Darlehensrückführung.

Damit die Anlageform

- zum einen gesetzlich als VL-Vertrag anerkannt wird und
- zum anderen beim Fondssparvertrag und Bausparvertrag der Anspruch auf Erhalt der Arbeitnehmersparzulage gewährleistet ist (die übrigen Anlageformen sind nicht sparzulagenbegünstigt),

sind die Einhaltung einer Sperrfrist und festgelegten Vertragsdauer zu beachten:

Anlageform[1]	Sperrfrist	Vertragsdauer
Fonds-sparvertrag	**Beginn:** Am 01.01. des Jahres, in dem die erste vermögenswirksame Leistung bei der Fondsgesellschaft eingeht. **Dauer:** 7 Jahre	**Beginn (Vertragsabschluss):** Der Tag, an dem die erste vermögenswirksame Leistung bei der Fondsgesellschaft eingeht. **Dauer:** 6 Jahre (bei lfd. Zahlung)
Bauspar-vertrag	**Beginn:** Bei Vertragsabschluss **Dauer:** 7 Jahre (gilt auch für vor dem 01.01.2009 abgeschlossene Verträge); eine wohnwirtschaftliche Verwendung des VL-Vertrags ist nicht notwendig.	**Beginn (Vertragsabschluss):** Der Tag, an dem die erste vermögenswirksame Leistung bei der Bausparkasse eingeht. **Dauer:** keine Vorgaben
Kapital-lebens-versicherung	Keine	**Beginn (Vertragsabschluss):** Der Tag, an dem die erste vermögenswirksame Leistung bei der Versicherung eingeht. **Dauer:** 12 Jahre
Kontenspar-vertrag	**Beginn:** Am 01.01. des Jahres, in dem die erste vermögenswirksame Leistung bei der Bank eingeht. **Dauer:** 7 Jahre	**Beginn (Vertragsabschluss):** Der Tag, an dem die erste vermögenswirksame Leistung bei der Bank eingeht. **Dauer:** 6 Jahre (bei lfd. Zahlung)

1 Es gelten die mit der Anlageform typischerweise verbundenen Chancen, Risiken und Kosten (siehe auch Kapitel über Anleihen, Aktien, Fonds).

Beispiel (Sperrfrist und Vertragsdauer)

Der Arbeitnehmer unterschreibt einen Fondssparvertrag über laufende Einzahlungen am 29.07.2017. Die erste vermögenswirksame Leistung geht am 20.08.2017 bei der Fondsgesellschaft ein.

a) Der Sparvertrag gilt am 20.08.2017 als abgeschlossen.
b) Die 6-jährige Vertragsdauer endet mit Ablauf des 19.08.2023.
c) Die 7-jährige Sperrfrist beginnt am 01.01.2017 und endet mit Ablauf des 31.12.2023.

10.1.2 Exkurs: Der Bausparvertrag

Beim Bausparen handelt es sich um eine Form des Zwecksparens: Nach Einbringen von Eigenkapital (Bausparguthaben) in eine Bausparkasse erwirbt der Bausparer einen Rechtsanspruch auf ein zinsgünstiges Darlehen (Bauspardarlehen). Zu einem festgelegten Zuteilungstermin wird ihm dann die Summe aus Bausparguthaben und Bauspardarlehen (Bausparsumme) ausgezahlt. Von der Bausparkasse wird dieses Darlehen aus der verfügbaren Zuteilungsmasse bereitgestellt. Beeinflusst werden die Zuteilungsmasse und damit indirekt auch der Zeitpunkt der Darlehensbereitstellung von den Faktoren

- eingezahlte Bausparbeiträge und Guthabenzinsen aus Bausparguthaben,
- eingezahlte staatliche Förderhilfen,
- eingezahlte Tilgungsleistungen zur Rückführung abgerufener Bauspardarlehen,
- Höhe der abgerufenen Bausparsummen.

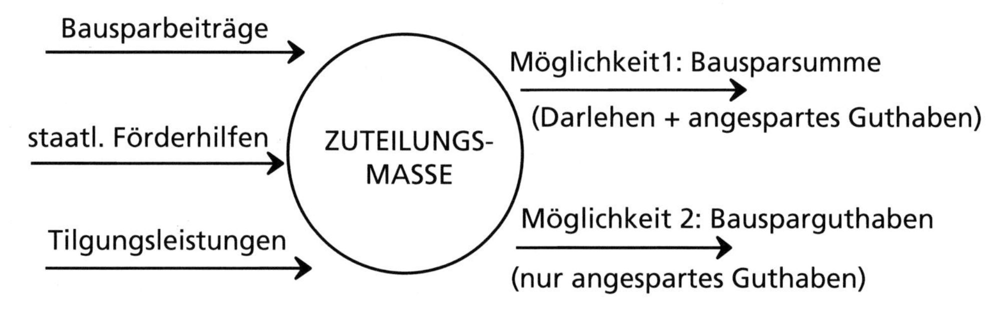

Das „kollektive Sparen", wie das Bausparen auch genannt wird, vollzieht sich in vier Phasen: Vertragsabschluss- und Ansparphase, Zuteilungsphase, Darlehensrückzahlungsphase.

(1) Vertragsabschluss- und Ansparphase

Über eine festgelegte Bausparsumme wird ein Bausparvertrag abgeschlossen. Dabei fällt eine Abschlussgebühr von ca. 1 % an. Der monatliche Regelsparbeitrag orientiert sich an der Höhe der Bausparsumme (oftmals in ‰ der Bausparsumme) sowie an den späteren Zins- und Tilgungsbeiträgen. Die Bausparsumme steht nach Erfüllen der Zuteilungsvoraussetzungen zur Verfügung. Einen späteren Darlehensverzicht honorieren viele Bausparkassen mit einer Sondervergütung von ca. 1 %.

Das sich während der Ansparphase bildende Bausparguthaben setzt sich aus den Regelsparbeiträgen, Sonderzahlungen, vermögenswirksamen Leistungen, der Arbeitnehmersparzulage und der Wohnbauprämie zusammen. Belastend wirken dagegen Kontoführungsgebühren.

(2) Zuteilungsphase

Die Auszahlung des zinsgünstigen Darlehens ist an zwei Voraussetzungen geknüpft:

- Voraussetzung 1: Die Ansparphase ist je nach Vertragskondition erst mit Erreichen des Mindestsparguthabens in Höhe von 40 % bis 50 % der Bausparsumme abgeschlossen.
- Voraussetzung 2: Erreicht werden muss zudem die von den Bausparkassen mehrmals im Jahr ermittelte Zielbewertungszahl. Sie legt fest, wann die Bausparsumme dem Darlehensempfänger ausgezahlt wird. Abhängig ist die Zielbewertungszahl von der Höhe der Sparbeiträge sowie von der späteren Tilgungshöhe des Darlehens. Für beide Komponenten gilt: Je schneller und mehr gespart bzw. je eher das spätere Darlehen zurückgezahlt wird, umso weniger wird die Zuteilungsmasse beansprucht. Dieser für die Bausparkassen positive

Effekt drückt sich in einem schnellen Erreichen der Zielbewertungszahl und damit in einer schnelleren Zuteilung der Bausparsumme aus.

(3) Darlehensrückzahlungsphase

Ein Rechtsanspruch des Bausparers auf das Darlehen zu einem bestimmten Zeitpunkt wird nicht gewährt, doch kann mit Erreichen des Mindestsparguthabens und der Zielbewertungszahl dem Bausparer die Bausparsumme während der Zuteilungsperiode i.d.R. zur Verfügung gestellt werden. Eine Auszahlungsverzögerung ist dann denkbar, wenn beispielsweise das Neugeschäft aufgrund steuerpolitischer Änderungen stark nachlässt. Eine schnellere Zuteilung darf hingegen erwartet werden, wenn Bauspardarlehen nicht in dem zuvor kalkulierten Umfang aufgenommen werden. Bei Inanspruchnahme des Darlehens ist nicht die Bausparsumme zurückzuzahlen, sondern nur der Differenzbetrag aus Bausparsumme und Bausparguthaben. Der Darlehensschuld wird eine einmalige Darlehensgebühr von ca. 2 % des Bauspardarlehens zugeschlagen. Damit das zinsgünstige Darlehen in voller Höhe beansprucht werden kann, ist eine Übersparung des Bausparvertrags zu vermeiden (Vergleich der aktuellen Bewertungszahl mit der Zielbewertungszahl). Die Tilgungsleistung und damit die finanzielle Belastung während der Abzahlungsphase ist mit ca. 5 % bis 10 % Tilgung p.a. gegenüber traditionellen Bankdarlehen überdurchschnittlich hoch. Gesichert ist das Darlehen normalerweise durch eine zweitrangige Grundschuld im Grundbuch bis zu 80 % des Beleihungswerts. Die erstrangige Besicherung von Darlehen bleibt dagegen oftmals den Kreditinstituten vorbehalten.

Ob man sich bei einer Immobilienfinanzierung für das Bausparen oder eine alternative Finanzierungsform entscheiden sollte, wird unterschiedlich beurteilt:

- Der Bausparer genießt während der Sparphase nur eine geringe Guthabenverzinsung. Werden die Bausparbeiträge in alternative Finanzierungsformen wie Investmentfonds investiert, können unter Inkaufnahme höherer Risiken eventuell attraktivere Renditen erzielt werden. Bei identischer Spardauer ist damit das erzielbare Fondsvermögen höher als das theoretisch zu erreichende Bausparguthaben. Folglich fällt der spätere Kreditbedarf geringer aus. Zu beachten ist jedoch, dass Fondssparen Risiken und damit Kursschwankungen unterliegt, das Endvermögen und die Rendite bei dieser Anlageform also nicht garantiert sind. Zudem wirken sich staatliche Subventionen in Form der Wohnungsbauprämie und der Arbeitnehmersparzulage positiv auf die Rendite des Bausparguthabens aus. Auch darf nicht übersehen werden, dass traditionell sichere Anlageprodukte (Festgelder, Sparbuch, festverzinsliche Wertpapiere) in Niedrigzinsphasen keine wesentlich höhere Verzinsung aufweisen als das Bausparguthaben.
- Die Konditionen des Bauspardarlehens sind im Vorfeld bereits bekannt und grundsätzlich niedriger als banküblicher Kredite. Gerade in Niedrigzinsphasen ist Bausparen empfehlenswert: Die Guthabenzinsen sind bei traditionellen Sparprodukten ebenfalls sehr niedrig, außerdem sichert man sich jetzt schon einen Rechtsanspruch auf Erhalt eines in fünf bis zehn Jahren und damit eventuell in einer Hochzinsphase niedrigverzinslichen Darlehens.

10.1.3 Die Arbeitnehmersparzulage

Arbeitnehmersparzulage kann nebeneinander auf den Fondssparvertrag und Bausparvertrag in Anspruch genommen werden. Der Erhalt der Arbeitnehmersparzulage ist an Einkommensgrenzen gekoppelt:

Anlageform	Einkommensgrenzen ledig/ verheiratet bzw. verpartnert p. a.	Förderbegünstigte Höhe der VL p. a.	Sparzulage in % der Höhe der VL p. a.
Fondssparvertrag	20.000 Euro/ 40.000 Euro	400 Euro	20 % (80 Euro)
Bausparvertrag (eine wohnwirtschaftliche Verwendung ist nicht notwendig)	17.900 Euro/ 35.800 Euro	470 Euro	9 % (ca. 43 Euro)

Verfügt der VL-Sparer vor Ablauf der Sperrfrist bzw. durch Kündigung über den jeweiligen VL-Fondssparvertrag, verfällt grundsätzlich der Anspruch auf Arbeitnehmersparzulage. Eine vorzeitige Verfügung ist nach § 4 VermBG aber dann unschädlich, wenn

- der Arbeitnehmer oder sein von ihm nicht dauernd getrennt lebender Ehegatte/eingetragener Lebenspartner nach Vertragsabschluss gestorben oder völlig erwerbsunfähig geworden ist,
- der Arbeitnehmer nach Vertragsabschluss, aber vor der vorzeitigen Verfügung geheiratet bzw. sich verpartnert hat und im Zeitpunkt der vorzeitigen Verfügung mindestens zwei Jahre seit Beginn der Sperrfrist vergangen sind,
- der Arbeitnehmer nach Vertragsabschluss arbeitslos geworden ist und die Arbeitslosigkeit mindestens ein Jahr lang ununterbrochen bestanden hat und im Zeitpunkt der vorzeitigen Verfügung noch besteht,
- der Arbeitnehmer den Erlös innerhalb der folgenden drei Monate unmittelbar für die eigene Weiterbildung oder die seines Ehegatten oder Lebenspartners einsetzt,
- der Arbeitnehmer nach Vertragsabschluss eine selbstständige Tätigkeit aufnimmt.

Eine vorzeitige unschädliche Verfügung über VL-Bausparverträge ist in den im Wohnungsbauprämiengesetz genannten Ausnahmen möglich:

- Der Bausparer oder sein von ihm nicht dauernd getrennt lebender Ehegatte bzw. eingetragener Lebenspartner ist nach Vertragsabschluss gestorben oder völlig erwerbsunfähig geworden.
- Der Bausparer ist nach Vertragsabschluss arbeitslos geworden und die Arbeitslosigkeit hat mindestens ein Jahr lang ununterbrochen bestanden und besteht im Zeitpunkt der vorzeitigen Verfügung noch.

10.1.4 Beantragung und Erhalt der Arbeitnehmersparzulage

Vermögenswirksame Leistungen (VL) werden direkt vom Arbeitgeber auf den förderungsfähigen Vertrag überwiesen. Dabei wird die VL entweder vom Arbeitgeber oder Arbeitnehmer allein oder von beiden Parteien im Rahmen der Höchstbeträge aufgebracht.

Der Nachweis der eingezahlten VL erfolgt bis Ende 2017 über eine Bescheinigung des Anlageinstituts. Um Arbeitnehmersparzulage zu erhalten, war dieser Nachweis der Einkommensteuererklärung beizulegen und im Mantelbogen der Einkommensteuererklärung die Förderung zu beantragen.

Seit 2018 wird die „Anlage VL" in Papierform nicht mehr ausgestellt, sondern elektronisch vom Anlageinstitut dem Finanzamt übermittelt („elektronische Vermögensbildungsbescheinigung"). Damit entfällt die Beantragung der Arbeitnehmersparzulage über die Einkommensteuererklärung.

Für die zulagenbegünstigte vermögenswirksame Leistung setzt das Finanzamt nach Ablauf des Kalenderjahres die Arbeitnehmersparzulage fest. Sie wird in der Regel erst nach Ablauf der Sperrfrist ausgezahlt. Wird über den Vertrag vor Ablauf der Sperrfrist unschädlich verfügt (z. B. bei längerer Arbeitslosigkeit), wird die Arbeitnehmersparzulage vorzeitig ausgezahlt. Entsprechendes gilt, wenn ein Bausparvertrag zugeteilt wird.

10.2 Anlageformen nach dem Wohnungsbau-Prämiengesetz (WoPG)

10.2.1 Die Wohnungsbauprämienanlage

Unbeschränkt einkommensteuerpflichtige Personen, die das 16. Lebensjahr vollendet haben, können für die Aufwendungen zur Förderung des Wohnungsbaus eine steuer- und sozialabgabefreie Wohnungsbauprämie erhalten.

Aufwendungen im Sinne des Gesetzes sind (§ 2 WoPG):

- Beiträge an Bausparkassen zur Erlangung von Baudarlehen, soweit die an die Bausparkasse geleisteten Beiträge im Sparjahr mindestens 50 Euro betragen;
- Beiträge aufgrund von Sparverträgen, die auf die Dauer von drei bis sechs Jahren mit einem Kreditinstitut abgeschlossen wurden, wenn die eingezahlten Sparbeiträge und die Prämien zum Bau oder Erwerb selbst genutzten Wohneigentums verwendet werden;
- Beiträge aufgrund eines VL-Vertrags, mit denen die förderbegünstigte Höhe von 470 Euro überschritten wird (insofern ist für die Beantragung der Arbeitnehmersparzulage und der Wohnungsbauprämie ein Bausparvertrag ausreichend).

Keine prämienbegünstigten Aufwendungen sind:

- Vermögenswirksame Leistungen auf Bausparverträge, für die Anspruch auf Arbeitnehmersparzulage nach dem 5. Vermögensbildungsgesetz besteht. Es ist also nicht möglich, für vermögenswirksame Leistungen gleichzeitig Arbeitnehmersparzulage und Wohnungsbauprämie zu erhalten;
- Beiträge an Bausparkassen zugunsten eines zertifizierten Altersvorsorgevertrages zur Erlangung eines Bauspardarlehens bis zu den im Einkommensteuergesetz genannten Höchstbeträge („Wohnbau-Riester").

10.2.2 Die Wohnungsbauprämie

Voraussetzung für den Erhalt der steuerfreien Wohnungsbauprämie ist, dass

- die Aufwendungen nicht vermögenswirksame Leistungen darstellen, für die Anspruch auf Arbeitnehmersparzulage besteht, und
- das zu versteuernde Einkommen des Prämienberechtigten die Einkommensgrenze nicht überschritten hat (§ 2a WoPG):

Einkommensgrenzen ledig/verheiratet bzw. verpartnert p.a.	Förderbegünstigter Betrag ledig/verheiratet bzw. verpartnert p.a.[1]	Prämie in % des Aufwands
25.600 Euro/51.200 Euro	512 Euro/1.024 Euro	8,8 %

[1] Berücksichtigt werden auch Guthabenzinsen aus Bausparverträgen.

Für die Prämienbegünstigung ist zudem Voraussetzung, dass bei Auszahlung der Bausparsumme die empfangenen Beträge unverzüglich und unmittelbar zum Wohnungsbau oder der Renovierung einer Immobilie im Inland verwendet werden.

Bezüglich der einzuhaltenden Sperrfrist von sieben Jahren seit Vertragsabschluss ist zwischen „Altverträgen" und „Neuverträgen" zu unterscheiden:

Bausparvertrag	Auflösungstermin	Prämienunschädliche Verwendung
Abschluss vor dem 01.01.2009 (Altvertrag)	Auflösung vor Ablauf von 7 Jahren	Unmittelbare Zuführung zum Wohnungsbau
	Auflösung nach Ablauf von 7 Jahren	Freie Verwendung
Abschluss nach dem 31.12.2008 (Neuvertrag)	Auflösung vor Ablauf von 7 Jahren	Unmittelbare Zuführung zum Wohnungsbau
	Auflösung nach Ablauf von 7 Jahren	Bei Vertragsabschluss ist der Prämienberechtigte 25 Jahre und älter: Unmittelbare Zuführung zum Wohnungsbau
		Bei Vertragsabschluss ist der Prämienberechtigte unter 25 Jahre: Freie Verwendung

Eine prämienunschädliche Verwendung ist auch in folgenden Fällen möglich:

- Der Bausparer oder sein von ihm nicht dauernd getrennt lebender Ehegatte/eingetragener Lebenspartner ist nach Vertragsabschluss gestorben oder völlig erwerbsunfähig geworden.
- Der Bausparer ist nach Vertragsabschluss arbeitslos geworden und die Arbeitslosigkeit hat mindestens ein Jahr lang ununterbrochen bestanden und besteht im Zeitpunkt der vorzeitigen Verfügung noch.

10.2.3 Beantragung und Erhalt der Wohnungsbauprämie

Mit dem Jahreskontoauszug der Bausparleistungen wird dem Kunden der Wohnungsbauprämienantrag durch die Bausparkasse zugesandt. Der Antrag ist unterschrieben an die Bausparkasse zurückzuschicken. Sie leitet den Antrag an das Finanzamt weiter.

Die Auszahlung der Wohnungsbauprämie erfolgt dann

- bei Zuteilung des Bausparvertrages bzw.
- prämienunschädlicher vorzeitiger Verfügung oder
- nach Ablauf der Sperrfrist (bei „Altverträgen" oder Vertragsabschluss unter 25 Jahren).

Handbuch der privaten Kapitalanlage

11 Einkommensteuer

11.1 Grundlagen der Einkommensteuer

Bevor auf die für die Geldanlage in Wertpapieren wichtigen Positionen

- Einkünfte aus nichtselbstständiger Arbeit,
- Einkünfte aus Kapitalvermögen,
- sonstige Einkünfte

ausführlicher eingegangen wird, sind die drei Grundfragen der Einkommensteuer zu klären:

- Wer ist überhaupt steuerpflichtig (persönliche Steuerpflicht)?
- Was unterliegt der Einkommensteuer (sachliche Steuerpflicht)?
- Ab wann besteht eine Pflicht zur Abgabe einer Einkommensteuererklärung (gesetzliche Einkommensteuerpflicht)?

11.1.1 Persönliche Steuerpflicht

Den einkommensteuerpflichtigen Personenkreis definiert § 1 des Einkommensteuergesetzes:

> **§ 1 Abs. 1 EStG [Unbeschränkte Einkommensteuerpflicht]:** „Natürliche Personen, die im Inland einen Wohnsitz oder ihren gewöhnlichen Aufenthalt haben, sind unbeschränkt einkommensteuerpflichtig."

(1) Natürliche Person

Mit dem Begriff der natürlichen Person ist gleichzeitig der steuerpflichtige Zeitraum erfasst: Er beginnt für alle Menschen mit Vollendung der Geburt und endet mit dem Tod. Damit sind also auch nicht geschäftsfähige Kinder einkommensteuerpflichtig.

(2) Wohnsitz oder gewöhnlicher Aufenthalt

Die Abgabenordnung (AO) legt fest:

> **§ 8 AO [Wohnsitz]:** „Einen Wohnsitz hat jemand dort, wo er eine Wohnung unter Umständen innehat, die darauf schließen lassen, dass er die Wohnung beibehalten und benutzen wird."
>
> **§ 9 AO [Gewöhnlicher Aufenthalt]:** „Den gewöhnlichen Aufenthalt hat jemand dort, wo er sich unter Umständen aufhält, die erkennen lassen, dass er an diesem Ort [...] nicht nur vorübergehend verweilt. Als gewöhnlicher Aufenthalt ist [...] ein zeitlich zusammenhängender Aufenthalt von mehr als 6 Monaten Dauer anzusehen; [...]"

Die Sechsmonatsfrist gilt nicht, wenn der Aufenthalt im Inland nur zu Besuchs-, Erholungs- oder Kurzwecken genommen wird und nicht länger als ein Jahr dauert. Bei mehreren inländischen Wohnsitzen ist für die Besteuerung der vorwiegende Aufenthaltstort maßgebend.

(3) Unbeschränkt einkommensteuerpflichtig

Mit der unbeschränkten Einkommensteuerpflicht ist das Welteinkommensprinzip verknüpft. Es besagt, dass alle (!) innerhalb eines Veranlagungszeitraumes (in der Regel das Kalenderjahr) bezogenen Einkünfte der Einkommensteuer unterliegen. Ob sie von aus- oder inländischen Ertragsquellen stammen oder aus welchem Land die Erträge zugeflossen sind, ist zunächst irrelevant. Abweichende Regelungen können sich allerdings aufgrund von Doppelbesteuerungsabkommen oder anderen zwischenstaatlichen Abkommen ergeben.

Steuerausländer, die weder ihren Wohnsitz noch ihren gewöhnlichen Aufenthalt im Inland haben, sind mit dem Inlandseinkommen in Deutschland beschränkt einkommensteuerpflichtig.

§49 EStG listet alle für die Besteuerung maßgebenden Inlandseinkommen auf (z.B. im Inland erzielte Mieten, Dividendenerträge, Einkünfte aus im Inland ausgeübter selbstständiger Arbeit).

11.1.2 Sachliche Steuerpflicht

Die sachliche Besteuerung umfasst:

§2 Abs. 1 EStG [Umfang der Besteuerung]: „Der Einkommensteuer unterliegen

1. Einkünfte aus Land- und Forstwirtschaft
2. Einkünfte aus Gewerbebetrieb
3. Einkünfte aus selbstständiger Arbeit
4. Einkünfte aus nichtselbstständiger Arbeit
5. Einkünfte aus Kapitalvermögen
6. Einkünfte aus Vermietung und Verpachtung
7. Sonstige Einkünfte im Sinne des §22 EStG [...]"

Die sieben im Einkommensteuergesetz aufgeführten Einkunftsarten lassen sich weiter in zwei Klassen einordnen. Von der Klassenzugehörigkeit hängt es schließlich ab, wie die Einkünfte zu ermitteln sind:

Unter die Klasse der Gewinneinkunftsarten fallen Einkünfte aus Land- und Forstwirtschaft, aus Gewerbebetrieb und aus selbstständiger Arbeit:

§2 Abs. 2 EStG [Gewinneinkunft]: „Einkünfte sind bei Land- und Forstwirtschaft, Gewerbebetrieb und selbstständiger Arbeit der Gewinn [...]"

Die Gewinnermittlung erfolgt durch eine Betriebseinnahmen-Betriebsausgaben-Rechnung, durch Betriebsvermögensvergleich (= Bilanzierung) oder eine Bewertung nach Durchschnittssätzen.

Unter die Klasse der Überschusseinkunftsarten fallen die restlichen Einkünfte:

§ 2 (Fortsetzung Abs. 2) EStG [Überschusseinkunft]: „[...] bei den anderen Einkunftsarten der Überschuss der Einnahmen über die Werbungskosten."

Beispiel (Überschusseinkünfte)

	Sonstige Einnahmen
–	Werbungskosten
=	**Sonstige Einkünfte**

	Einnahmen aus nichtselbstständiger Arbeit
–	Werbungskosten
=	**Einkünfte aus nichtselbstständiger Arbeit**

Nicht die (Brutto-)Einnahmen sind steuerpflichtig, sondern die (Netto-)Einkünfte nach Abzug der Werbungskosten. Um also die Steuerlast zu reduzieren, sind zunächst alle Möglichkeiten des Werbungskostenabzugs auszuschöpfen. Damit privat veranlasste Ausgaben als Werbungskosten steuerlich geltend gemacht werden können, ist dem Finanzamt ein wirtschaftlicher Zusammenhang zwischen der Einnahme und der Ausgabe glaubhaft zu machen.

§ 9 EStG [Werbungskostenbegriff]: „Werbungskosten sind Aufwendungen zur Erwerbung, Sicherung und Erhaltung der Einnahmen. Sie sind bei der Einkunftsart abzuziehen, bei der sie erwachsen sind."

Beispiel (Überschusseinkünfte: Werbungskosten)

Werbungskosten aus

- nichtselbstständiger Arbeit: Fahrtkosten auf dem Weg zur Arbeit, Arbeitsmittel;
- Vermietung und Verpachtung: Erhaltungsaufwendungen, Schuldzinsen, Abschreibung;
- sonstigen Einkünften (beispielsweise Renten): Literatur, Kosten einer Rentenberatung;

Unabhängig von den tatsächlich gezahlten Werbungskosten lohnt sich deren Einzelnachweis erst nach Überschreitung der in § 9a EStG festgesetzten Werbungskostenpauschalen. Sie betragen bei

- Einnahmen aus nichtselbstständiger Arbeit: Arbeitnehmer-Pauschbetrag (pro Arbeitnehmer) von 1.000 Euro;
- sonstigen Einnahmen im Sinne des § 22 Nr. 1/1a EStG (beispielsweise Renten): Pauschbetrag von insgesamt 102 Euro.

Für Einnahmen aus Kapitalvermögen gilt: Ein Abzug tatsächlicher Werbungskosten scheidet aus. Allerdings ist bei der Ermittlung der Einkünfte aus Kapitalvermögen ein Sparer-Pauschbetrag von 801 Euro und bei zusammen veranlagten Ehegatten/eingetragenen Lebenspartnern ein Sparer-Pauschbetrag von 1.602 Euro abzuziehen (§ 20 Abs. 9 EStG).

Die Pauschbeträge werden in voller Höhe von den Einnahmen abgezogen, dürfen jedoch im Gegensatz zu tatsächlich höher nachgewiesenen Werbungskosten nicht zu negativen Einkünften führen.

Beispiel (Sparer-Pauschbetrag; Werbungskostenabzug)

(1) Ein lediger Arbeitnehmer erzielt Einnahmen aus Kapitalvermögen in Höhe von 700 Euro. Der Sparer-Pauschbetrag bei Ledigen ist zu berücksichtigen.

	Einnahmen aus Kapitalvermögen	700 Euro
–	Sparer-Pauschbetrag	801 Euro
=	**Einkünfte aus Kapitalvermögen**	**0 Euro**

(2) Ein lediger Arbeitnehmer erzielt Einnahmen aus Vermietung und Verpachtung in Höhe von 7.000 Euro. Dem Finanzamt werden Werbungskosten (beispielsweise aus Renovierungsarbeiten) in Höhe von 3.500 Euro nachgewiesen. Die steuerpflichtigen Anschaffungskosten der in 2010 erworbenen Immobilie betrugen 200.000 Euro.

	Einnahmen aus Vermietung und Verpachtung	7.000 Euro
–	tatsächliche Werbungskosten	3.500 Euro
–	Abschreibung (2% aus 200.000 Euro nach §7 EStG)	4.000 Euro
=	**Einkünfte aus Vermietung und Verpachtung**	**-500 Euro**

Nicht alle Einnahmen sind zu versteuern. Steuerfreie Einnahmen sind nach §3 EStG beispielsweise Leistungen aus einer Krankenversicherung, Mutterschaftsgeld und Arbeitslosengeld. Allerdings behält sich der Gesetzgeber bei vielen der in §3 EStG genannten Einnahmen die Besteuerung unter Progressionsvorbehalt nach §32b EStG vor, d.h., sie sind bei der Ermittlung des Einkommensteuersatzes in der Einkommensteuererklärung anzugeben. Lottogewinne und zweckgebundene Zuwendungen, wie die ehemalige Eigenheimzulage, die Wohnungsbauprämie oder das Kindergeld, sind überhaupt keiner Einkunftsart zugeordnet und fallen damit nicht unter das Einkommensteuergesetz.

11.1.3 Gesetzliche Einkommensteuerpflicht

Neben der Möglichkeit einer freiwilligen Abgabe der Einkommensteuererklärung besteht beispielsweise eine Pflichtveranlagung für folgende Personenkreise:

- Arbeitnehmer: Pflichtveranlagung bei Bezug von Einkünften aus nichtselbstständiger Arbeit gemäß §46 EStG, wenn beispielsweise zusätzlich erfüllt ist:
  - Die Summe der nicht der Lohnsteuer zu unterwerfenden Einkünfte beträgt mehr als 410 Euro (sogenannte Härteregelung bei Einkünften aus Vermietung und Verpachtung, Gewinn aus freiberuflicher Tätigkeit etc.; nicht bei Einkünften aus Kapitalvermögen).
  - Die Summe der dem Progressionsvorbehalt unterliegenden Einkünfte beträgt mehr als 410 Euro.
  - Arbeitnehmer beziehen Arbeitslohn mehrerer Arbeitgeber gleichzeitig.
  - Auf der Lohnsteuerkarte wurde ein Freibetrag eingetragen (nach §39a EStG: Werbungskosten-, Sonderausgabenfreibetrag, Freibetrag aufgrund außergewöhnlicher Belastungen, Kinderfreibetrag).
- Kein Arbeitnehmer: Pflichtveranlagung bei unbeschränkt steuerpflichtigen Personen, die keinen Arbeitslohn, jedoch andere Einkünfte erzielt haben (§56 EStDV, §84 EStDV), beispielsweise bei
  - Ehegatten/eingetragenen Lebenspartnern im Falle der Zusammenveranlagung ab einem Gesamtbetrag der Einkünfte von 18.002 Euro (2018),
  - Ledigen, Geschiedenen und dauernd getrennt Lebenden ab einem Gesamtbetrag der Einkünfte von 9.001 Euro (2018).

- Dem Steuerpflichtigen wurden die amtlichen Vordrucke zugeschickt.

Besteht hingegen keine Einkommensteuererklärungspflicht, kann sich dennoch ein Antrag auf Einkommensteuerveranlagung lohnen, wenn beispielsweise

- nicht das ganze Jahr hindurch gearbeitet wurde,
- die tatsächlichen Werbungskosten über den Werbungskostenpauschbeträgen liegen (§ 9a EStG),
- im Rahmen der Einkünfte aus Kapitalvermögen einbehaltene Kapitalertragsteuer zurückerstattet werden soll,
- Verluste einer Einkunftsart (z. B. bei Vermietung und Verpachtung) mit anderen positiven Einkunftsarten verrechnet werden können.

11.2 Das zu versteuernde Einkommen und dessen Besteuerung

11.2.1 Von den Einkünften zum zu versteuernden Einkommen

Bemessungsgrundlage für die Einkommensteuer ist das zu versteuernde Einkommen. Den Rechenweg zu dieser Position beschreibt § 2 EStG:

	Position	Fundstelle
	Einkünfte aus Land- und Forstwirtschaft	§§ 13–14a EStG
+	Einkünfte aus Gewerbebetrieb	§§ 15–17 EStG
+	Einkünfte aus selbstständiger Arbeit	§ 18 EStG
+	Einkünfte aus nichtselbstständiger Arbeit	§§ 19–19a EStG
+	Einkünfte aus Kapitalvermögen[1]	§ 20 EStG
+	Einkünfte aus Vermietung und Verpachtung	§§ 21–21a EStG
+	Sonstige Einkünfte	§§ 22–23 EStG
=	**Summe der Einkünfte**	
–	Altersentlastungsbetrag	§ 24a EStG
–	Freibetrag für Land- und Forstwirte	§ 13 Abs. 3 EStG
=	**Gesamtbetrag der Einkünfte**	**§ 2 Abs. 3 EStG**
–	Sonderausgaben	§§ 10 ff. EStG
–	außergewöhnliche Belastungen	§ 33 EStG
=	**Einkommen**	**§ 2 Abs. 4 EStG**
–	Kinderfreibetrag	§ 32 Abs. 6 EStG
–	Entlastungsbetrag für Alleinerziehende	§ 24 b EStG
–	Härteausgleich	§ 46 Abs. 3 EStG
=	**zu versteuerndes Einkommen**	**§ 2 Abs. 5 EStG**

1 Achtung: Steuerschulden aus Einkünften aus Kapitalvermögen gelten mit dem Kapitalertragsteuerabzug von 25 % („Abgeltungssteuer") als beglichen. Auf Antrag des Steuerpflichtigen werden die Einkünfte aus Kapitalvermögen der tariflichen Einkommensteuer dann unterworfen, wenn der individuelle Einkommensteuersatz geringer als 25 % ist (Günstigerprüfung nach § 32d Abs. 6 EStG). Dieser Antrag kann bei zusammenveranlagten Ehegatten/eingetragenen Lebenspartnern nur für sämtliche Kapitalerträge beider Ehegatten/eingetragener Lebenspartner gestellt werden. Ein tatsächlicher Werbungskostenabzug scheidet aus. Die von der Abgeltungsteuer nicht erfassten ausländischen Kapitaleinkünfte sind in der Einkommensteuererklärung nachträglich einem Steuersatz von 25 % zu unterwerfen.

11.2.2 Veranlagungsmöglichkeiten

Nach Ablauf eines Kalenderjahres hat der Steuerpflichtige dem Finanzamt seine Einkommensteuererklärung einzureichen. Das Amt ermittelt das zu versteuernde Einkommen und berechnet daraus die Einkommensteuerschuld. Die Einkommensteuer wiederum ist Bemessungsgrundlage für die zusätzlich erhobene Kirchensteuer und den Solidaritätszuschlag von gegenwärtig 5,5 %. Bei den Veranlagungsverfahren kann zwischen der Einzelveranlagung und der Zusammenveranlagung unterschieden werden.

(1) Einzelveranlagung

Einzeln veranlagt werden Alleinstehende oder Ehegatten/eingetragene Lebenspartner, die eine getrennte Veranlagung wünschen. Bei Ehegatten bzw. eingetragenen Lebenspartnern gilt:

- Jedem Ehegatten/eingetragenen Lebenspartner werden die von ihm bezogenen Einkünfte zugerechnet.
- Ein nur teilweise ausgenutzter Sparer-Pauschbetrag und Werbungskostenpauschbetrag aus Kapitalvermögen kann nicht auf den anderen Ehegatten/eingetragenen Lebenspartner übertragen werden.
- Jeder Ehepartner/eingetragene Lebenspartner wird gemäß der Einkommensteuergrundtabelle besteuert.

(2) Gemeinsame Veranlagung (Zusammenveranlagung)

Bei der gemeinsamen Veranlagung führt der Splittingtarif zu einer erheblichen Steuerentlastung: Die Einkünfte werden zunächst getrennt ermittelt (jedoch ist die Übertragung eines nur teilweise ausgenutzten Sparer-Pauschbetrages und Werbungskostenpauschbetrages aus Kapitalvermögen auf den Ehepartner/eingetragenen Lebenspartner möglich). Nach anschließender Zusammenrechnung wird das insgesamt zu versteuernde Einkommen halbiert und beide Teilbeträge werden nach der Einkommensteuergrundtabelle besteuert. Das Ergebnis der damit insgesamt fälligen Steuerschuld kann ohne Rechenaufwand aus der Splittingtabelle abgelesen werden. Die gemeinsame Veranlagung ist umso vorteilhafter, je unterschiedlicher die Einkommen beider Ehegatten/eingetragener Lebenspartner sind und je geringer das Einkommen eines Ehepartners/eingetragenen Lebenspartners ist. Da die Ehepartner/eingetragenen Lebenspartner als ein Steuerpflichtiger angesehen werden, ist nur eine Einkommensteuererklärung abzugeben.

Beispiel (Berechnungsverfahren zur Veranlagung)

(1) Ein lediger Arbeitnehmer hat ein zu versteuerndes Einkommen in Höhe von 60.000 Euro. Gemäß der Einkommensteuergrundtabelle 2014 beträgt damit seine Steuerschuld 16.700 Euro.

(2) Nach seiner Heirat beläuft sich die Einkommensteuerschuld bei gemeinsamer Veranlagung auf nur noch 10.800 Euro (Splittingtarif):

Einkommensteuer bei 30.000 Euro zu versteuerndem Einkommen gemäß Grundtabelle 5.400 Euro: 5.400 Euro · 2 = 10.800 Euro.

11.2.3 Einkommensteuertarif

Für die Höhe der zu zahlenden Einkommensteuer ist der § 32a EStG entscheidend. Er bestimmt das Rechenverfahren zur Ermittlung der Steuerschuld. Einfacher liest man die Steuerschuld in der aktuellen Einkommensteuergrund- oder Einkommensteuersplittingtabelle nach. Folgende Begriffe spielen dabei eine Rolle:

- Grundfreibetrag (Existenzminimum): Bis zu einem zu versteuernden Einkommen in Höhe des Existenzminimums (seit 2018: 9.000 Euro) wird keine Einkommensteuer erhoben. Bei zusammen veranlagten Ehegatten/eingetragenen Lebenspartnern verdoppelt sich der Betrag (seit 2018: 18.000 Euro).

- Grenzsteuersatz: Der Grenzsteuersatz gibt an, in welcher Höhe ein zusätzlich zu versteuernder Euro einkommensteuerpflichtig ist. Zu unterscheiden ist zwischen dem Eingangssteuersatz bei 9.001 Euro (14 %) und dem Spitzensteuersatz ab 54.959 Euro (42 %). Der Eingangssteuersatz steigt linear-progressiv (gleichmäßig) mit Zunahme des zu versteuernden Einkommens auf den Spitzensteuersatz an.

Berechnet werden kann der Grenzsteuersatz mit der Formel:

$$\text{Grenzsteuersatz} = \frac{\text{Einkommensteuer}_{\text{neu}} - \text{Einkommensteuer}_{\text{alt}}}{\text{zu verst. Einkommen}_{\text{neu}} - \text{zu verst. Einkommen}_{\text{alt}}} \cdot 100\%$$

- Für die Berechnung des Durchschnittsteuersatzes bzw. der durchschnittlichen Steuerbelastung gilt:

$$\text{Grenzsteuersatz} = \frac{\text{Jahreseinkommensteuer}}{\text{zu versteuerndes Einkommen}} \cdot 100\%$$

Beispiel (Durchschnittsteuer-, Grenzsteuersatz)

Das zu versteuernde Einkommen eines ledigen Arbeitnehmers beträgt 60.000 Euro. Bei einer Steuerbelastung von 16.578 Euro beträgt sein Durchschnittsteuersatz:

$$\frac{16.961 \text{ Euro}}{60.000 \text{ Euro}} \cdot 100\% = 28{,}3\ \%.$$

Bei einer Erhöhung des zu versteuernden Einkommens von 60.000 Euro um 100 Euro auf 60.100 Euro wären nunmehr 16.620 Euro Einkommensteuer zu zahlen gewesen. Für den Grenzsteuersatz gilt:

$$\frac{17.003 \text{ Euro} - 16.961 \text{ Euro}}{100 \text{ Euro}} \cdot 100\% = 42\ \%$$

Sehr schnell lassen sich Berechnungen über den Steuerrechner des BMF durchführen (https://www.bmf-steuerrechner.de/ekst/eingabeformekst.xhtml):

EINKOMMENSTEUERBERECHNUNG

Ihre Eingabedaten

zu versteuerndes Einkommen (zvE):	60.000,00 Euro
Persönliche Verhältnisse:	alleinstehend
Berechnungsjahr:	2018

Ergebnis der Berechnung der Einkommensteuer 2018

Tabelle Allgemeine Besteuerungsmerkmale

Ergebnis	Betrag	Durchschnittsbelastung	Grenzbelastung
Einkommensteuer	16.578,00 Euro	27,63 %	42,00 %
Solidaritätszuschlag	911,79 Euro	1,52 %	
Summe	**17.489,79 Euro**	**29,15 %**	

11.3 Einkünfte aus nichtselbstständiger Arbeit

11.3.1 Einnahmen (Einkünfte) aus nichtselbstständiger Arbeit

Bei den Einkünften aus nichtselbstständiger Arbeit handelt es sich um die bei Arbeitnehmern bedeutendste Überschusseinkunftsart. Sie wird nach folgendem Schema ermittelt:

Position		Hinweise	Fundstelle
Einnahmen aus nichtselbstständiger Arbeit		inkl. Versorgungsbezüge	§ 19 EStG
–	Versorgungsfreibetrag	in 2018: 19,2 % der Versorgungsbezüge, max. 1.440 Euro	§ 19 EStG
–	Arbeitnehmer-Pauschbetrag	1.000 Euro pro Arbeitnehmer	§ 9a EStG
=	**steuerpflichtige Einkünfte aus nichtselbstständiger Arbeit**		

Gemäß der Lohnsteuerdurchführungsverordnung gehören zu den Einkünften (nach Abzug der Werbungskosten und ggf. des Versorgungsfreibetrages) aus nichtselbstständiger Arbeit (§ 19 EStG):

- aus einem gegenwärtigen Dienstverhältnis: Gehälter, Löhne, Gratifikationen, Tantiemen und andere vom Arbeitgeber gewährte Bezüge oder Vorteile. Als geldwerte Vorteile sind beispielsweise die verbilligte Überlassung einer Mietwohnung, eines Kfz oder anderer Waren zu nennen. Zudem sind vermögenswirksame Leistungen einkommensteuerpflichtig.

- aus einem früheren Dienstverhältnis: Ruhe-, Witwen- und Waisengelder und andere vom Arbeitgeber gewährte Vorzüge. Als Ruhegelder sind beispielsweise die Beamten- und Betriebspensionen zu nennen (Versorgungsbezüge).

11.3.2 Versorgungsfreibetrag, Arbeitnehmer-Pauschbetrag

Versorgungsbezüge gehören zu den Einkünften aus nichtselbstständiger Arbeit, denen keine eigenen Zahlbeiträge zugrunde liegen, beispielsweise Betriebs- und Beamtenpensionen. Von den Versorgungsbezügen abzuziehen ist der Versorgungsfreibetrag und als Ausgleich zu dem fehlenden Werbungskostenpauschbetrag von 1.000 Euro ein Zuschlag zum Versorgungsfreibetrag (§ 19 EStG; für 2018: 432 Euro). Diese Beträge werden lebenslang festgeschrieben.

Jahr des Versorgungsbeginns	Versorgungsfreibetrag	
	in % der Versorgungsbezüge	Höchstbetrag (Zuschlag) in Euro
2008	35,2	2.640 (792)
2009	33,6	2.520 (756)
2010	32,0	2.400 (720)
2011	30,4	2.280 (684)
2012	28,8	2.160 (648)
2013	27,2	2.040 (612)
2014	25,6	1.920 (576)
2015	24,0	1.800 (540)
2016	22,4	1.680 (504)
2017	20,8	1.560 (468)
2018	19,2	1.440 (432)
...	...	...
2039	0,8	60 (18)
2040	0,0	0 (0)

Beispiel (Einkünfte aus nichtselbstständiger Arbeit)

Gegeben sind Bruttoeinnahmen aus nichtselbstständiger Arbeit in Höhe von 2.000 Euro und eine erstmalig in 2008 gezahlte Betriebspension in Höhe von 3.000 Euro.

Dann belaufen sich die Einkünfte aus nichtselbstständiger Arbeit auf

	Bruttoeinnahmen aus nichtselbstständiger Arbeit	2.000 Euro
+	Betriebspensionen	3.000 Euro
–	Versorgungsfreibetrag (35,2 % aus 3.000 Euro, max. 2.640 Euro)	1.056 Euro
–	Zuschlag zum Versorgungsfreibetrag	792 Euro
–	Arbeitnehmer-Pauschbetrag	1.000 Euro
=	**Einkünfte aus nichtselbstständiger Arbeit**	**2.152 Euro**

Jedem Arbeitnehmer werden pauschal 1.000 Euro Werbungskosten zuerkannt. Da in den Lohnsteuertabellen bereits diese Pauschale eingearbeitet ist, lohnt sich ein Einzelnachweis nur dann, wenn die tatsächlichen Werbungskosten den Pauschbetrag übersteigen. Auf eine Einkommensteuererklärung kann ebenfalls verzichtet werden, wenn nur Einkünfte aus nichtselbstständiger Arbeit erzielt wurden, denn mit der monatlich als Einkommensteuervorauszahlung zu zahlenden Lohnsteuer gilt die Einkommensteuerschuld als abgegolten.

11.3.3 Der Altersentlastungsbetrag

Einen lebenslang festgeschriebenen Altersentlastungsbetrag erhält diejenige Person, die das 64. Lebensjahr vollendet hat (§ 24a EStG). Für die Bemessungsgrundlage gilt:

Bemessungsgrundlage Altersentlastungsbetrag	
	Bruttoarbeitslohn (jedoch keine Versorgungsbezüge, da steuerbegünstigt)
+	positive Nebeneinkünfte (jedoch keine Renten, da steuerbegünstigt)
=	Bemessungsgrundlage für Altersentlastungsbetrag

Der Altersentlastungsbetrag wird im Falle der Zusammenveranlagung für jeden Ehegatten/eingetragenen Lebenspartner gesondert berücksichtigt. Die Übertragung des von einem Ehegatten/eingetragenen Lebenspartner nicht ausgenutzten Altersentlastungsbetrages auf den anderen Ehegatten/eingetragenen Lebenspartner ist nicht möglich. Daher wird beispielsweise bei Kapitaleinkünften empfohlen, durch Vermögensübertrag auf den anderen Ehegatten/eingetragenen Lebenspartner den Altersentlastungsbetrag optimal auszuschöpfen.

Aufgrund der Bestimmungen des Alterseinkünftegesetzes wird der Altersentlastungsbetrag sukzessive abgeschmolzen:

Das auf die Vollendung des 64. Lebensjahres folgende Kalenderjahr	Altersentlastungsbetrag	
	in % der Einkünfte	Höchstbetrag in Euro
2005	40,0	1.900
2006	38,4	1.824
2007	36,8	1.748
2008	35,2	1.672
2009	33,6	1.596
2010	32,0	1.520
2011	30,4	1.444
2012	28,8	1.368
2013	27,2	1.292
2014	25,6	1.216
2015	24,0	1.140
2016	22,4	1.064
2017	20,8	988
2018	19,2	912
...	...	...
2040	0,0	0

Beispiel (Altersentlastungsbetrag)

Der 64. Geburtstag wird 2018 gefeiert. Folgende jährliche Einkünfte sind bekannt:

- Rente der BfA in Höhe von 15.000 Euro
- Einkünfte aus Vermietung und Verpachtung 6.000 Euro
- Einkünfte aus Kapitalvermögen von 1.801 Euro. Davon ist ein Betrag von 801 Euro steuerfrei (Sparer-Pauschbetrag).

Bemessungsgrundlage für den Altersentlastungsbetrag sind die steuerpflichtigen Einkünfte aus Kapitalvermögen und Vermietung und Verpachtung:

	Einkünfte aus Vermietung und Verpachtung:	6.000 Euro
+	Einkünfte aus Kapitalvermögen	1.801 Euro
–	Sparer-Pauschbetrag	801 Euro
=	Bemessungsgrundlage Altersentlastungsbetrag	7.000 Euro

Der Entlastungsbetrag beläuft sich auf 19,2 % (2018) der Bemessungsgrundlage:

7.000 Euro · 19,2 % = 1.344 Euro

Zu beachten ist in diesem Fall allerdings die Begrenzung auf 912 Euro.

Der Altersentlastungsbetrag in Höhe von 19,2 % (maximal begrenzt auf 912 Euro) wird lebenslang festgeschrieben.

11.3.4 Kirchensteuer und Solidaritätszuschlag

Die Höhe des Solidaritätszuschlages beträgt 5,5 % der Einkommensteuer oder der Einkommensteuervorauszahlung (Lohnsteuer). Die Höhe der Kirchensteuerlast beträgt in Bayern, Baden-Württemberg, Bremen und Hamburg 8 % der Einkommensteuerschuld, in den übrigen Bundesländern 9 %.

Die Abgeltungsteuer auf steuerpflichtige Kapitaleinkünfte wird bei Banken grundsätzlich mit Kirchensteuer und Solidaritätszuschlag einbehalten.

11.4 Einkünfte aus Kapitalvermögen

11.4.1 Überblick

Durch das Unternehmenssteuerreformgesetz hat sich die Besteuerung von Kapitalerträgen im Privatvermögen seit 2009 grundlegend geändert.

Die wichtigsten Fakten im Überblick:

- Laufende Kapitalerträge (beispielsweise Zinsen) und einmalige Kapitalerträge (beispielsweise Kursgewinne) unterliegen einer die Einkommensteuerschuld abgeltenden Kapitalertragsteuer (nachfolgend „Abgeltungssteuer" genannt) von 25 % zuzüglich Solidaritätszuschlag und Kirchensteuer. Eine individuelle Steuerveranlagung im Rahmen der Einkommensteuererklärung erfolgt damit grundsätzlich nicht mehr.

Ausnahmsweise ist eine Besteuerung mit dem individuellen Steuersatz im Rahmen der Einkommensteuererklärung möglich,

- wenn der individuelle Grenzsteuersatz geringer als 25 % ist. Bei Ledigen entspricht das einem zu versteuernden Einkommen von 16.500 Euro oder weniger (2017). Zuviel einbehaltene Abgeltungssteuer wird im Rahmen der Einkommensteuererklärung zurückerstattet.
- wenn auf bestimmte Erträge eine nicht abgeltende, sondern anzurechnende Kapitalertragsteuer von 25 % einbehalten wird (beispielsweise bei Lebensversicherungen) und die individuelle Steuerschuld geringer ausfällt. Zu viel einbehaltene Kapitalertragsteuer wird ebenfalls im Rahmen der Einkommensteuererklärung zurückerstattet.

Eine Besteuerung im Rahmen der Einkommensteuererklärung mit dem Abgeltungssteuersatz von 25 % kommt dann in Frage,

- wenn einbehaltene ausländische Steuern oder Verluste aus Kapitalvermögen bei der Erhebung der Abgeltungssteuer nicht berücksichtigt wurden.
- wenn eine abgeltende oder anzurechnende Kapitalertragsteuer einbehalten wurde, obwohl der Sparer-Pauschbetrag nicht vollständig ausgeschöpft wurde.
- wenn ausländische Kapitaleinkünfte zwar nicht der deutschen Abgeltungssteuer unterliegen, diese aber im Rahmen der Einkommensteuererklärung angegeben werden müssen.

- Kapitalerträge sind kirchensteuerpflichtig. Die Kirchensteuer wird mit der Abgeltungssteuer durch die Bank einbehalten. Eine Berücksichtigung der Kirchensteuer als Sonderausgabe wird unmittelbar bei der Berechnung der Abgeltungsteuer berücksichtigt. Seit 2015 wird dem Kreditinstitut die Religionszugehörigkeit des Anlegers automatisch über das Bundeszentralamt für Steuern mitgeteilt.
- Bei Tafelgeschäften nimmt der Steuerpflichtige die Veräußerung von Kapitalanlagen (Wertpapiere, Zins- und Dividendenscheine) über eine inländische auszahlende Bank vor, ohne bei dieser ein Konto oder Depot zu unterhalten. Ein Sparer-Pauschbetrag bleibt dabei unberücksichtigt. Solidaritätszuschlag wird mit der Abgeltungsteuer einbehalten, nicht aber Kirchensteuer.
- Zuzüglich der im Inland verwahrten inländischen Anleihen fällt die Abgeltungssteuer auch auf Zinserträge von Auslandsanleihen und Dividenden ausländischer Aktien in inländischen Depots an. Im Ausland realisierte Kapitalerträge werden allerdings nicht vom inländischen Kapitalertragsteuerabzug erfasst. Diese müssen in der Einkommensteuererklärung angegeben werden.
- Jede Depotübertragung wird zunächst als ein entgeltlicher Vorgang angesehen, der die Steuerpflicht auslöst. Die Unentgeltlichkeit eines Übertrages ist durch die Bank dem Finanzamt anzuzeigen (§ 43 Abs. 1 EStG).
- Der im Rahmen eines Wertpapierverkaufs realisierte Verlust kann grundsätzlich nur noch mit positiven Einkünften aus Kapitalvermögen verrechnet werden. Nicht mit positiven Einkünften ausgleichbare Verluste werden auf das nächste Jahr vorgetragen. Ein Verlustrücktrag scheidet aus.
- Eine Bescheinigung über Kapitalerträge und einbehaltene Kapitalertragsteuer (§ 45a EStG) ist dem Finanzamt dann einzureichen, wenn eine gezahlte Abgeltungssteuer in der Einkommensteuer angerechnet werden soll.

Im Zusammenhang mit Einkünften aus Kapitalvermögen sind vier Fragestellungen von grundsätzlichem Interesse:

- Welche Einkünfte aus Kapitalvermögen unterliegen einer anzurechnenden Kapitalertragsteuer oder Abgeltungssteuer (§ 20 EStG)?
- Wie erfolgt eine mögliche Verlustverrechnung (§ 43a EStG)?

- Wer muss die Abgeltungssteuer abführen (§ 44 EStG)?
- Wann kann auf eine Steuererhebung verzichtet werden (§ 44a EStG)?

11.4.2 Einkünfte aus Kapitalvermögen nach § 20 EStG

Die Besteuerung der Einkünfte aus Kapitalvermögen unterliegt dem Nominalwertprinzip, d.h., während der Anlagedauer erlittene Kaufkraftverluste durch Inflation dürfen nicht von den steuerpflichtigen Einkünften als Verluste steuermindernd angesetzt werden. Abgeltungsteuerpflichtige Einkünfte aus Kapitalvermögen sind

- laufende Erträge, beispielsweise Zinsen und Dividenden (§ 20 Abs. 1 EStG),
- Gewinne aus der Veräußerung der in § 20 Abs. 1 EStG genannten Kapitalanlagen (§ 20 Abs. 2 EStG).

(1) laufende Erträge gemäß § 20 Abs. 1 EStG

- Dividenden und andere Beteiligungserträge juristischer Personen (aus Aktien, Kuxen, Genussrechten) (§ 20 Abs. 1 Nr.1 EStG)
- Erträge aus privaten Rentenversicherungen mit Kapitalwahlrecht und Erträge aus fondsgebundenen und nicht fondsgebundenen Lebensversicherungen, die nach dem 31.12.2004 abgeschlossen wurden, soweit keine lebenslange Rente gezahlt wird:
  - Steuerpflichtig ist der Unterschiedsbetrag zwischen der Versicherungsleistung und der Summe der auf sie entrichteten Beträge im Erlebensfall oder Rückkauf des Vertrags (§ 20 Abs. 1 Nr. 6 EStG). Der Unterschiedsbetrag unterliegt der Abgeltungssteuer in Höhe von 25 %.
  - Ausnahme: Wird die Versicherungsleistung nach Vollendung des 62. Lebensjahres[1] des Steuerpflichtigen und nach Ablauf von zwölf Jahren seit dem Vertragsabschluss ausgezahlt, unterliegt die Hälfte des Unterschiedsbetrages der individuellen Besteuerung (§ 20 Abs. 1 Nr. 6 EStG). Dabei wird die Lebensversicherungsgesellschaft im Vorfeld immer eine Kapitalertragsteuer von 25 % auf den kompletten Differenzbetrag abführen. Der Steuerpflichtige muss also im Rahmen seiner Einkommensteuererklärung die „Überbesteuerung" selbst korrigieren.

Beispiel (Besteuerung Unterschiedsbetrag)

Die Versicherungsleistung einer nach dem 31.12.2004 abgeschlossenen Lebensversicherung beträgt 100.000 Euro. Eingezahlt wurden insgesamt 40.000 Euro. Der Einkommensteuersatz betrage 30 %.

Der Unterschiedsbetrag von 60.000 Euro unterliegt der Kapitalertragsteuerpflicht und beträgt 15.000 Euro (25 % aus 60.000 Euro).

Sofern die Lebensversicherung steuerbegünstigt war (Auszahlung der Versicherungsleistung nach Vollendung des 60. Lebensjahres und nach Ablauf von zwölf Jahren nach Vertragsabschluss), sind allerdings nur 30.000 Euro einkommensteuerpflichtig. Es erfolgt eine individuelle Besteuerung im Rahmen der Einkommensteuererklärung.

Die Steuerschuld beträgt

9.000 Euro (30 % aus 30.000 Euro),

und die Steuerrückerstattung beläuft sich auf

6.000 Euro (15.000 Euro – 9.000 Euro).

1 Für Neuverträge ab 2012. Bei Versicherungen, die zwischen dem 01.01.2005 und dem 31.12.2011 abgeschlossen wurden, gilt eine Altersgrenze von 60 Jahren.

- Erträge (beispielsweise Zinserträge) aus sonstigen Kapitalforderungen jeder Art, wenn die Rückzahlung des Kapitalvermögens oder ein Entgelt für die Überlassung des Kapitalvermögens zur Nutzung zugesagt ist, auch wenn die Höhe der Rückzahlung oder des Entgelts von einem ungewissen Ereignis abhängt (§ 20 Abs. 1 Nr. 7 EStG);
- vereinnahmte Stillhalterprämien (§ 20 Abs. 1 Nr. 11 EStG).

(2) Wertzuwächse gemäß § 20 Abs. 2 EStG

Dies sind im Wesentlichen:

- Gewinne aus der Veräußerung von Aktien, die nach dem 31.12.2008 erworben wurden (§ 20 Abs. 2 Satz 1 Nr. 1 EStG);
- Gewinne aus der Veräußerung von Zins- und Dividendenscheinen (§ 20 Abs. 2 Satz 1 Nr. 2 EStG);
- Gewinne (Differenzausgleich) aus Termingeschäften wie beispielsweise Futures (§ 20 Abs. 2 Satz 1 Nr. 3 EStG);
- Gewinne aus der Veräußerung von Ansprüchen aus Lebens- oder Rentenversicherungen (§ 20 Abs. 2 Satz 1 Nr. 6 EStG);
- Kursgewinne aus sonstigen Kapitalforderungen jeder Art (§ 20 Abs. 2 Satz 1 Nr. 7 EStG in Verbindung mit § 20 Abs. 1 Nr. 7 EStG).

Dabei hängt es von der Gattung und dem Anschaffungszeitpunkt des Wertpapiers ab, ob Abgeltungsteuer anfällt. Im Einzelnen gilt (§ 52a Abs. 10 EStG ehemalige Fassung):

Finanzinnovationen (Auszug) Aktienanleihen

<table>
<tr><td>Vollzertifikate ohne Kapitalgarantie</td><td>Erwerb nach dem 31.12.2008</td><td>Realisierte Kursgewinne unterliegen der Abgeltungssteuer in Höhe von 25 %.</td></tr>
<tr><td>Finanzinnovationen (Auszug)
• Aktienanleihen
• Anleihen (außerhalb der Disagiostaffel emittiert)
• Floater
• inflationsindexierte Anleihen
• Stufenzinsanleihen
• Zertifikate mit Kapitalgarantie
• Zerobonds</td><td colspan="2">Es greift die Abgeltungssteuer in Höhe von 25 % unabhängig vom Erwerbszeitpunkt.</td></tr>
<tr><td rowspan="2">„klassische“ Anleihen (Auszug)
• Anleihen (innerhalb der Disagiostaffel emittiert)
• Fondsanteile</td><td>Erwerb vor dem 01.01.2009</td><td>Außerhalb der Spekulationsfrist von einem Jahr realisierte Kursgewinne bleiben auch nach dem 31.12.2008 steuerfrei.</td></tr>
<tr><td>Erwerb nach dem 31.12.2008</td><td>Realisierte Kursgewinne unterliegen der Abgeltungssteuer in Höhe von 25 %.</td></tr>
</table>

Bei der Gewinnermittlung werden gezahlte Anschaffungskosten und Veräußerungsspesen berücksichtigt. Bei nicht in Euro getätigten Geschäften sind die Einnahmen im Zeitpunkt der Veräußerung und die Anschaffungskosten im Zeitpunkt der Anschaffung in Euro umzurechnen. Damit werden Währungsgewinne wieder steuerpflichtig gestellt.

Beispiel (Gewinnermittlung)

In 2017 werden 100 Aktien zu einem Kurs von 50 Euro erworben. Sechs Monate später steigt der Kurs auf 70 Euro und die Aktien werden veräußert. An Ankaufs- und Verkaufsgebühren fielen jeweils 200 Euro an.

Veräußerungspreis	7. 000 Euro
– Anschaffungskosten	5.200 Euro
– Veräußerungsspesen	200 Euro
= Gewinn	1.600 Euro

11.4.3 Sparer-Pauschbetrag

Innerhalb des Sparer-Pauschbetrages von 801 Euro (ledig) bzw. 1.602 Euro (verheiratet/verpartnert) bezogene Einkünfte aus Kapitalvermögen sind einkommensteuerfrei. Ein tatsächlicher Abzug von Werbungskosten scheidet aus.

Wird bei zusammen veranlagten Ehegatten/eingetragenen Lebenspartnern der Sparer-Pauschbetrag nicht von einem Ehepartner/eingetragenen Lebenspartner allein ausgeschöpft, kann der nicht genutzte Anteil auf den anderen Ehepartner/eingetragenen Lebenspartner übertragen werden.

Beispiel (Berechnung der Einkünfte aus Kapitalvermögen)

- Einnahmen aus Kapitalvermögen: 2.501 Euro
- nachgewiesene Werbungskosten: 850 Euro
- Sparer-Pauschbetrag: 801 Euro

Die Einkünfte aus Kapitalvermögen berechnen sich dann aus:

	Bruttoeinnahmen aus Kapitalvermögen	2.501 Euro
–	Sparer-Pauschbetrag (max. 801 Euro)	801 Euro
=	**steuerpflichtige Einkünfte aus Kapitalvermögen**	**1.700 Euro**

Welchem Kalenderjahr die Einnahmen aus Kapitalvermögen zuzurechnen sind, regelt § 11 EStG („Zuflussprinzip"). Einnahmen gelten innerhalb des Kalenderjahres bezogen, in dem sie fällig sind und dem Steuerpflichtigen wirtschaftlich gehören:

Beispiel (Zuflussprinzip)

- Zinsen aus Zinskupons: wirtschaftlicher Zufluss erfolgt am Tag der Fälligkeit des Zinsscheins (also nicht am Einlösungstag).
- Dividenden: Zufluss bestimmt sich nach dem in der Hauptversammlung beschlossenen Tag, der als Auszahlungstag festgelegt wurde (§ 44 Abs. 2 EStG).

11.4.4 Verlustanrechnung im Rahmen des Verlustverrechnungstopfes

Prinzipiell kann der Einkommensteuerpflichtige aufgrund der abgeltenden Wirkung der Kapitalertragsbesteuerung auf eine individuelle Einkommensteuererklärung verzichten. Ermöglicht wird diese Arbeitserleichterung durch den bei dem depotführenden Kreditinstitut geführten „Verlustverrechnungstopf".

Dabei handelt es sich um ein Verrechnungskonto, innerhalb dessen alle laufenden Erträge und realisierten Wertzuwächse einer Kapitalanlage mit Verlusten aus dem Verkauf einer Kapitalanlage verrechnet werden. Ein positiver Verrechnungssaldo unterliegt dann der Abgeltungsteuer. Sofern der Kunde seinem Kreditinstitut einen Freistellungsauftrag maximal in Höhe des Sparer-Pauschbetrages erteilt hat, ist nur der den Sparer-Pauschbetrag übersteigende positive Saldo abgeltungsteuerpflichtig. Ein zum Jahresende negativer Saldo wird auf das neue Jahr übertragen.

Allerdings hat der Gesetzgeber bezüglich der Verrechnungsmöglichkeiten Grenzen gesetzt: So dürfen Aktienkursverluste nur mit Aktienkursgewinnen verrechnet werden (§ 20 Abs. 6 EStG). Dagegen können sämtliche positiven Kapitalerträge (einschließlich Aktienkursgewinne) mit anderen negativen Einkünften (außer Aktienkursverlusten) verrechnet werden. Diese Beschränkung gilt für Aktien, die nach dem 31.12.2008 erworben wurden.

Beispiel (Verlustverrechnungsbeschränkung)

(1) Realisierung von Aktienkursverlusten in Höhe von 1.000 Euro, anschließend Realisierung eines Gewinns über 500 Euro aus dem Verkauf eines Zertifikats:

Eine Verrechnung des Gewinns mit den Verlusten ist nicht möglich. Die Abgeltungsteuer beträgt 25 % aus 500 Euro: 125 Euro.

(2) Gewinn von 1.000 Euro aus einem Aktienverkauf, anschließend Realisierung von Verlusten aus dem Verkauf eines Zertifikats in Höhe von 1.000 Euro:

Eine Verrechnung ist möglich, daher fällt keine Abgeltungsteuer an.

Verlustverrechnungstopf (für inländisches Depot)	
Verrechnungstopf „Aktien"	**Verrechnungstopf „Allgemein"**
Aktienkursverluste sind nur mit Aktienkursgewinnen verrechenbar.[1] Hinweis: Sofern Aktienkursgewinne generiert werden, sind diese vorrangig mit bestehenden Aktienkursverlusten zu verrechnen. Ein nach Verrechnung bestehender positiver Überhang wird anschließend mit sonstigen negativen Einkünften aus der Veräußerung von verzinslichen Wertpapieren, Zertifikaten, Fonds oder Termingeschäften saldiert.	Verrechnung von • in- und ausländischen Zins- und Dividendenzahlungen, • in- und ausländischen Gewinnen aus der Veräußerung von verzinslichen Wertpapieren, Zertifikaten, Fonds und Termingeschäften, • Kursgewinnen aus Aktiengeschäften[1] mit • Veräußerungsverlusten gleichartiger Wertpapiere (Ausnahme: Verrechnungstopf „Aktien") und negativen Stückzinsen, • dem Sparer-Pauschbetrag (sofern Freistellungsauftrag erteilt).

[1] Gilt für Aktien, die nach dem 31.12.2008 erworben wurden.

Saldo zum Jahresende negativ

Möglichkeiten des Verlustansatzes:

- Verlustübertrag innerhalb des Verlustverrechnungstopfes ins neue Jahr oder
- Erstellung einer Verlustbescheinigung (bis 15.12. des lfd. Jahres) vom Kreditinstitut und Verlustanrechnung bzw. Verlustvortrag ins neue Jahr im Rahmen der Einkommensteuererklärung. Folge: Glattstellung des Verlustverrechnungstopfs auf „0", d. h., ein Verlustübertrag entfällt (§ 43a Abs. 3 EStG).

Bezüglich der Verlustverrechnung gilt folgendes Verfahren:

- Ein erteilter Freistellungsauftrag des Kunden wird erst nach Berücksichtigung des Verlustverrechnungstopfes angewendet.
- Umgekehrt lebt bei einem realisierten Verlust aus Kapitaleinkünften ein verbrauchter Freistellungsauftrag vorrangig wieder auf. Zuvor gezahlte Abgeltungsteuer wird ganz oder teilweise zurückerstattet.

Beispiel (Verlustverrechnungstopf)

	Betrag (Euro)
01.01. Unausgeschöpfter Freistellungsauftrag	**600**
01.01. Aktueller Stand des Verlustverrechnungstopfes	**0**
15.03. Ausschüttung von Zinsen und Dividenden	**400**
Freistellungsauftrag 600 Euro – 400 Euro = 200 Euro	200
Verlustverrechnungstopf	0
Abgeltungsteuer gezahlt aus dem Betrag:	0
Abgeltungsteuer erstattet aus dem Betrag:	0
20.03. Veräußerungsgewinn eines Zerobonds	**500**
Freistellungsauftrag 200 Euro – 200 Euro = 0 Euro	0
Verlustverrechnungstopf	0
Abgeltungsteuer gezahlt aus dem Betrag	
500 Euro – 200 Euro = 300 Euro	75
Abgeltungsteuer erstattet aus dem Betrag:	0

Beispiel (Verlustverrechnungstopf)

	Betrag (Euro)
30.06. Veräußerungsverlust eines nach 2008 erworbenen Aktienfonds (im Gegensatz zu Aktienkursverlusten sind Verluste aus Aktienfonds verrechnungsfähig)	**1.000**
② wieder auflebender Freistellungsauftrag: 1.000 Euro – 300 Euro = 700 Euro, max. 600 Euro	600
③ Verlustverrechnungstopf: 1.000 Euro – 300 Euro – 600 Euro = 100 Euro	100
Abgeltungsteuer gezahlt aus dem Betrag:	0
① Abgeltungsteuer erstattet aus dem Betrag: 300 Euro	75
25.09. Ausschüttung von Zinsen	**900**
② Freistellungsauftrag 600 Euro – 600 Euro = 0 Euro	0
① Verlustverrechnungstopf 100 Euro – 100 Euro = 0 Euro	0
Abgeltungsteuer gezahlt aus dem Betrag: 900 Euro – 600 Euro – 100 Euro = 200 Euro	50
Abgeltungsteuer erstattet aus dem Betrag:	0

Die eingekreisten Zahlen beschreiben die Reihenfolge der Verrechnung

11.4.5 Besonderheiten bei der Ermittlung der Abgeltungsteuer

Grundsätzlich erfolgt die Besteuerung der Kapitalerträge durch den abgeltenden Kapitalertragsteuerabzug von 25 %. Allerdings sieht der Gesetzgeber einige Ausnahmeregelungen vor, die zu einer von 25 % abweichenden Besteuerung führen können:

- Berücksichtigung einer bereits im Ausland gezahlten Steuer (Nummer 1),
- Berücksichtigung der Kirchensteuer als steuerbegünstigte Sonderausgaben (Nummer 2),
- Verzicht der Besteuerung bei Vorlage eines Freistellungsauftrags oder einer NV-Bescheinigung (Nummern 3 und 4),
- Besteuerung einer Depotübertragung (Nummern 5 und 6),
- Besteuerung eines Veräußerungsgewinns bei fehlendem Ankaufskurs (Nummern 5 und 6)

(1) Berücksichtigung einer bereits im Ausland gezahlten Steuer

Eine im Ausland einbehaltene Quellensteuer auf im Ausland erzielte Zins- und Dividendeneinkünfte wird grundsätzlich bei der Ermittlung der inländischen Abgeltungssteuer angerechnet. Damit soll eine mögliche Steuerkorrektur im Rahmen der Einkommensteuererklärung vermieden werden (§ 32d EStG).

§ 32d EStG [Gesonderter Steuertarif]: „ … Die Steuer […] vermindert sich um die […] anrechenbaren ausländischen Steuern. […] Die Einkommensteuer beträgt damit

$$\frac{e - 4q}{4 + k}$$

Dabei sind e die nach den Vorschriften des § 20 ermittelten Einkünfte, q die […] anrechenbare ausländische Steuer und k der […] geltende Kirchensteuersatz."

Beispiel (Anrechnung ausländische Steuer)

Ein inländischer Kapitalanleger erzielt aus einem ausländischen Aktienpaket eine Dividende von 1.000 Euro. Im Ausland wurde eine Steuer von 200 Euro einbehalten. Die Höhe des Abgeltungssteuerabzugs beträgt:

$$\frac{1.000 \text{ Euro} - 4 \cdot 200 \text{ Euro}}{4} = 50 \text{ Euro}$$

(2) Berücksichtigung der Kirchensteuer als Sonderausgaben

Aufgrund der grundsätzlich abgeltenden Wirkung der Kapitalertragsteuer ist bezüglich der Kapitalerträge keine Einkommensteuererklärung mehr notwendig. Daher ist die Kirchensteuer zum Zeitpunkt des Abgeltungssteuerabzugs fällig. Bemessungsgrundlage der Kirchensteuer ist die Höhe der Abgeltungsteuer. Allerdings ist zu berücksichtigen, dass dem Steuerpflichtigen damit die Möglichkeit genommen ist, die erhobene Kirchensteuer steuermindernd als Sonderausgaben im Rahmen seiner Steuererklärung ansetzen zu können. Dieser Sachverhalt wird zugunsten des Steuerpflichtigen mit der Berechnungsvorschrift des § 32d EStG berücksichtigt.

Beispiel (Kirchensteuererhebung)

Ein inländischer Kapitalanleger erzielt eine Dividende von 100 Euro. Der Kirchensteuersatz beträgt 9 %. Dann werden die Abgeltungs- und Kirchensteuer wie folgt erhoben:

$$\text{Abgeltungssteuer: } \frac{100 \text{ Euro}}{4 + \frac{9}{100}} = 24{,}45 \text{ Euro}$$

$$\text{Kirchensteuer: } 24{,}45 \text{ Euro} \cdot \frac{9}{100} = 2{,}20 \text{ Euro}$$

Hinweis: Während die Abgeltungsteuer auf zwei Dezimalstellen gerundet wird, werden die Kirchensteuer und der Solidaritätszuschlag nach zwei Nachkommastellen gekappt.

Wenn dem Kreditinstitut die Daten zur Ermittlung der Kirchensteuer nicht vorliegen, muss die Kirchensteuer auf dem Wege der Einkommensteuererklärung erhoben werden (§ 51a Abs. 2d EStG).

(3) Freistellungsauftrag (Einzelfragen: R 44.b EStR)

Mit dem Freistellungsauftrag wird erreicht, dass Kapitaleinkünfte unbeschränkt einkommensteuerpflichtiger Personen bis zu 801 Euro bei Ledigen und 1.602 Euro bei zusammen veranlagten Ehegatten/eingetragenen Lebenspartnern ohne Kapitalertragsteuerabzug (beispielsweise Lebensversicherung) oder Abgeltungssteuerabzug gutgeschrieben werden. Ebenso unterbleibt eine Belastung mit dem Solidaritätszuschlag und der Kirchensteuer. Kreditinstitute sind bei Vorlage eines Freistellungsauftrags gemäß §45d EStG verpflichtet, dem Bundeszentralamt für Steuern folgende Daten zu übermitteln:

- die Höhe der Kapitalerträge, von denen kein Steuerabzug vorgenommen wurde,
- die Höhe der Kapitalerträge, von denen die Erstattung von Abgeltungsteuer beim Bundeszentralamt für Steuern beantragt wurde,
- den Namen und die Anschrift des Empfängers des Freistellungsauftrags,
- Vor- und Zunamen sowie das Geburtsdatum der Person – ggf. auch des Ehegatten/eingetragenen Lebenspartners –, die den Freistellungsauftrag erteilt hat (Auftraggeber).

Bei der Erteilung des Freistellungsauftrags ist zu beachten:

- Entscheidend ist, dass Kontoinhaber und Gläubiger der Einlage identisch sind. Der Freistellungsauftrag kann unbefristet oder befristet erteilt werden.
- Kindern steht ebenfalls die Möglichkeit offen, einen Freistellungsauftrag abzugeben, sofern sie die Gläubigereigenschaft erfüllen.
- Ehepaare können einen gemeinsamen Freistellungsauftrag erteilen. Er gilt dann sowohl für solche Erträge, die einem einzelnen Ehegatten/eingetragenen Lebenspartner als auch für die Erträge, die beiden gemeinsam zufließen.
- Seit 2010 besteht für Ehegatten/eingetragene Lebenspartner ein Wahlrecht zwischen einem gemeinsamen FSA und einem Einzel-FSA. Einzel-FSA sind neben einem gemeinsamen FSA nicht möglich.
- Für Gemeinschaftskonten/-depots führt nur ein gemeinsamer FSA zur Freistellung vom Kapitalertragsteuerabzug.

Seit 2011 ist bei neu gestellten Freistellungsaufträgen die Steueridentifikationsnummer zwingend mit anzugeben.

(4) Nichtveranlagungs(NV)-Bescheinigung (Einzelfragen: R 44.b EStR)

Eine Nichtveranlagungs-Bescheinigung erhalten auf Antrag unbeschränkt einkommensteuerpflichtige Personen. Sie besitzt eine Gültigkeit von drei Jahren und wird vom Wohnsitzfinanzamt ausgestellt. Wie beim Freistellungsauftrag unterbleibt dann ein Abgeltungssteuerabzug. Sollten die Voraussetzungen für die Erteilung der NV-Bescheinigung innerhalb der drei Jahre wegfallen, die Grenzen für eine Einkommensteuerveranlagung also zukünftig überschritten werden, muss der Steuerpflichtige die Bescheinigungen dem Finanzamt zurückgeben.

Eine NV-Bescheinigung für Kinder wird häufig im Zuge von Vermögensübertragungen auf Kinder beantragt. In diesem Fall bleiben Zinseinnahmen und sonstige Kapitalerträge steuerfrei, wenn sie den Betrag von 9.837 Euro nicht übersteigen:

Position	Betrag
Grundfreibetrag (2017)	9.000 Euro
Sparer-Pauschbetrag	801 Euro
Sonderausgabenpauschbetrag	36 Euro
Summe	9.837 Euro

Bei Kindern wird im Rahmen der kostenfreien Krankenversicherung geprüft, ob das Kind aufgrund seiner Einkommenssituation eine eigene Krankenversicherung abschließen muss (§ 10 des 5. Sozialgesetzbuches in Verbindung mit § 18 des 4. Sozialgesetzbuches). Zu beachten ist, dass im Gegensatz zu den Jahren vor 2009 auch realisierte Kursgewinne dem Einkommen des Kindes zugerechnet werden.

(5) Besteuerung eines Depotübertrages mit Gläubigerwechsel (§ 43 Abs. 1 EStG und § 43a Abs. 2 EStG)

Zur Sicherstellung des Steueraufkommens wird bei der Übertragung von Kapitalanlagen auf einen anderen Gläubiger grundsätzlich von einer entgeltlichen Veräußerung ausgegangen. Damit wird der Kurswert des übertragenen Papiers zum Zeitpunkt der Übertragung als Einnahme aus der Veräußerung angesetzt. Davon abzuziehen ist der festgestellte Kurswert zum Anschaffungszeitpunkt des Wertpapiers. Liegt dieser Wert nicht vor, werden als Ersatzbemessungsgrundlage für den Abgeltungsteuerabzug 30 % des zum Übertragungszeitpunkt festgestellten Kurswertes angesetzt.

Dem Steuerpflichtigen bleibt es allerdings unbenommen, gegenüber der Bank darzulegen, dass ein unentgeltlicher und nicht kapitalertragsteuerpflichtiger Vorgang (Schenkung oder Erbschaft) vorliegt. Die Bank hat dem Finanzamt derartige unentgeltliche Geschäfte mitzuteilen. Damit wird gewährleistet, dass die Finanzverwaltung über Sachverhalte, die die Erbschaft- und Schenkungsteuer betreffen, Kenntnis erlangt.

(6) Besteuerung eines Depotübertrages ohne Gläubigerwechsel (§ 43 Abs. 1 EStG und § 43a Abs. 2 EStG)

Der Übertrag unterliegt nicht der Abgeltungsteuer. Das abgebende inländische Kreditinstitut hat dem übernehmenden inländischen Kreditinstitut die ursprünglichen Anschaffungskosten mitzuteilen. Bemessungsgrundlage für die Abgeltungsteuer bei späterer Veräußerung ist dann die Differenz zwischen Verkaufskurs und übernommenen Ankaufkurs („Differenzmethode"). Bei einem abgebenden ausländischen Kreditinstitut oder einer abgebenden ausländischen Zweigstelle eines inländischen Kreditinstituts ist ein besonderer Nachweis notwendig. Da nur Banken den Nachweis entstandener Anschaffungskosten erbringen können, scheidet der Nachweis durch eine Privatperson aus. Bei einem fehlenden Nachweis gelten bei einem späteren Verkauf des Wertpapiers 30 % aus der Veräußerung oder Einlösung des Wertpapiers als Bemessungsgrundlage für die Abgeltungssteuer („Pauschalmethode"). Ein Wahlrecht zwischen beiden Methoden darf nicht ausgeübt werden.

Beispiel (Differenzmethode, Pauschalmethode)

Ein Anleger hat in 2009 21.000 Euro in einen Zerobond investiert. Das Papier wurde zwischenzeitlich auf ein anderes Depot übertragen. In 2013 veräußerte er das Papier zu 31.000 Euro. Folglich beträgt der Kursgewinn 10.000 Euro.

(1) Die ursprünglichen Anschaffungskosten liegen vor:

Bemessungsgrundlage Differenzmethode: 10.000 Euro

Abgeltungssteuer = 10.000 Euro · 0,25 = 2.500 Euro

(2) Die ursprünglichen Anschaffungskosten liegen nicht vor:

Bemessungsgrundlage Pauschalmethode: 31.000 Euro · 0,3 = 9.300 Euro

Abgeltungssteuer = 9.300 Euro · 0,25 = 2.325 Euro

11.5 Sonstige Einkünfte

11.5.1 Ermittlung der sonstigen Einkünfte

Die sonstigen Einkünfte werden innerhalb des § 22 EStG klar umrissen. Dabei handelt es sich neben Zuschüssen, Zulagen oder Entschädigungen im Wesentlichen um

- Einkünfte aus privaten Veräußerungsgeschäften (§ 23 EStG) und
- Einkünfte aus Leibrenten.

	Position	Hinweise	Fundstelle
	Steuerpflichtiger Rentenanteil abzüglich Pauschale oder tatsächliche Werbungskosten	Pauschale bei Renten: 102 Euro	§ 22 Nr. 1 EStG § 9a EStG
+	Gesamtgewinn aus allen privaten Veräußerungsgeschäften	Freigrenze: 600 Euro	§ 22 Nr. 2 EStG § 23 EStG
+	Einkünfte aus sonstigen Leistungen	Freigrenze: 256 Euro	§ 22 Nr. 3 EStG
=	Steuerpflichtige sonstige Einkünfte		

11.5.2 Renten

Renten sind im Rahmen der sonstigen Einkünfte lebenslange Leibrenten oder auf bestimmte Höchstlaufzeiten abgekürzte Leibrenten. Hinsichtlich der Besteuerungspraxis ist zu unterscheiden:

(1) Renten, die in Höhe des in §22 EStG veröffentlichten „Besteuerungsanteils" steuerpflichtig sind:

- gesetzliche Alters- und Hinterbliebenenrente (Witwen-, Witwer- und Waisenrenten), gesetzliche Rente wegen verminderter Erwerbsfähigkeit,
- Rürup-Rente, Rente aus der landwirtschaftlichen Alterskasse.

(2) Rente, die in voller Höhe steuerpflichtig ist:

- Riester-Rente, sofern die Rentenzahlung auf geförderten Beiträgen beruht.

(3) Renten, die in Höhe des in §22 EStG veröffentlichten „Ertragsanteils" steuerpflichtig sind:

- Leibrente aus einer privaten Rentenversicherung oder Lebensversicherung,
- Riester-Rente bei Rentenzahlung auf nicht geförderte Beiträge.

Das Zusammenspiel von günstiger Rentenbesteuerung, der Anwendung des Altersentlastungsbetrags und des Splittingtarifs führt gerade bei Ruhestandsehepaaren zu einer deutlichen Steuerentlastung:

Beispiel (Steuervorteil für Bestandsrenter)

Frau und Herr Senix sind 2003 mit 65 Jahren Rentner geworden. Beide erfreuen sich jeweils über eine gesetzliche Rente von jährlich 13.200 Euro, zusammen 26.400 Euro. Die gemeinsamen Zinserträge ihrer Geldanlagen betragen 5.202 Euro/Jahr.

Hinweis: Kirchensteuer und Solidaritätszuschlag bleiben unberücksichtigt.

(1) Da beide Personen bereits mit Einführung des Alterseinkünftegesetzes 2005 im Ruhestand waren, beträgt der Besteuerungsanteil beider Renten 50 % (§22 EStG). Damit wären insgesamt 13.200 Euro steuerpflichtig. Einkommensteuer fällt allerdings nicht an, da dieser Betrag unter dem Existenzminium von 16.710 Euro liegt.

Die Zinseinkünfte von 3.600 Euro (nach Abzug des Sparer-Pauschbetrages) unterliegen der Abgeltungsteuer mit 900 Euro.

(2) Werden die Kapitaleinkünfte in der Einkommensteuererklärung angegeben, gilt unter Beachtung des Altersentlastungsbetrags:

	Frau Senix	Herr Senix
Steuerpflichtiger Rentenanteil (50 %)	6.600 Euro	6.600 Euro
+ steuerpflichtige Einkünfte aus Kapitalvermögen (nach Abzug des Sparer-Pauschbetrages)	1.800 Euro	1.800 Euro
– Altersentlastungsbetrag (2005: 40 % pro Person; hier: 40 % aus 1.800 Euro)	720 Euro	720 Euro
= zu versteuerndes Einkommen	7.680 Euro	7.680 Euro
= zu versteuerndes Einkommen (Splittingtarif)		15.360 Euro

Einkommensteuer fällt auch diesmal nicht an, da das Existenzminimum nicht überschritten wurde. Die gezahlte Abgeltungsteuer von 900 Euro wird vom Finanzamt komplett zurückerstattet.

Auf Antrag erhält das Ehepaar eine NV-Bescheinigung.

11.5.3 Spekulationsgewinne

Private Veräußerungsgeschäfte sind Veräußerungsgeschäfte bei Edelmetallen, Immobilien und anderen Wertgegenständen nach § 23 EStG:

§ 23 EStG [private Veräußerungsgeschäfte]:

„(1) Private Veräußerungsgeschäfte [...] sind

1. Veräußerungsgeschäfte bei **Grundstücken** und Rechten, [...], bei denen der Zeitraum zwischen Anschaffung und Veräußerung nicht mehr als **zehn Jahre** beträgt. [...] . **Ausgenommen** sind Wirtschaftsgüter, die im Zeitraum zwischen Anschaffung oder Fertigstellung und Veräußerung ausschließlich **zu eigenen Wohnzwecken** oder im Jahr der Veräußerung und in den beiden vorangegangenen Jahren zu eigenen Wohnzwecken genutzt wurden;

2. Veräußerungsgeschäfte bei **anderen Wirtschaftsgütern,** bei denen der Zeitraum zwischen Anschaffung und Veräußerung **nicht mehr als ein Jahr** beträgt [...]."

Werden die angegebenen Zeiträume zwischen Anschaffungs- und Veräußerungsdatum überschritten, ist ein realisierter Vermögenszuwachs steuerfrei. Einkommensteuerpflichtig sind solche Gewinne erst dann, wenn der aus allen privaten Veräußerungsgeschäften saldierte Gesamtgewinn im Kalenderjahr mehr als 599,99 Euro beträgt. Sobald diese Freigrenze überschritten wird, ist der gesamte Betrag zu versteuern (und nicht nur der die 599,99 Euro übersteigende Betrag). Da die Freigrenze personenbezogen ist, hat jeder Ehepartner/eingetragene Lebenspartner seine eigene Gewinnermittlung aus privaten Veräußerungsgeschäften aufzustellen. Zudem steht jedem Ehepartner/eingetragenen Lebenspartner diese Freigrenze nur einzeln zu; sie kann nicht auf den anderen Partner übertragen werden.

Beispiel (Spekulationsgewinn)

Aus einem Spekulationsgeschäft A wird ein Gewinn von 1.000 Euro erwirtschaftet, aus einem Spekulationsgeschäft B dagegen ein Verlust von 401 Euro. Der saldierte Gesamtgewinn beträgt damit 599 Euro und ist komplett steuerfrei. Hätte der Spekulationsverlust aus dem Geschäft B nur 400 Euro betragen, müsste der komplette Saldo von 600 Euro versteuert werden.

Sollte einmal ein steuerpflichtiger Veräußerungsverlust einen steuerpflichtigen Veräußerungsgewinn übersteigen, ist eine Verrechnung beider Positionen zu 0 Euro möglich. Nicht mehr verrechenbare Verluste dürfen innerhalb der Position „Sonstige Einkünfte" seit 1999 ein Jahr zurückgetragen oder über mehrere Jahre vorgetragen und mit den zukünftig realisierten Spekulationsgewinnen verrechnet werden.

Noch nicht steuerlich geltend gemachte Spekulationsverluste aus vor dem 01.01.2009 erworbenen Altaktien sind ebenfalls mit Spekulationsgewinnen aus Immobilien, Kunstgegenständen, Devisen u. a. verrechnungsfähig.

12 Staatlich geförderte Altersvorsorge

12.1 Das Modell der drei Schichten

Am 06.03.2002 stellte das Bundesverfassungsgericht fest, dass die unterschiedliche steuerliche Behandlung von Beamtenpensionen und Renten aus der gesetzlichen Rentenversicherung gegen den Gleichheitssatz des Art. 3 Abs. 1 GG verstößt. Das Gericht forderte deshalb den Gesetzgeber auf, spätestens bis zum 01.01.2005 die Rentenbesteuerung verfassungskonform neu zu regeln, um eine einheitliche Besteuerung der Pensionen und der Renten zu gewährleisten.

Das geforderte Regelwerk wurde unter dem Begriff „Alterseinkünftegesetz" im Jahre 2005 umgesetzt. Es führte auch bei den klassischen privaten Altersvorsorgeprodukten (beispielsweise den privaten Lebens- und Rentenversicherungen) zu grundlegenden steuerlichen Änderungen.

Die Altersversorgung in Deutschland basiert auf dem Zusammenspiel mehrerer Produkte:

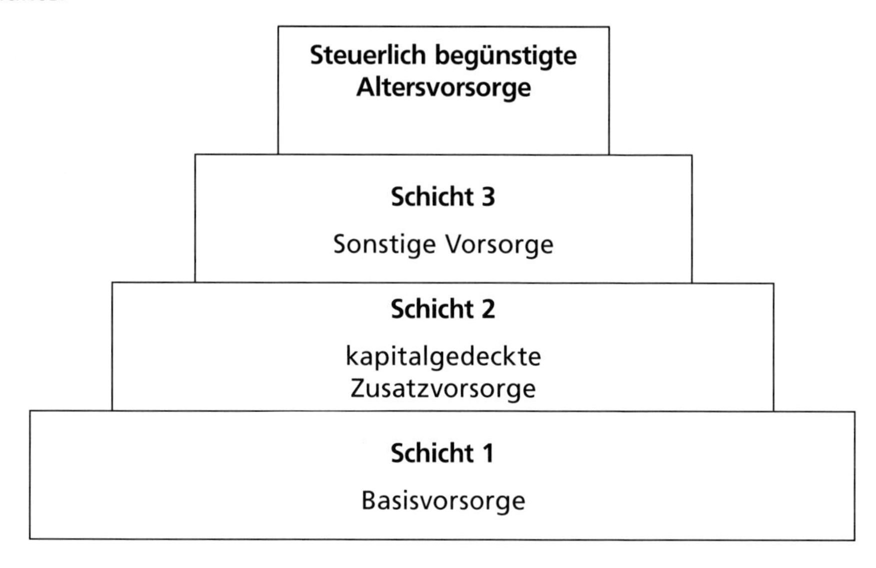

- **Schicht 1: Basisvorsorge**
  - Gesetzliche Rentenversicherung
  - Rürup-Rente

Erwerbsansprüche aus der Schicht 1 unterliegen in der Ruhestandsphase der Einkommensteuer („nachgelagerte" Besteuerung).

Beiträge zur Erlangung der Erwerbsansprüche sind während der Erwerbsphase bis zu bestimmten Höchstbeträgen einkommensteuerfrei gestellt.

- **Schicht 2: Kapitalgedeckte Zusatzvorsorge**
  - Betriebliche Altersvorsorge: Direktzusage, Pensionsfonds, Unterstützungskasse, Direktversicherung
  - Riester-Versicherung

Erwerbsansprüche aus der Schicht 2 unterliegen in der Ruhestandsphase der Einkommensteuer („nachgelagerte" Besteuerung).

Beiträge zur Erlangung der Erwerbsansprüche sind während der Erwerbsphase bis zu bestimmten Höchstbeträgen einkommensteuerfrei gestellt.

- **Schicht 3: Sonstige Vorsorge**
  - Private Lebens- und Rentenversicherung

Erwerbsansprüche aus der Schicht 3 unterliegen in der Ruhestandsphase nur teilweise der Einkommensteuer. Beiträge zur Erlangung der Erwerbsansprüche sind grundsätzlich nicht einkommensteuerfrei gestellt.

12.2 Die erste Schicht: Basisvorsorge

12.2.1 Kennzeichen der Basisvorsorge

Ausführlich beschreibt das Einkommensteuergesetz (§ 10 Abs. 1 EStG) die an eine Basisvorsorge geknüpften Bedingungen:

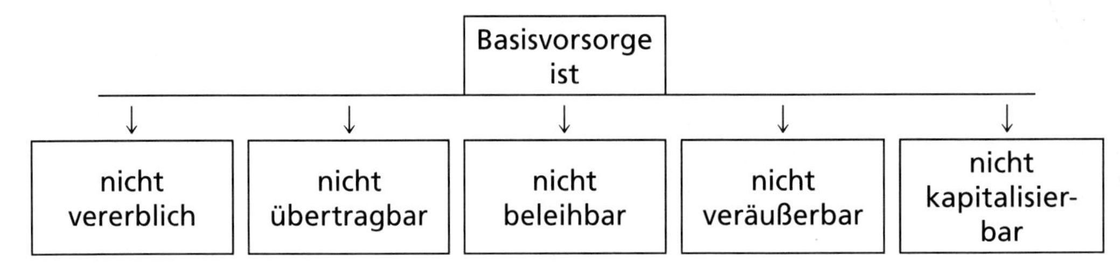

Folgende Produkte bzw. Beiträge dienen folglich der Basisvorsorge:

- Beiträge zur gesetzlichen Rentenversicherung,
- Beiträge zur landwirtschaftlichen Alterskasse,
- Beiträge zu berufsständischen Versorgungseinrichtungen, die den gesetzlichen Rentenversicherungen vergleichbare Leistungen erbringen,
- Beiträge zum Aufbau einer privaten Altersvorsorge („Rürup-Rente").

Rentenversicherungspflichtig sind im Wesentlichen Arbeitnehmer und Auszubildende, versicherungspflichtige Selbstständige (Lehrer, Handwerker, Künstler etc.) und Wehr- und Zivildienstleistende. Eine freiwillige Versicherung ist nach Vollendung des 16. Lebensjahres möglich.

Versicherungsfrei sind Personen, die von Gesetzes wegen einen Versorgungsanspruch haben, beispielsweise Beamte, Richter und Soldaten. Geringfügig Beschäftigte sind ebenfalls versicherungsfrei.

Bemessungsgrundlagen für die Höhe des Rentenbeitrages sind einerseits das Bruttoeinkommen und andererseits der Rentenbeitragssatz (2018: 18,6 %), der je zur Hälfte vom Arbeitgeber und vom Arbeitnehmer zu tragen ist. Jedoch ist die Höhe des Rentenbeitrages durch die Einführung der Beitragsbemessungsgrenze (2018: 6.500 Euro/Monat (West), 5.800 Euro/Monat (Ost)) nach oben beschränkt. Sie bildet die Obergrenze des Bruttoverdienstes, bis zu der Rentenversicherungsbeiträge zu leisten sind.

Beispiel (Rentenbeitragsberechnung)

Beitragsbemessungsgrenze 2018 pro Monat 6.500 Euro (West)/ 5.800 Euro (Ost), Rentenbeitragssatz 2018: 18,6 %		
Bruttoeinkommen	**Bemessungsgrundlage (West)**	**Rentenbeitrag**
4.000 Euro	4.000 Euro	744 Euro
5.000 Euro	5.000 Euro	930 Euro
6.000 Euro	6.000 Euro	1116 Euro
7.000 Euro	6.500 Euro	1209 Euro

Die „Rürup-Rente" ist neben der „Riester-Rente" eine weitere staatlich geförderte Form der Altersvorsorge. Im Grundsatz entspricht dieses Produkt einem staatlich geförderten privaten Leibrentenvertrag für nicht rentenversicherungspflichtige Selbstständige und Freiberufler. Vorzugsweise bieten Versicherungen und Kreditinstitute „Rürup-Verträge" an, die jedoch aufgrund einer unterdurchschnittlichen Verzinsung für den Anleger bisweilen unattraktiv erscheinen.

12.2.2 Steuerliche Beurteilung in der Ansparphase

Beiträge zur Basisvorsorge sind für Selbstständige, Freiberufler und Arbeitnehmer begrenzt als Sonderausgaben steuermindernd abzugsfähig:

- In 2005 geleistete Rentenbeiträge konnten zu 60 % in der Einkommensteuererklärung 2006 abgesetzt werden, maximal begrenzt auf 20.000 Euro bei Ledigen bzw. 40.000 Euro bei zusammenveranlagten Verheirateten bzw. eingetragenen Lebenspartnern.
- Seit 2006 steigt die prozentuale Höhe des abzugsfähigen Betrages jährlich um 2 % auf 100 % in 2025. Dabei ist die maximale Abzugsfähigkeit auf den für das aktuelle Jahr geltenden Höchstbeitrag zur knappschaftlichen Rentenversicherung begrenzt (in 2018: 23.808 Euro bei Ledigen und 47.616 Euro bei Verheirateten/eingetragenen Lebenspartnern). Steuermindernd abzugsfähig sind in 2018 86 % aus 23.808 Euro, also maximal 20.475 Euro (ledig) bzw. 40.950 Euro (verheiratet bzw. verpartnert).

Die Prozentsätze sind in Abhängigkeit des Renteneintrittsalters lebenslang festgeschrieben.

Diese im Einkommensteuergesetz zunächst üppig erscheinenden Abzugsbeträge bedürfen jedoch einer gewissen Relativierung. So muss darauf hingewiesen werden, dass der Betrag der abzugsfähigen Aufwendungen um eventuelle steuerfreie Arbeitgeberbeiträge zu kürzen ist. Im Ergebnis führt das bei Arbeitnehmern (sie erwerben ganz oder teilweise ohne eigene Beitragsleistung Altersversorgungsansprüche) leider zu einer geringen Abzugsmöglichkeit.

Beispiel (Abzugsfähigkeit bei Arbeitnehmern)

	Betrag in Euro
AN-Anteil zur gesetzl. RV	3.600
AG-Anteil zur gesetzl. RV	3.600
Summe	7.200
davon anzusetzen in 2018 (86 %)	6.192
abzgl. AG-Anteil	3.600
abzugsfähiger Vorsorgeaufwand	**2.592**

12.2.3 Steuerliche Beurteilung in der Auszahlungsphase

Während von Jahr zu Jahr der Abzugsbetrag immer höher ausfällt, steigt mit zunehmendem Renteneintrittsalter die Besteuerung der lebenslangen Rente:

- Die in 2005 erhaltenen Renten (für den in 2005 neu hinzugekommenen Rentnerjahrgang und Bestandsrentner vor 2005) wurden in der Einkommensteuererklärung 2006 einheitlich zu 50 % besteuert.
- Ab 2006 erhöht sich der Besteuerungsanteil für jeden neu hinzugekommenen Rentnerjahrgang zunächst um 2 % (2005–2020), danach um 1 % (2021–2040). Ab 2040 sind die Renten dann voll einkommensteuerpflichtig.

Der einmal festgestellte steuerfreie Betrag wird betragsmäßig lebenslang festgeschrieben. Das bedeutet jedoch gleichzeitig die Steuerpflicht für jeden Betrag, der aus einer zukünftigen Rentenerhöhung erzielt wird.

Beispiel (Rentenbesteuerung)

	Betrag in Euro
Rentenbezug erstmalig in 2017	13.000
abzgl. steuerfreier Betrag (26 %)	3.380
steuerpflichtiger Betrag	9.620
Hinweis: Abzugsfähig ist noch ein Pauschbetrag von 102 Euro	

Lebenslang festgeschrieben wird der steuerfreie Betrag in Höhe von 3.380 Euro. Jeder durch eine Rentenerhöhung in späteren Jahren darüber hinausgehende Euro ist damit einkommensteuerpflichtig.

12.3 Die zweite Schicht: Kapitalgedeckte Zusatzvorsorge

12.3.1 Kennzeichen der kapitalgedeckten Zusatzvorsorge

Beim Kapitaldeckungsverfahren wird zur Sicherung zukünftiger Rentenleistungen ein Kapitalstock aufgebaut. Dabei werden die Sparbeiträge von den Produktanbietern am Geld- und Kapitalmarkt verzinslich angelegt und es wird ein Deckungskapital gebildet. Anlageprodukte, die der zweiten Schicht der Altersvorsorge zugeordnet werden können, müssen dem Vorsorgenden aus dieser Deckungsmasse eine lebenslange Rente gewährleisten.

Die Ansparbeiträge zur Erlangung der Rentenansprüche sind grundsätzlich steuerfrei gestellt oder über Zulagen förderberechtigt. Empfangene Rentenleistungen in der Ruhestandsphase unterliegen nachgelagert der vollen Besteuerung.

Bei den Produkten handelt es sich um

- Bausteine der betrieblichen Altersversorgung und
- die Riester-Rente.

12.3.2 Betriebliche Altersvorsorge

Betriebliche Altersversorgung liegt vor, wenn der Arbeitgeber aufgrund eines Arbeitsverhältnisses seinem Arbeitnehmer Altersvorsorgeleistungen, Invaliditätsvorsorgeleistungen oder Leistungen auf Hinterbliebenenversorgung zusagt.

Produkte sind:

- Direktzusage/Pensionszusage,
- Pensionskasse,
- Unterstützungskasse,
- Direktversicherung,
- Pensionsfonds.

(1) Direktzusage/Pensionszusage

Bei der Direktzusage bildet der Arbeitgeber für den Arbeitnehmer Pensionsrückstellungen. Damit darf frühestens ab dem 27. Lebensjahr des Pensionsberechtigten begonnen werden. Im Versorgungsfall werden die Rückstellungen dann aufgelöst und in Form einer Rente an den im Ruhestand befindlichen Arbeitnehmer ausgezahlt. Der ehemalige Mitarbeiter hat einen Rechtsanspruch auf Rentenleistung. Daher muss der Versicherungsnehmer (der Arbeitgeber) Beiträge an den „Pensionssicherungsverein auf Gegenseitigkeit" (PSVaG) leisten. Dieser übernimmt dann im Fall eines Konkurses des Arbeitgebers die Rentenschulden. Die im Ruhestand bezogene Betriebsrente ist beim ehemaligen Arbeitnehmer nach Abzug des Werbungskostenpauschbetrags und Versorgungsfreibetrags als Einkünfte aus nichtselbstständiger Arbeit dem persönlichen Einkommensteuersatz zu unterwerfen (§ 19 EStG).

(2) Pensionskasse

In dieser Form der betrieblichen Altersvorsorge zahlt der Arbeitgeber die Versicherungsprämien vom Arbeitslohn des Arbeitnehmers in eine Pensionskasse ein. Diese trägt dabei die Verantwortung für spätere Rentenleistungen oder (einmalige) Kapitalleistungen. Pensionskassen unterliegen wie andere Versicherungen der Versicherungsaufsicht und gewähren den Mitgliedern einen Rechtsanspruch auf Versorgungsleistungen. Die vom Arbeitgeber gezahlten Beiträge sind als Betriebsausgaben abzugsfähig (§ 4c EStG).

Nach dem Altersvermögensgesetz können in Abhängigkeit der gezahlten Beitragshöhe bis zu drei steuerliche Gestaltungsmöglichkeiten in Anspruch genommen werden:

- Steuerfreiheit nach § 3 Nr. 63 EStG

  Für bereits laufende oder erstmalig aufgenommene Zahlungen des Arbeitgebers gestattet der Gesetzgeber die Steuer- und Sozialversicherungsfreiheit, soweit diese Beträge 4 % der Beitragsbemessungsgrenze der gesetzlichen Rentenversicherung (in 2018 6.500 Euro/Monat (West), 5.800 Euro/Monat (Ost)) nicht überschreiten. Damit ist pro Kalenderjahr maximal ein Betrag von 3.120 Euro steuerfrei. Der spätere Rentenempfänger muss die aus der Pensionskasse erhaltene Rente als sonstige Einkünfte gemäß § 22 Nr. 5 EStG voll versteuern (nachgelagerte Besteuerung).

- Lohnsteuer-Pauschalierung nach § 40b EStG

  Für die kapitalgedeckte betriebliche Altersversorgung wurde die Möglichkeit der Pauschalbesteuerung nach § 40 b EStG zum 01.01.2005 aufgehoben und ist damit nur noch für vor dem 01.01.2005 abgeschlossene Verträge („Altverträge") relevant. Der Ruheständler hat die später empfangenen Rentenleistungen aus solchen Altverträgen dem Fiskus nur mit dem Ertragsanteil als sonstige Einkünfte gemäß § 22 Abs. 1 Nr. 3 EStG anzugeben. Eine Anwendung der Lohnsteuer-Pauschalierung mit 20 % erfasst hingegen noch Zuwendungen des Arbeitgebers an eine Pensionskasse, die im Umlageverfahren finanziert werden. Allerdings ist die Möglichkeit der pauschalierten Besteuerung gesetzlich auf 1.752 Euro (bei Gruppenversicherung 2.148 Euro) begrenzt. Die empfangenen Rentenleistungen werden ebenfalls nachgelagert besteuert.

- Riester-Förderung

  Beiträge können in eine „riesterfähige" Anlage eingezahlt werden. Da diese Anlageform staatlich gefördert wird, ist eine aus dieser Anlage erhaltene Rente für den Ruheständler voll steuerpflichtig (§ 22 Nr. 5 EStG).

(3) Unterstützungskasse

Träger einer Unterstützungskasse ist nicht der Arbeitgeber, sondern beispielsweise ein eingetragener Verein. Im Unterschied zu Pensionskassen unterliegen sie nicht der Versicherungsaufsichtspflicht und gewähren keinen Rechtsanspruch auf Versorgungsleistungen, sie stellen also eine freiwillige Leistung des Betriebs dar. Da die vom Arbeitgeber gezahlten Beiträge an die Unterstützungskasse nicht als Arbeitslohn versteuert werden, sind später daraus empfangene Renten nach Abzug des Arbeitnehmer-Pauschbetrags und des Versorgungsfreibetrags als „Einkünfte aus nichtselbstständiger Arbeit" einkommensteuerpflichtig zu erfassen.

(4) Direktversicherung

Die gebräuchlichste Form der betrieblichen Altersvorsorge ist die Direktversicherung. Dabei schließt der Arbeitgeber zugunsten seines Arbeitnehmers eine Lebensversicherung ab.

- Für bis zum 31.12.2004 geschlossene Altverträge gilt:

  Wird die Versicherungsprämie zusätzlich zum Arbeitslohn gezahlt und beträgt nicht mehr als 1.752 Euro pro Jahr (§ 40b EStG), kann dieser Teil des Einkommens beim Arbeitgeber mit der pauschalierten Lohnsteuer in Höhe von 20 % (§ 40b EStG) belastet werden. Getragen wird die Lohnsteuer vom Arbeitgeber oder vom Arbeitnehmer. Eine empfangene Rentenleistung ist mit dem Ertragsanteil zu erfassen (§ 22 Nr. 1 EStG).

- Für Neuverträge ab 01.01.2005 gilt: Bis zu 4 % der Beitragsbemessungsgrenze der gesetzlichen Rentenversicherung können steuerfrei in eine Direktversicherung mit späterer Rentenzahlung angelegt werden. Die aus der Direktversicherung erworbene Rente ist voll einkommensteuerpflichtig. Dem Wegfall der Lohnsteuerpauschalierung wird mit einem zusätzlichen steuerfreien (aber sozialversicherungspflichtigen) Einzahlungsbetrag von 1.800 Euro begegnet (§ 3 Nr. 63 EStG). Die Rente ist nachgelagert voll steuerpflichtig (§ 22 Nr. 5 EStG).

(5) Pensionsfonds

Wie Pensionskassen bieten Pensionsfonds einen Rechtsanspruch auf künftige Leistungen. Im Gegensatz zu Pensionskassen dürfen die Leistungen nur als Rente gezahlt werden. Von Arbeitgeberbeiträgen oder Beiträgen aus Gehaltsumwandlungen sind bis zu 4% der Beitragsbemessungsgrenze der Rentenversicherung steuer- und sozialabgabenfrei. Weitergehende Steuervergünstigungen gibt es nicht. Im Insolvenzfall haftet zunächst der Arbeitgeber, danach springt der Pensionsversicherungsverein (PSVaG) ein. Die dem ehemaligen Arbeitnehmer im Ruhestand gezahlte Rente unterliegt der vollen Besteuerung gemäß § 22 Nr. 5 EStG.

12.3.3 Die klassische Riester-Versicherung

Neben der Reform der betrieblichen Rentenversicherung beinhaltet das Altersvermögensgesetz auch Fördermaßnahmen zum freiwilligen Aufbau eines privaten Kapitalstockes.

Da nur kraft Gesetz oder auf Antrag pflichtversicherte Personen von einer späteren Rentenabsenkung betroffen sind, ist der förderfähige Personenkreis begrenzt auf

- alle Pflichtversicherten der gesetzlichen Rentenversicherung ohne Anspruch auf Beamtenversorgung,
- geringfügig Beschäftigte,
- bestimmte Selbstständige (Lehrer, Handwerker, Künstler, Publizisten), nicht erwerbstätige Pflegepersonen,
- den Ehepartner/eingetragenen Lebenspartner, sofern zwei Verträge abgeschlossen werden und ein Partner pflichtversichert ist (Grund: Der Ehepartner/eingetragene Lebenspartner ist indirekt im Rahmen der Hinterbliebenenrente von einer Rentenabsenkung betroffen.);
- Beamte und Angestellte des öffentlichen Dienstes.

Bei der Bildung des Kapitalstocks wird das Prinzip der Kapitaldeckung angewandt. Da die gezahlten Beiträge ausschließlich zur späteren Verwendung des Rentenempfängers vorgesehen sind, werden die auf private Altersvorsorgeverträge gezahlten Beiträge nicht staatlich, sondern institutionell von Investmentfondsgesellschaften, Kreditinstituten oder Versicherungen verwaltet. Der Begriff „Kapitaldeckung" schränkt zudem die Anlagemöglichkeiten erheblich ein, da damit risikobehaftete Investments ausgeschlossen sind.

Nur Produkte mit den im Altersvorsorge-Zertifizierungsgesetz (AltZertG) angeführten Kriterien werden staatlich gefördert. Bedingungen sind:

- Verrentung: Der Auszahlungsbeginn der lebenslangen Leibrente erfolgt frühestens mit Vollendung des 60. Lebensjahres. Bei Verträgen seit 2012 ist eine Verrentung des angesparten Vermögens erst ab dem 62. Lebensjahr möglich. Eine zusätzliche Absicherung von Erwerbsunfähigkeit und Hinterbliebenenvorsorge kann vereinbart werden.
- Ab dem 85. Lebensjahr wird das Lebenszeitrisiko mit einer konstanten Rente abgedeckt. Bei dem begünstigten Vertrag kann es sich beispielsweise um die Koppelung eines Banksparplans mit einem Auszahlungsplan handeln (wobei die Restverrentungspflicht ab dem 85. Lebensjahr im Rahmen einer zusätzlich abzuschließenden Rentenversicherung zu beachten ist).
- Einmalauszahlung bzw. variable Teilraten bis zu 30% des zu Rentenbeginn zur Verfügung stehenden Kapitals sind möglich.

Handbuch der privaten Kapitalanlage

- Vererbung: Bei zertifizierten Bank- oder Fondssparplänen kann das angesparte Vermögen vererbt werden. Allerdings werden bereits gutgeschriebene Zulagen und der steuerliche Vorteil über den Sonderausgabenabzug zurückgefordert. Grundsätzlich nicht möglich ist eine Vererbung einer Rentenversicherung in der Rentenphase. Das bedeutet aber, dass auch der für die Restverrentungspflicht reservierte Teil des angesparten Vermögens im Todesfall verlorengeht.

  Für Ehegatten/eingetragene Lebenspartner gilt eine Sonderregelung: Erbt ein Ehepartner/eingetragener Lebenspartner, kann er das Restkapital ohne Verlust der Zulagen auf seinen eigenen zertifizierten Vorsorgevertrag übertragen und sich den Betrag als Hinterbliebenenrente auszahlen lassen.

(1) Traditionelle Zulagenförderung

Gefördert wird der Sparplan mit einer steuerfreien Zulage und einem Sonderausgabenabzug. Sollte die Steuerersparnis durch den Sonderausgabenabzug höher sein als die gezahlte Zulage, wird die Differenz dem Steuerpflichtigen zusätzlich durch das Finanzamt im Rahmen des Einkommensteuerbescheids gutgeschrieben. Die Prüfung, ob eine Steuererstattung infrage kommt, ist von den Finanzämtern „von Amts wegen" zu prüfen. Es bedarf insoweit keiner Aufforderung seitens des Geldanlegers.

Die Altersvorsorgezulage setzt sich aus einer Grundzulage (seit 2018: 175 Euro) und einer Kinderzulage pro Kind (185 Euro) zusammen. Die Kinderzulage ist an die Kindergeldzahlung gekoppelt.

Die Kinderzulage wurde für Neugeborene seit 2008 auf 300 Euro erhöht. Zulagenberechtigte, die zu Beginn des Beitragsjahres das 25. Lebensjahr noch nicht vollendet haben, erhalten einmalig einen „Berufseinsteigerbonus" von 200 Euro. Dieser wird jedoch unabhängig von einer Berufsausbildung gezahlt.

Um die volle Altersvorsorgezulage zu erhalten, muss ein Mindesteigenbeitrag eingezahlt werden. Der Mindesteigenbeitrag beträgt 4 % der im vorangegangenen Kalenderjahr erzielten rentenbeitragspflichtigen Einnahmen abzüglich der erhaltenen Zulage. Die Summe aus Mindesteigenbeitrag und Zulage bildet die gesamte Sparleistung. Sie ist auf 2.100 Euro begrenzt.

Ist der Eigenbeitrag geringer, wird die Zulage gekürzt.

Beispiel (Anrechnung der Zulage)

Ein verheirateter Arbeitnehmer (zwei Kinder) erhielt im Jahr 50.000 Euro Gehalt.

Der Mindesteigenbeitrag beläuft sich damit auf 2.000 Euro abzüglich der Zulage von 545 Euro (175 Euro + 2 × 185 Euro), also 1.455 Euro.

Hinweis: Sofern beide Ehepartner über jeweils einen eigenen Altersvorsorgevertrag verfügen, steht die Grundzulage jedem gesondert zu (im Rahmen der „mittelbaren" Zulagenberechtigung auch für einen nicht berufstätigen Ehegatten).

Bei Anlegern mit geringem Einkommen kann der errechnete Mindesteigenbeitrag sogar geringer als die gewährte Altersvorsorgezulage sein. In diesem Fall ist zumindest ein Sockelbetrag zur Altersvorsorge in Höhe von 60 Euro zu leisten.

Beispiel (Sockelbetrag 60 Euro)

Ein lediger Arbeitnehmer (drei Kinder) erhielt 17.000 Euro Gehalt.

Der negative(!) Mindesteigenbeitrag beläuft sich damit auf 680 Euro (4 % aus 17.000 Euro) abzüglich der Zulage in Höhe von 730 Euro (175 Euro + 3 × 185 Euro), also insgesamt –50 Euro.

Jedoch besagt die Sockelregelung, dass der Arbeitnehmer nur bei einer effektiven Sparleistung von 60 Euro die volle Zulage erhält. Bei geringerer Sparleistung erfolgt eine anteilige Kürzung.

Seit 2012 gibt es einen Pflicht-Mindestbeitrag von jährlich 60 Euro für alle Riester-Sparer. Dies gilt auch für diejenigen, die über ihren Ehepartner/eingetragenen Lebenspartner mittelbar zulagenberechtigt sind.

(2) Sonderausgabenabzug

Zuzüglich zum Erhalt der Zulage prüft das Finanzamt, ob ein einkommensteuermindernder Sonderausgabenabzug der Sparleistung für den Steuerpflichtigen vorteilhafter wäre als der Erhalt der Zulage selbst. Stellt sich heraus, dass die durch den Abzug erreichte Steuerentlastung die Zulagenhöhe übersteigt, wird der Differenzbetrag vom Finanzamt ausgezahlt. Der Sonderausgabenabzug ist dabei auf maximal 2.100 Euro (Sparleistung inklusive Zulage) begrenzt.

Ist nur ein Ehegatte/eingetragener Lebenspartner gesetzlich rentenversicherungspflichtig, steht dem anderen Ehegatten/eingetragenen Lebenspartner kein gesonderter Sonderausgabenabzug zu (im Gegensatz zum Zulagenanspruch, den beide Ehepartner/eingetragene Lebenspartner geltend machen können).

Beispiel (Steuervorteil einer Riester-Versicherung)

Herr F. ist verheiratet, Vater einer Tochter und nichtselbstständiger Alleinverdiener mit einem rentenversicherungspflichtigen Lohn in Höhe von 50.000 Euro.

Er und seine Ehegattin besitzen jeweils einen Riester-Vertrag. Neben der Grundzulage in Höhe von zweimal 175 Euro haben sie Anspruch auf eine Kinderzulage in Höhe von 185 Euro. Zudem ist zu berücksichtigen, dass Beiträge zur gesetzlichen Rentenversicherung in 2017 zu 84 % abzugsfähig sind. Die steuerbegünstigte sonstige Vorsorge ist in Höhe des Höchstbetrags von 3.800 Euro ausgeschöpft (§ 10 Abs. 4 EStG).

Damit kann die Familie insgesamt in folgender Höhe mit staatlichen Fördermitteln rechnen:

	vor Förderung	nach Förderung
RV-pflichtiges Einkommen	50.000 Euro	50.000 Euro
– Werbungskosten-Pauschale	–1.000 Euro	–1.000 Euro
– Sonderausgaben (Basisvorsorge)	–3.179 Euro	–3.179 Euro
– Sonderausgaben (Sonstige Vorsorge)	–3.800 Euro	–3.800 Euro
– Riester-Sparleistung (4 % aus 50 000 Euro)		–2.000 Euro
= zu versteuerndes Einkommen	**= 42.021 Euro**	**= 40.021 Euro**
Einkommensteuer	5.484 Euro	5.044 Euro
Steuervorteil (Steuerentlastung)		**540 Euro**

Da die Summe aller Zulagen mit 535 Euro geringer als die Steuerentlastung ausfällt, wird der Differenzbetrag von 5 Euro auf das Girokonto der Familie gebucht.

(3) Steuerliche Beurteilung in der Ansparphase

Da die Leistungen aus einem Riester-Vertrag den sonstigen Einkünften nach § 22 EStG zuzuordnen sind, erfolgt während der Ansparphase kein Kapitalertragsteuerabzug. Eine Umschichtung löst ebenfalls keine Kapitalertragsteuerpflicht aus.

(4) Steuerliche Beurteilung in der Auszahlungsphase

Die Leistungen aus dem Riester-Vertrag sind im Rahmen des § 22 EStG ab dem Auszahlungsjahr nachgelagert zu versteuern. Als Beginn der Auszahlungsphase gilt ein Zeitpunkt, der zwischen der Vollendung des 60. Lebensjahres (für ab 2012 abgeschlossene Verträge: 62. Lebensjahr) und der Vollendung des 67. Lebensjahres liegen muss.

12.3.4 Wohn-Riester (Eigenheimrentengesetz)

Gefördert werden zertifizierte Darlehensverträge und Entnahmen aus bestehenden zertifizierten Altersvorsorgeverträgen.

Handbuch der privaten Kapitalanlage

(1) Zertifizierte Darlehensverträge

Bei den zertifizierten Darlehensverträgen handelt es sich um

- reine Darlehensverträge (gefördert wird die Tilgungsleistung),
- Bausparverträge (gefördert wird die Sparleistung und die Tilgungsleistung).

Um die Förderung in Anspruch nehmen zu können, muss

- die Darlehenstilgung bis spätestens nach Vollendung des 67. Lebensjahrs erfolgen,
- das Darlehen bzw. der Bausparvertrag wohnwirtschaftlichen eigengenutzten Zwecken zugeführt werden,
- der Erwerb oder die Herstellung der Immobilie nach dem 31.12.2007 erfolgen.

(2) Entnahme aus einem bestehenden Altersvorsorgevertrag

Das Altersvorsorgekapital kann unmittelbar für die Anschaffung oder Herstellung selbst genutzten inländischen Wohneigentums eingesetzt werden.

Die Besteuerung der Alterseinkünfte erfolgt erst bei deren Auszahlung. Der Beginn der Auszahlungsphase liegt je nach Vertragsgestaltung zwischen dem 60. und dem 68. Lebensjahr des Förderberechtigten. Beim Wohn-Riester wird daher ein fiktives Konto angelegt, um das in der Immobilie gebundene und steuerlich geförderte Kapital zu erfassen. Als „Ausgleich" für die vorzeitige Nutzung des Altersvorsorgekapitals wird der eingestellte Betrag am Ende jeden Jahres um 2 % erhöht. Ab Beginn der Auszahlungsphase erfolgt keine weitere Erhöhung mehr.

Zu Beginn der Auszahlungsphase wird der aktuelle Stand des Wohnförderkontos durch die Anzahl der Jahre bis zum 85. Lebensjahr des Zulageberechtigten geteilt (§ 92a EStG). Der sich daraus ergebende Betrag ist dann jährlich dem zu versteuernden Einkommen hinzuzurechnen und zu versteuern.

Wählt der Steuerpflichtige die Möglichkeit der einmaligen Besteuerung, sind 70 % des zu Beginn der Auszahlungsphase erfassten Betrags auf dem Wohnförderkonto einmalig dem zu versteuernden Einkommen hinzuzurechnen. Allerdings steigt die Steuerlast aufgrund der hohen Steuerprogression in dem entsprechenden Jahr deutlich an.

Eine schädliche Verwendung des Riester-Vertrags, die zur Rückzahlungsverpflichtung steuerfreier Zulagen und empfangener Steuerrückerstattungen führt, liegt in den folgenden Fällen vor:

- Das angesparte Kapital wird nicht als Leibrente, sondern in Form eines Einmalbetrags ausgezahlt.
- Die Rentenzahlung erfolgt vor Vollendung des 60. Lebensjahres bzw. bei nach 2011 geschlossenen Verträgen vor Vollendung des 62. Lebensjahres.
- Die unbeschränkte Einkommensteuerpflicht erlischt durch Wegzug des Versicherungsnehmers ins Ausland.
- Der bei Tod des Rentenempfängers verbliebene Kapitalstock fällt in die Erbmasse (beispielsweise bei Bank- oder Investmentfondsverträgen). Ausnahme: Das verbliebene Altersvorsorgekapital wird auf einen Altersvorsorgevertrag des überlebenden Ehegatten/eingetragenen Lebenspartners eingezahlt.
- Die Verwendung des Altersvorsorge-Eigenheimbetrags ist steuerschädlich.

12.4 Die dritte Schicht: Sonstige Vorsorge

Unter der „sonstigen Vorsorge" versteht das Einkommensteuergesetz alle Aufwendungen zu Produkten, die der eigenen Altersvorsorge dienen können aber nicht zwingend müssen (§ 10 Abs. 1 EStG):

- Beiträge zur Arbeitslosenversicherung,
- Beiträge zu Erwerbs- und Berufsunfähigkeitsversicherungen,
- Beiträge zu Kranken-, Pflege- und Unfallversicherung,
- Beiträge zu Haftpflichtversicherungen,
- Beiträge zu Risikoversicherungen, die nur für den Todesfall eine Leistung an die Hinterbliebenen vorsehen,
- Beiträge zu Lebens- oder Rentenversicherungen, wenn die Laufzeit dieser Versicherungen vor dem 01.01.2005 begonnen hat und in 2004 ein Versicherungsbeitrag entrichtet wurde (Altverträge).

Möglich ist die steuerliche Anrechnungsmöglichkeit dieser Positionen pro Person bis zu einem Maximalbetrag von

- 1.900 Euro für Arbeitnehmer und Beamte,
- 2.800 Euro für Selbstständige.

Dabei gilt:

- Liegen die Beitragszahlungen zur gesetzlichen oder privaten Kranken- und Pflegeversicherung unter 1.900 Euro bzw. 2.800 Euro, können die Beiträge zu den verbleibenden sonstigen Vorsorgeaufwendungen bis zum maximal abzugsfähigen Betrag steuerlich anerkannt werden.
- Liegen die Beitragszahlungen zur gesetzlichen oder privaten Kranken- und Pflegeversicherung über 1.900 Euro bzw. 2.800 Euro, sind sie in voller Höhe abzugsfähig. Die Beiträge der verbleibenden sonstigen Vorsorgeaufwendungen werden dann allerdings steuerlich nicht mehr anerkannt.

Beispiel (Vorsorgeaufwand)

(1) Ein lediger Arbeitnehmer erzielt einen Bruttoarbeitslohn von 30.000 Euro.

Der Arbeitnehmerbeitrag zur Krankenversicherung (8,2 % des Bruttolohns) und zur Pflegeversicherung (1,275 % des Bruttolohns) liegen insgesamt mit 2.842,50 Euro über dem Maximalbetrag von 1.900 Euro.

Damit sind 2.842,50 Euro steuerlich abzugsfähig. Die Beiträge zu übrigen Vorsorgeaufwendungen bleiben unberücksichtigt.

(2) Ein lediger Arbeitnehmer erzielt einen Bruttoarbeitslohn von 15.000 Euro.

Der steuerlich abzugsfähige Arbeitnehmerbeitrag zur Krankenversicherung (8,2 % des Bruttolohns) und zur Pflegeversicherung (1,275 % des Bruttolohns) liegen zusammen mit 1.421,50 Euro unter dem Maximalbetrag von 1.900 Euro.

Demnach können zusätzlich noch Beiträge für die übrige Vorsorge in Höhe von

1.900 Euro – 1.421,25 Euro = 478,75 Euro

steuerlich berücksichtigt werden.

13 Ergänzungen zur Besteuerung von Wertpapieren

13.1 Aktien

13.1.1 Kursgewinne

Mit dem Erwerb einer Aktie ist der Investor (Aktionär) anteilig am Unternehmen beteiligt. Die Beteiligung steht dem Unternehmen unbefristet zur Verfügung und wird in der Bilanz unter der Position „Eigenkapital" ausgewiesen. Schreibt das Unternehmen Gewinne, partizipiert der Aktionär daran anteilig in Form einer Gewinnausschüttung (Dividende) und/oder einem steigenden Aktienkurs.

Steuerliche Behandlung	
Kapitalertragsteuerpflicht für ...	... Veräußerungsgewinne aus Aktien, die nach dem 31.12.2008 erworben wurden; ... Dividenden (§ 20 Abs. 1 Nr. 1 EStG).
Höhe	25 % Abgeltungssteuer
Hinweis: Für Aktien, die nach dem 31.12.2008 erworben wurden, gilt: Aktienkursverluste sind nur mit Aktienkursgewinnen uneingeschränkt verrechenbar, Aktienkursgewinne hingegen mit anderen negativen Einkünften.	

13.1.2 Einzelfragen

(1) Bezugsrechte

Die Einräumung von Bezugsrechten löst keinen steuerpflichtigen Vorgang aus. Erträge aus der Veräußerung von Bezugsrechten unterliegen in voller Höhe der Abgeltungsteuer, wenn die Bezugsrechte durch eine Kapitalerhöhung gegen Einlage begründet sind. Bei Ausübung des Bezugsrechts wird der Zeichnungspreis der jungen Aktie als Anschaffungspreis angesetzt. Der Wert des Bezugsrechts darf nicht zusätzlich angesetzt werden. Insofern unterliegen die Bezugsrechtswerte bei späterer Veräußerung der jungen Aktien der Besteuerung.

(2) Belegschaftsaktien

Beim Erwerb börsennotierter Aktien fließt dem Arbeitnehmer der Vorteil, der in der verbilligten Überlassung dieser Aktien besteht, im Zeitpunkt des Aktienerwerbs zu. Belegschaftsaktien sind im Rahmen des Arbeits- oder Dienstverhältnisses als Einnahmen aus nichtselbstständiger Arbeit zu versteuern.

(3) Bonusaktien und Gratisaktien

Bonusaktien (auch „Freiaktien" genannt) werden kostenlos an die Aktionäre ausgegeben und stammen nicht aus einer Kapitalerhöhung aus Gesellschaftsmitteln. Sie unterliegen der Abgeltungssteuer. Davon abzugrenzen sind Gratis- oder Berichtigungsaktien, die aufgrund einer Grundkapitalerhöhung aus Gesellschaftsmitteln resultieren. Da dabei lediglich Kapital- und Gewinnrücklagen in Grundkapital umgeschichtet wird, ändert sich weder etwas am Unternehmenswert noch an den Beteiligungsverhältnissen. Eine Steuerpflicht fällt insoweit nicht an.

(4) Mitarbeiter-Option auf Aktien (stock options)

Mitarbeiter-Optionen sind Bestandteile des Gehalts und stellen steuerpflichtigen Arbeitslohn dar. Ein Zufluss von Arbeitslohn wird nicht bereits durch die Einräumung eines Anspruchs gegen den Arbeitgeber, sondern grundsätzlich erst durch dessen Erfüllung begründet. Das bedeutet, dass Mitarbeiter-Optionen erst bei Ausübung besteuert werden. Der Abgeltungssteuer unterliegt die Differenz von Börsenkurs und Bezugspreis.

(5) Aktien-Split

Beim Aktien-Split handelt es sich um die Aufteilung einer Aktie in mehrere Aktien. Der Gesellschaftsanteil, den ein einzelner Aktionär hält, verändert sich nicht. Eine Steuerpflicht fällt insoweit nicht an. Werden die im Rahmen eines Aktien-Splits zugeteilten Aktien veräußert, so ist der Gewinn steuerpflichtig.

13.2 Aktienanleihen

Bei Aktienanleihen handelt es sich um hochverzinsliche Wertpapiere kürzerer Laufzeit. Der Emittent (beispielsweise ein Kreditinstitut) behält sich bei Fälligkeit der Anleihe das Wahlrecht vor, entweder

- den Nennbetrag (= begrenzte Gewinnchance) zurückzuzahlen oder
- eine festgelegte Anzahl von Aktien eines Unternehmens anzudienen.

Steuerliche Behandlung	
Kapitalertragsteuerpflicht für ...	... Zinsen (§ 20 Abs. 1 Nr. 7 EStG), ... Gewinne aus der Veräußerung oder Einlösung der Aktienanleihe (§ 20 Abs. 2 Satz 1 Nr. 7 EStG), ... Stückzinsen (§ 20 Abs. 2 Satz 1 Nr. 7 EStG).
Höhe	25 % Abgeltungssteuer
Hinweise 1. Aktienanleihen werden als Finanzinnovationen eingestuft, d. h., ein Veräußerungserlös ist unabhängig vom Erwerbszeitpunkt immer steuerpflichtig. 2. Die Andienung von Aktien löst keine Verlustrealisierung aus. Als Kaufkurs der Aktien gilt der zuvor höhere Anschaffungspreis der Anleihe. Sollten die Aktien zu einem späteren Zeitpunkt mit Verlust veräußert werden, sind die realisierten Verluste nur mit Aktienkursgewinnen verrechenbar.	

13.3 Banksparplan

Grundlage der Sparpläne ist das Sparbuch mit einem festen oder vertraglich vereinbarten Zinssatz. Bei Banksparplänen, die der Bildung vermögenswirksamer Leistungen (VL) dienen, steigt die Grundverzinsung im Laufe der Anlagedauer an. Um annähernd marktgerechte Endrenditen zu erhalten, wird dem Sparkonto oftmals jährlich bzw. alternativ zum Laufzeitende ein Bonus oder eine Prämie in Abhängigkeit des eingezahlten Kapitals gutgeschrieben. Im Gegensatz zu Fondsparplänen besteht für Banksparpläne i. d. R. Gebührenfreiheit. Die im Vorfeld kalkulierbare Ablaufleistung der Sparpläne bedingt jedoch eine geringere Effektivverzinsung des eingesetzten Kapitals. Da VL-Banksparpläne keine Vermögensbeteiligungen im Sinne des 5. Vermögensbildungsgesetzes darstellen, erfolgt zudem keine staatliche Förderung durch die Arbeitnehmersparzulage. Die Laufzeit von VL-Sparplänen beträgt sieben Jahre.

Steuerliche Behandlung	
Kapitalertragsteuerpflicht für ...	... Zinsen, Boni und Prämien; es gilt je nach Abhängigkeit der Vertragsausgestaltung: • Für Zinsen, die jährlich zum Jahresende gutgeschrieben werden und über die verfügt werden kann, besteht Einkommensteuerpflicht im Jahr der Fälligkeit (i. d. R. mit Ablauf eines Jahres). • Für Zinsen, die jährlich gutgeschrieben werden, aber über die erst zum Laufzeitende des Sparplanes verfügt werden kann, besteht Einkommensteuerpflicht im Jahr der Fälligkeit des Sparplans. • Boni, Prämien sind im Jahr der Fälligkeit steuerpflichtig.
Höhe	25 % Abgeltungssteuer

13.4 Bausparvertrag

Bausparverträge dienen der Ansammlung von Vermögen bei gleichzeitigem Anspruch auf ein zinsgünstiges Bauspardarlehen. Die Bausparbeiträge werden verzinslich auf dem Bausparkonto angesammelt. Bei Erreichen der Zuteilungsvoraussetzungen werden das Bausparguthaben und die Differenz (Bausparsumme – Bausparguthaben) als zinsgünstiges Darlehen ausgezahlt.

Steuerliche Behandlung	
Kapitalertragsteuerpflicht für ...	... Zinsen aus Bausparguthaben im Jahr der Gutschrift: • Bausparvertrag wird als Rendite-Sparvertrag genutzt: Zinsen sind den Einkünften aus Kapitalvermögen zuzuordnen (§ 20 Abs. 1 Nr. 7 EStG). • Bausparvertrag wird als Finanzierungsbaustein zum Erwerb einer eigengenutzten Immobilie verwendet: Zinsen gehören zu den Einkünften aus Kapitalvermögen. • Bausparvertrag wird als Finanzierungsbaustein zum Erwerb einer vermieteten Immobilie genutzt: Zinsen sind den Einkünften aus Vermietung und Verpachtung zuzuordnen (sofern mit der zugeteilten Bausparsumme ein tilgungsfreies Darlehn abgelöst werden soll).
Höhe	25 % Abgeltungssteuer
Hinweis: Wohnbauprämie unterliegt nicht der Einkommensteuerpflicht.	

13.5 Bonuszertifikate

Bonuszertifikate partizipieren an der Kursentwicklung eines dem Zertifikat zugrunde liegenden Basiswerts (Einzelaktien oder Aktienindex). Werden während der Laufzeit des Zertifikates definierte Bandbreiten eingehalten, wird zum Fälligkeitstermin zuzüglich des aktuellen Kurswerts ein Bonus gezahlt.

Steuerliche Behandlung	
Kapitalertragsteuerpflicht für ...	... Gewinne aus der Veräußerung oder Einlösung des Bonuszertifikats (§ 20 Abs. 2 Satz 1 Nr. 7 EStG)
Höhe	25 % Abgeltungssteuer

13.6 Discountzertifikate

Mit dem Kauf eines Discountzertifikats erhält der Anleger zum Fälligkeitstermin entweder

- einen Höchstbetrag ausgezahlt (Cap), sofern die dem Zertifikat zugrunde liegende Aktie über dem Cap notiert bzw. sie ihn gerade erreicht, oder
- ein Aktienpaket geliefert, sofern die dem Zertifikat zugrunde liegende Aktie unter dem Cap notiert.

Steuerliche Behandlung	
Kapitalertragsteuerpflicht für ...	... Gewinne aus der Veräußerung oder Einlösung des Discountzertifikats (§ 20 Abs. 2 Satz 1 Nr. 7 EStG)
Höhe	25 % Abgeltungssteuer
Hinweis: Wird in Aktien gewandelt, gilt der ursprüngliche Kaufpreis des Zertifikats als Anschaffungskurs der Aktie. Umtauschverluste sind steuerlich nicht abzugsfähig.	

13.7 Finanzinnovationen

Steuerrechtlich wurde der Begriff „Finanzinnovation" in dem bis Ende 2008 gültigen § 20 Abs. 2 Satz 1 Nr. 4 EStG erfasst:

§ 20 Abs. 2 Satz 1 Nr. 4 EStG a. F. [„Finanzinnovationen"]

„Zu den Einkünften aus Kapitalvermögen gehören auch Einnahmen aus der Veräußerung oder Abtretung von

c) abgezinsten oder aufgezinsten Schuldverschreibungen [...],
d) Schuldverschreibungen, Schuldbuchforderungen und sonstigen Kapitalforderungen ohne Zinsscheine und Zinsforderungen oder von Zinsscheinen und Zinsforderungen ohne Schuldverschreibungen [...]
e) Schuldverschreibungen, Schuldbuchforderungen und sonstigen Kapitalforderungen mit Zinsscheinen oder Zinsforderungen, wenn Stückzinsen nicht besonders in Rechnung gestellt werden oder bei denen die Höhe der Erträge von einem ungewissen Ereignis abhängt,
f) Schuldverschreibungen, Schuldbuchforderungen und sonstigen Kapitalforderungen mit Zinsscheinen oder Zinsforderungen, bei denen Kapitalerträge in unterschiedlicher Höhe oder für unterschiedlich lange Zeiträume gezahlt werden [...]"

Dabei handelt es sich im Wesentlichen um:

- Zerobonds (§ 20 Abs. 2 Satz 1 Nr. 4a EStG a. F.),
- von Anleihen abgetrennte Zinsscheine („stripped bonds"), die an der Börse als eigenständige Zerobonds gehandelt werden (§ 20 Abs. 2 Satz 1 Nr. 4b EStG a. F.);

- Aktienanleihen, Discountzertifikate, Bonuszertifikate, Index-Anleihen mit (teil-)garantierter Rückzahlung, Floater und Floater-Sonderformen, Anleihen mit einer an das Rating des Unternehmens gekoppelten Zinsanpassungsklausel, inflationsindexierte Anleihen (§20 Abs. 2 Satz 1 Nr. 4c EStG a.F.);
- Kombizins- und Stufenzinsanleihen (§20 Abs. 2 Satz 1 Nr. 4d EStG a.F.);
- verzinsliche Wertpapiere, die außerhalb der Disagiostaffel emittiert wurden.

Ab welcher Höhe ein zum Emissionszeitpunkt vorgenommener Disagioabschlag zu einer Finanzinnovation führt, ist der Disagiostaffel (BMF-Schreiben vom 24.11.1986 BStBl 1 S. 539) zu entnehmen:

Laufzeit	Disagio
Unter	< 1 % (zeitanteilig)
1 Jahr bis unter 2 Jahre	1 %
2 Jahre bis unter 4 Jahre	2 %
4 Jahre bis unter 6 Jahre	3 %
6 Jahre bis unter 8 Jahre	4 %
8 Jahre bis unter 10 Jahre	5 %
ab 10 Jahre	6 %

Für diese Wertpapiere wird unabhängig des Erwerbszeitpunkts auf laufende Erträge und einen Veräußerungsgewinn Abgeltungssteuer einbehalten.

13.8 Floater

Floater sind Schuldverschreibungen, die nicht mit einer festen, sondern mit einer variablen Verzinsung ausgestattet sind.

Zur Besteuerung siehe Kapitel 13.7 Finanzinnovationen.

13.9 Full-Index-Zertifikate

Bei an der Börse notierten Full-Indexzertifikaten partizipiert der Anleger an einem Korb unterschiedlicher Aktien (basket) oder einem Index. Es erfolgen weder laufende Dividendenausschüttungen noch ist die Rückzahlung des eingesetzten Kapitals garantiert. Mit dem Erwerb dieses mit relativ kurzen Laufzeiten (ca. zwei Jahre) ausgestatteten Wertpapiers verfolgt der Anleger oftmals spekulative Interessen.

Steuerliche Behandlung	
Kapitalertragsteuerpflicht für ...	... Gewinne aus der Veräußerung oder Einlösung des Indexzertifikats (§20 Abs. 2 Satz 1 Nr. 7 EStG)
Höhe	25 % Abgeltungssteuer

13.10 Genossenschaftsanteile

Mit dem Erwerb eines nicht börsengängigen Genossenschaftsanteils wird man Teilhaber einer Genossenschaft und ist am Geschäftserfolg (Gewinn oder Verlust) beteiligt. Die Dividenden von Genossenschaftsanteilen liegen oftmals über den

Renditen verzinslicher Wertpapiere des Bundes. An- und Verkaufsspesen fallen i. d. R. nicht an.

Steuerliche Behandlung	
Kapitalertragsteuerpflicht für ...	... Dividenden aus Genossenschaftsanteilen (§ 20 Abs. 2 Satz 1 Nr. 7 EStG)
Höhe	25 % Abgeltungssteuer

13.11 Genussscheine

Für kleinere und mittlere Unternehmen, die nicht in der Rechtsform einer Aktiengesellschaft firmieren können, stellt die Emission börsennotierter Genussscheine die einzige Quelle der Eigenkapitalbeschaffung dar.

Genussscheine verbriefen das Recht an der Gewinnbeteiligung eines Unternehmens. Da im Gegensatz zur Aktie mit dem Erwerb eines Genussscheins allerdings keine Mitbestimmungsrechte eingeräumt werden, verbriefen sie Gläubigerrechte und keine Teilhaberrechte. Zudem sind

- Nachrangigkeitsklauseln (Genussscheininhaber können ihre Rückzahlungsansprüche im Konkurs- bzw. Liquidationsfall erst nach der vollständigen Befriedigung aller anderen Gläubiger geltend machen) und
- vorzeitige Kündigungsrechte des Emittenten zu beachten (wenn der Gesetzgeber die mit einem Genussschein verbundenen unternehmenssteuerlichen Vorteile oder die Anerkennung als haftendes Eigenkapital beschränkt).

Einen Anspruch auf Ausschüttung erhält der Kapitalanleger grundsätzlich nur dann, wenn das Unternehmen einen Gewinn erwirtschaftet hat. Meist erfolgt dann die Ausschüttung in Höhe eines konstant hohen Zinskupons oder wird dividendenabhängig vergütet.

Steht das vom Anleger investierte Kapital dem Unternehmen unbefristet als Eigenmittel zur Verfügung, handelt es sich grundsätzlich um Grundkapital (engl. „Tier 1"). „Tier-1-Anleihen" stehen im Liquidationsfall des Unternehmens hinter den klassischen Anleihen und Genussscheinen und sind häufig im Rang Aktionären gleichgestellt.

Steuerliche Behandlung	
Kapitalertragsteuerpflicht für ...	... die Ausschüttungen (§ 20 Abs. 1 Nr. 1 EStG) ... Gewinne aus der Veräußerung oder Einlösung des Genussscheins (§ 20 Abs. 2 Satz 1 Nr. 7 EStG)
Höhe	25 % Abgeltungssteuer
Hinweis: 1. Genussscheine sind Finanzinnovationen. Daher greift die Abgeltungssteuerpflicht auf Veräußerungsgewinne, unabhängig vom Erwerbszeitpunkt des Genussscheins. 2. Eventuell angefallene Stückzinsen werden als gewinnabhängige Erträge gewertet und sind im Kurs bereits berücksichtigt (sogenannte Flat-Notierung).	

13.12 Gewinnschuldverschreibungen, Gewinnobligationen

Die bei Genussscheinen erläuterten Merkmale können im Wesentlichen auf Gewinnobligationen bzw. Gewinnschuldverschreibungen übertragen werden.

13.13 Indexanleihen, Indexzertifikate mit Rückzahlungsgarantie

Mit einer Indexanleihe ist eine feste Grundverzinsung verbunden, mit Indexzertifikaten hingegen nicht. Die Höhe der Rückzahlung erfolgt bei Fälligkeit in Abhängigkeit eines vorgegebenen Index (z. B. Aktienindex, Inflationsrate).

Steuerliche Behandlung	
Kapitalertragsteuerpflicht für ...	... Zinsen (§ 20 Abs. 1 Satz 1 Nr. 7 EStG) und Stückzinsen ... Gewinne aus der Veräußerung oder Einlösung der Wertpapiere (§ 20 Abs. 2 Satz 1 Nr. 7 EStG)
Höhe	25 % Abgeltungssteuer
Hinweis: Indexanleihen und Indexzertifikate mit Rückzahlungsgarantie werden als Finanzinnovationen eingestuft, d. h., ein Veräußerungserlös ist unabhängig vom Erwerbszeitpunkt immer steuerpflichtig.	

13.14 Industrieschuldverschreibungen

Die von Industrie- oder Handelsunternehmen emittierten börsenfähigen Wertpapiere sind in unterschiedlichen Laufzeiten verfügbar.

Steuerliche Behandlung	
Kapitalertragsteuerpflicht für ...	... die Zinsen (§ 20 Abs. 1 Nr. 1 EStG) und Stückzinsen ... Gewinne aus der Veräußerung oder Einlösung der Schuldverschreibung (§ 20 Abs. 2 Satz 1 Nr. 7 EStG)
Höhe	25 % Abgeltungssteuer
Hinweis: Industrieschuldverschreibungen sind grundsätzlich keine Finanzinnovationen. Damit bleiben Veräußerungsgewinne bei den vor dem 01.01.2009 erworbenen Wertpapieren steuerfrei. Eine seltene Ausnahme sind Industrieschuldverschreibungen, die außerhalb der Disagiostaffel emittiert wurden (Finanzinnovation). In diesem Fall sind Veräußerungsgewinne unabhängig vom Erwerbszeitpunkt der Anleihe immer steuerpflichtig.	

13.15 Inflationsindexierte Anleihen

Mit den an der Börse gehandelten inflationsindexierten Anleihen kann sich der Gläubiger gegen Kaufkraftverluste schützen.

Dabei erhöht sich der ursprüngliche Nennwert jährlich um die Inflationsrate. Als Referenzwert für die Höhe des Inflationsausgleichs dient der monatlich ermittelte harmonisierte Verbraucherpreisindex (HVPI) der Eurozone. Die jährliche Zinszahlung erfolgt dann aus dem inflationsbereinigten Nennwert.

Von der Bundesrepublik Deutschland begeben und an der Frankfurter Börse gehandelt werden vorzugsweise inflationsindexierte Bundesanleihen (Laufzeit zehn Jahre) sowie inflationsindexierte Bundesobligationen (Laufzeit fünf Jahre). Die Rückzahlung ist abhängig von der Inflationsentwicklung, jedoch wird zumindest zum Nennwert zurückgezahlt, was einem Deflationsschutz entspricht.

Steuerliche Behandlung	
Kapitalertragsteuerpflicht für ...	... die laufenden Erträge (§ 20 Abs. 1 Nr.7 EStG) und Stückzinsen ... Gewinne aus der Veräußerung oder Einlösung der inflationsindexierten Anleihe (§ 20 Abs. 2 Satz 1 Nr. 7 EStG)
Höhe	25 % Abgeltungssteuer
Hinweis: Inflationsindexierte Anleihen werden als Finanzinnovationen eingestuft, d. h., ein Veräußerungserlös ist unabhängig vom Erwerbszeitpunkt immer steuerpflichtig.	

13.16 Investmentfonds

Bis 31.12.2017 galt für inländische Investmentfonds das Trennungsprinzip:

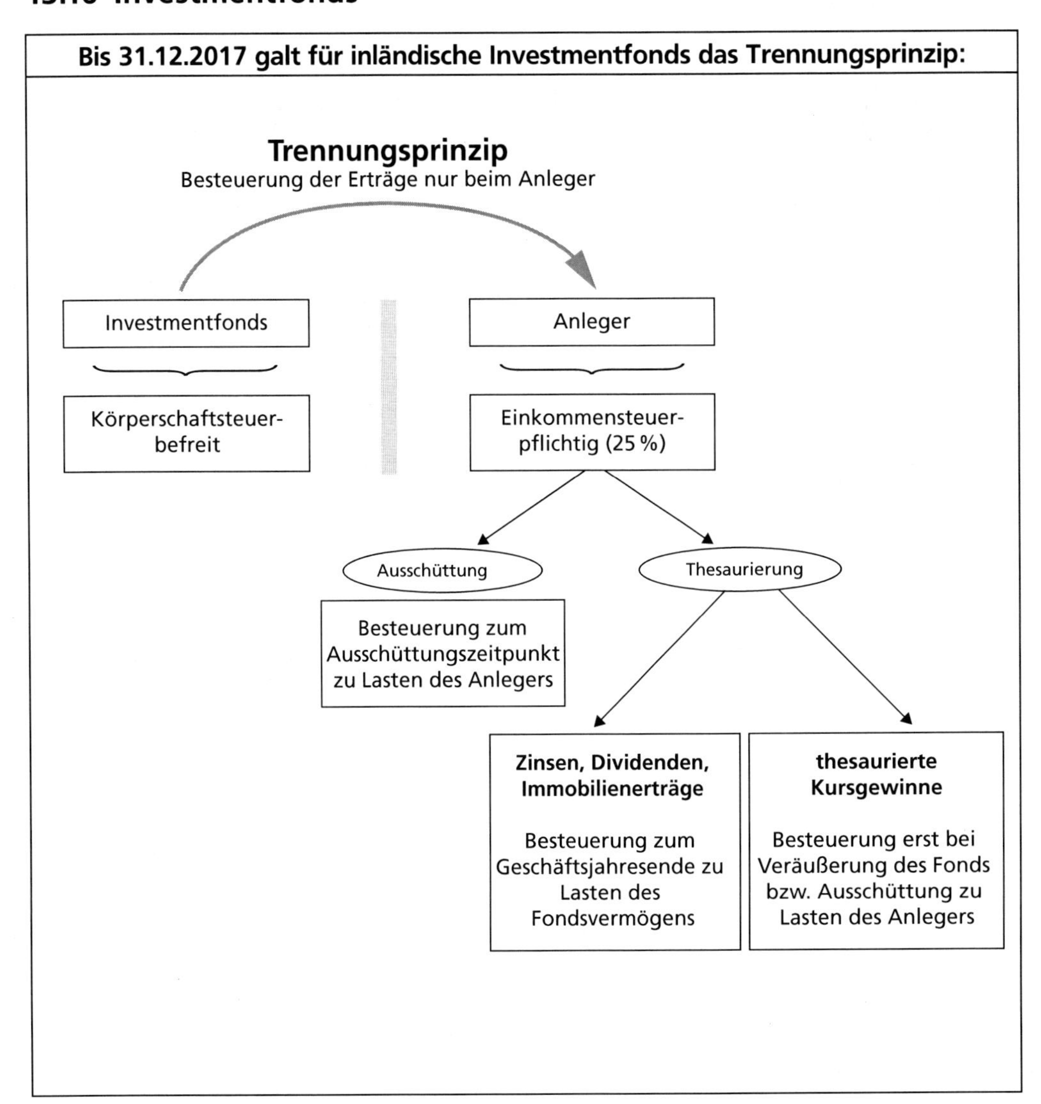

Handbuch der privaten Kapitalanlage

Nach § 11 InvStG galt das Trennungsprinzip nicht für ausländische Publikumsfonds, d. h., auf Ebene des ausländischen Fonds fiel für inländische Dividenden und inländische Immobilienerträge eine definitive Körperschaftsteuer von 15 % an. Diese steuerliche Ungleichbehandlung zwischen Inlandsfonds und Auslandsfonds verstößt gemäß einem Urteil des EUGH gegen die Kapitalverkehrsfreiheit. Daher unterliegen seit 2018 auch Inlandsfonds der Körperschaftsteuerpflicht. Einbehalten wird die Steuer mit abgeltender Wirkung von der Verwahrstelle.

Weitere in 2018 vollzogene Änderungen für deutsche Publikumsfonds sind:

- Die Steuerfreiheit auf Veräußerungsgewinne für vor dem 1.1.2009 erworbene Fonds gilt nur noch bis zum 31.12.2017. Danach realisierte Wertzuwächse unterliegen einem Freibetrag von 100.000 Euro pro Person. Bei Ehepaaren mit Oder-Depots verdoppelt sich der Freibetrag.
- Die Zwischengewinnbesteuerung entfällt.
- Gewinne aus der Veräußerung von Immobilien sind nun generell steuerpflichtig. Bis zum 31.12.2017 realisierte Wertzuwächse bleiben allerdings steuerfrei.

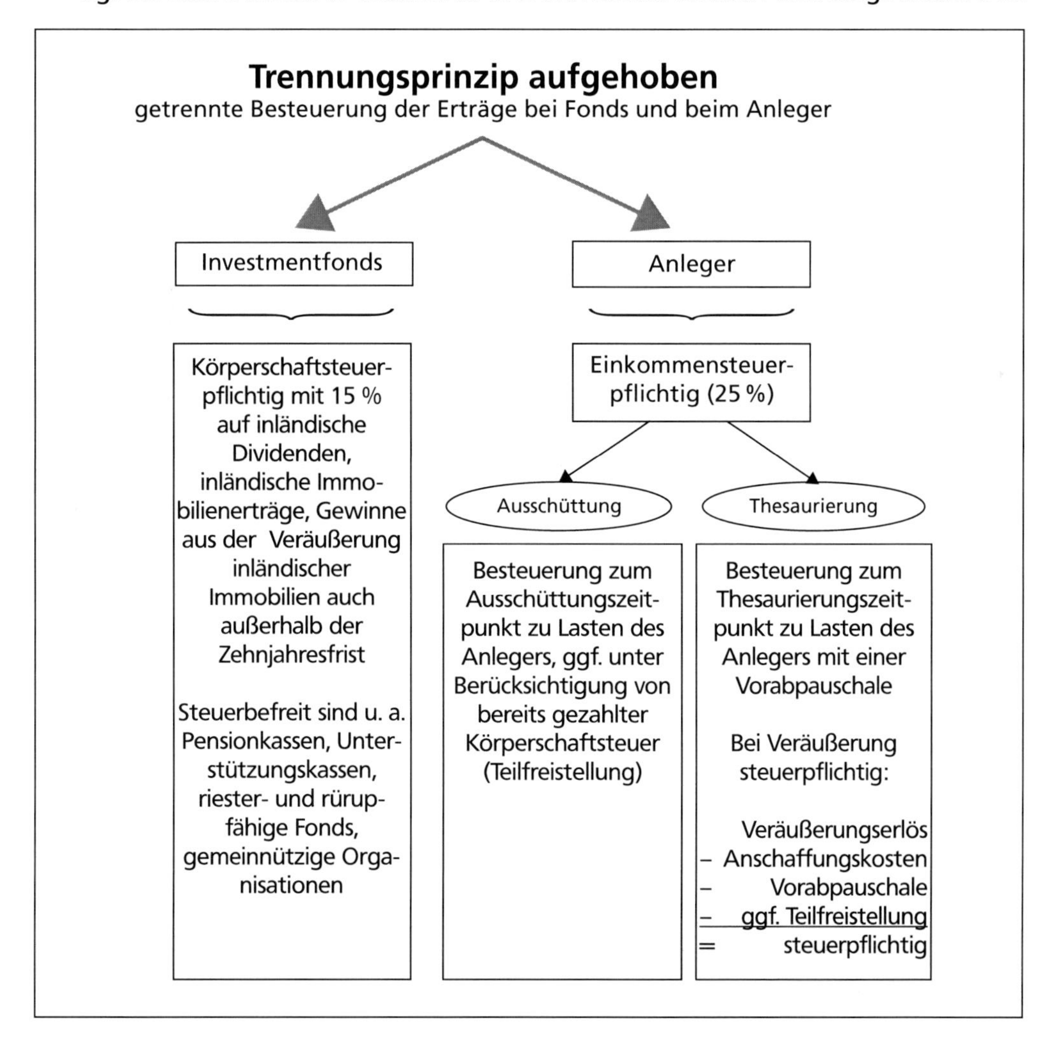

Neu für Privatanleger, die im Inland inländische oder ausländische Fonds verwahren, ist die steuerliche Teilfreistellung von Fondserträgen und der Einbehalt einer steuerpflichtigen Vorabpauschale, die mit dem bestehenden Freistellungsauftrag verrechenbar ist.

Handbuch der privaten Kapitalanlage

(1) Teilfreistellung

Die sich gegenüber dem Anleger durch den Einbehalt der Körperschaftsteuer ergebende Steuerbelastung soll durch eine steuerliche Teilfreistellung der ausschüttenden und thesaurierten Erträge aufgefangen werden. Die Freistellungshöhe ist vom Typ des Fonds abhängig.

	Aktien-Investmentfonds	Misch-Investmentfonds	Immobilien-Investmentfonds mit überwiegend	
			inländischen Immobilien	ausländischen Immobilien
Privatanleger	30 %	15 %	60 %	80 %

(2) Vorabpauschale

Eine steuerpflichtige und auf den Freistellungsauftrag anrechenbare Vorabpauschale fällt für (teil-)thesaurierte Erträge von in- und ausländischen Fonds an. Dabei handelt es sich um einen steuerpflichtigen Kapitalertrag, dessen Bemessungsgrundlage („Basisertrag") von dem aktuellen Basiszins der Deutschen Bundesbank abhängt (2017: -0,88 %). Vom Anleger zu bezahlende Fondskosten werden pauschal mit einem Abschlag von 30% des Basiszinses berücksichtigt:

$$\text{Basisertrag} = \text{Fondswert}_{\text{Jahresanfang}} \cdot 0{,}7 \cdot \text{Basiszins}$$

Der Basisertrag kann nicht negativ werden.

Fällt der tatsächlich thesaurierte Wertzuwachs geringer als der berechnete Basisertrag aus, ist nicht der Basisertrag, sondern der tatsächlich thesaurierte Wertzuwachs als Vorabpauschale anzusetzen.

Beispiel (ausschüttender Fonds)

Die Aktiengesellschaft erwirtschaftet für einen ausschüttenden Aktienfonds eine Bruttodividende von 100 Euro pro Fondsanteil.

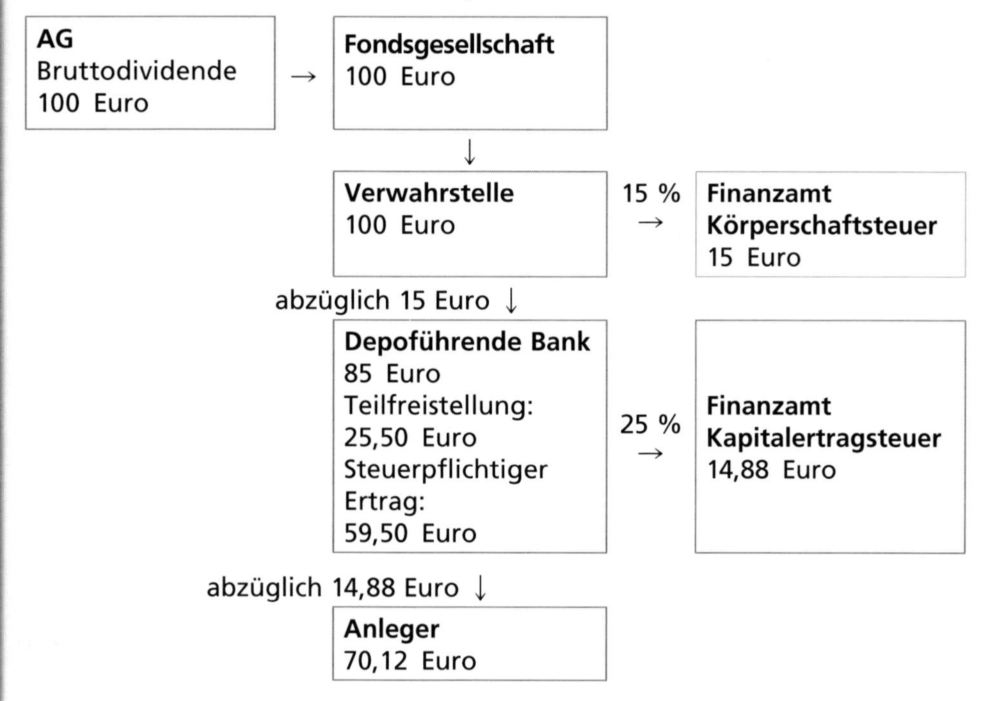

(ohne Berücksichtigung des Solidaritätszuschlags und der Kirchensteuer)

Beispiel (thesaurierender Fonds)

Anlagejahr 1: Die Aktiengesellschaft erwirtschaftet für einen thesaurierenden Aktienfonds eine Bruttodividende von 50 Euro pro Fondsanteil. Der Rücknahmepreis betrage zu Jahresbeginn 1.000 Euro und zum Jahresende nach Abzug der gezahlten Körperschaftsteuer von 15% aus 50 Euro 1.042,50 Euro.

Der für die Ermittlung der Vorabpauschale notwendige Basisertrag berechnet sich bei einem angenommenen Basiszins von 1% aus:

Basisertrag = $\text{Fondswert}_{\text{Jahresanfang}} \cdot 0{,}7 \cdot \text{Basiszins} =$

$= 1.000\ \text{Euro} \cdot 0{,}7 \cdot 0{,}01 = 7\ \text{Euro}$ (kleiner 42,50 Euro)

Damit werden 7 Euro als Basisertrag festgelegt. Nach Abzug der Teilfreistellung in Höhe von 2,10 Euro (30 % aus 7 Euro), unterliegen 4,90 Euro der Abgeltungssteuer in Höhe von 25 %: 1,23 Euro.

Anlagejahr 2: Die Aktiengesellschaft erwirtschaftet auch im 2. Anlagejahr eine Bruttodividende von 50 Euro pro Fondsanteil. Der Rücknahmepreis betrage zu Jahresbeginn 1.042,50 Euro und zum Jahresende nach Abzug der gezahlten Körperschaftsteuer von 15 % aus 50 Euro 1.085 Euro. Der Fonds wird zum Jahresende veräußert.

Veräußerungsgewinn insgesamt	85,00 Euro
– Vorabpauschale aus Anlagejahr 1	7,00 Euro
= Veräußerungsgewinn	78,00 Euro
– Teilfreistellung (30 % aus 78,00 Euro)	23,40 Euro
= steuerpflichtiger Veräußerungsgewinn	54,60 Euro
Abgeltungsteuer aus 54,60 Euro	13,65 Euro

Die Steuerlast ist damit identisch der Steuerlast des ausschüttenden Fonds:

Veräußerungsgewinn insgesamt	85,00 Euro
– Abgeltungsteuer Vorabpauschale	1,23 Euro
– Abgeltungsteuer Veräußerungsgewinn	13,65 Euro
= Gesamtertrag nach Steuern	**70,12 Euro**

13.17 Optionen

Der Käufer der Option erwirbt vom Verkäufer der Option (Stillhalter) gegen Bezahlung einer Optionsprämie das Recht, eine bestimmte Anzahl Basiswerte (z. B. Aktien) am Ende oder jederzeit während der Optionslaufzeit zum vereinbarten Basispreis entweder vom Verkäufer der Option zu kaufen (Kaufoption) oder an ihn zu verkaufen (Verkaufsoption).

Ist eine effektive Abnahme oder Lieferung des Basiswerts ausgeschlossen oder nicht möglich (z. B. bei Indizes), erfolgt anstelle der physischen Andienung die Zahlung eines Barausgleichs („Cash-Settlement") in Höhe der Differenz des vereinbarten Basispreises und dem Tageskurs des Basiswerts.

13.17.1 Einkommensteuerrechtliche Regelungen beim Optionserwerber einer Call-Option

Die gezahlten Optionsprämien sind Anschaffungskosten. Die mit dem Erwerb der Option anfallenden Nebenkosten (Bankspesen, Provision etc.) sind Teil der Anschaffungskosten.

(1) Ausübung der Call-Option

Die Anschaffungs- und Anschaffungsnebenkosten der Option gehören zu den Anschaffungskosten des Basiswertes.

Wird ein Barausgleich gezahlt, können die Anschaffungs- und Anschaffungsnebenkosten der Option bei der Ermittlung des steuerpflichtigen Gewinns abgezogen werden.

(2) Veräußerung und Glattstellung der Call-Option

Wird die Kaufoption veräußert oder glattgestellt („Closing-Vermerk"), werden steuerpflichtige Kapitaleinkünfte erzielt.

Bei Veräußerung ist der Unterschiedsbetrag zwischen den Anschaffungs- und Anschaffungsnebenkosten der Kaufoption und der aus dem glattstellenden Abschluss des Stillhaltergeschäfts erzielten Optionsprämie steuerpflichtig.

(3) Verfall der Call-Option

Lässt der Inhaber der Kaufoption diese am Ende der Laufzeit verfallen, sind deren Anschaffungs- und Anschaffungsnebenkosten einkommensteuerrechtlich ohne Bedeutung.

13.17.2 Einkommensteuerrechtliche Regelungen beim Stillhalter einer Call-Option

Übt der Inhaber die Kaufoption aus und liefert der Stillhalter den Basiswert, liegt beim Stillhalter ein Veräußerungsgeschäft hinsichtlich des Basiswerts vor, wenn der Basiswert ein Wirtschaftsgut im Sinne des §20 Abs. 2 EStG (z.B. Aktie) ist. Die vereinnahmte Optionsprämie, die zu versteuern ist, wird bei der Ermittlung des Veräußerungsgewinns nicht berücksichtigt. Hat der Stillhalter einen Barausgleich zu leisten, bleibt dieser einkommensteuerrechtlich unbeachtlich.

Schließt der Stillhalter ein Glattstellungsgeschäft ab, sind die gezahlten Prämien und die damit im Zusammenhang angefallenen Nebenkosten als negativer Kapitalertrag in den Verlustverrechnungstopf einzustellen.

13.17.3 Einkommensteuerrechtliche Regelungen beim Optionserwerber einer Put-Option

Die gezahlten Optionsprämien sind Anschaffungskosten des Käufers. Beim Erwerb der Option anfallende Bankspesen, Provisionen und andere Transaktionskosten gehören zu den Anschaffungskosten.

(1) Ausübung der Put-Option

Übt der Inhaber die Verkaufsoption aus und liefert er den Basiswert, liegt ein Veräußerungsgeschäft hinsichtlich des Basiswerts vor, wenn es sich dabei beispielweise um eine Aktie oder Anleihe handelt. Die Anschaffungs- und Anschaffungsnebenkosten des Optionsrechts sind zu berücksichtigen.

Erhält der Inhaber der Verkaufsoption einen Barausgleich, liegen Kapitaleinkünfte vor. Die Anschaffungskosten des Optionsrechts sind zu berücksichtigen.

(2) Glattstellung der Put-Option

Veräußert der Inhaber die Verkaufsoption, liegt ein Veräußerungsgeschäft vor. Verkauft der Inhaber einer Verkaufsoption eine Verkaufsoption derselben Serie mit Closing-Vermerk, gilt Entsprechendes.

Gewinn oder Verlust ist in diesem Fall der Unterschiedsbetrag zwischen den Anschaffungskosten der Verkaufsoption und der aus dem glattstellenden Abschluss des Stillhaltergeschäfts erzielten Optionsprämie.

(3) Verfall der Put-Option

Ein Verfall der Option am Ende der Laufzeit ist einkommensteuerrechtlich ohne Bedeutung.

13.17.4 Einkommensteuerrechtliche Regelungen beim Stillhalter einer Put-Option

Übt der Inhaber die Verkaufsoption aus und liefert er den Basiswert, liegt beim Stillhalter ein Anschaffungsgeschäft hinsichtlich des Basiswerts vor, wenn es sich dabei beispielweise um eine Aktie oder Anleihe handelt. Bei einer späteren Veräußerung wird die vereinnahmte Optionsprämie bei der Ermittlung des Veräußerungsgewinns nicht berücksichtigt.

Hat der Stillhalter aufgrund des Optionsgeschäfts einen Barausgleich zu leisten, mindern die Zahlungen nicht die Einnahmen aus den Stillhalterprämien. Sie stellen einen einkommensteuerrechtlich unbeachtlichen Vermögensschaden dar.

13.18 Optionsanleihen

Börsennotierte Optionsanleihen cum stellen eine Kombination aus festverzinslichem Wertpapier (= Optionsanleihe ex) und Optionsschein dar.

Zwei Varianten werden unterschieden:

- Aufgeldvariante (offenes Aufgeld): Die Anleihe ex wird mit marktgerechten Zinskupon zu 100 % emittiert. Der Preis für den Optionsschein ist zusätzlich zu entrichten. Es ergeben sich keine steuerlichen Besonderheiten.
- Abgeldvariante (verdecktes Aufgeld): Die Anleihe cum wird zu 100 % emittiert, d. h., der Emissionskurs der verzinslichen Anleihe ex beträgt nach Abzug des Optionsscheinwerts weniger als 100 % und wird damit als Finanzinnovation eingestuft. Gegebenenfalls ist der Emissionswert der Schuldverschreibung durch Vergleichsrechnung anhand von Renditen erstklassiger Staatsanleihen zu ermitteln:

Beispiel (Optionsanleihe: Ermittlung des Emissionskurses)

Folgende Daten sind bekannt:

- Emissionskurs und Rückzahlungskurs der Anleihe cum: 100 %
- Laufzeit: 4 Jahre
- Nominalzins: 2 %

Die zum Emissionszeitpunkt marktübliche Rendite beträgt 4 %. Damit berechnet sich der Wert der Anleihe ex aus der Summe aller mit 4 % auf den Emissionszeitpunkt abgezinsten Rückzahlungen:

Zeitpunkt	Zahlung	Barwert	kumulierte Barwerte
1	2	1,92	1,92
2	2	1,85	3,77
3	2	1,78	5,55
4	102	87,19	92,74
Emissionskurs zum Zeitpunkt 0			92,74

Fazit: 92,74 Euro entfallen auf den Emissionspreis der Anleihe ex und 7,26 Euro auf den Wert des Optionsscheins.

Steuerliche Behandlung	
Kapitalertragsteuerpflicht für ...	... Zinsen (§ 20 Abs. 1 Nr. 7 EStG) und Stückzinsen ... Gewinne aus der Veräußerung oder Einlösung der Anleihe (ex) (§ 20 Abs. 2 Satz 1 Nr. 7 EStG)
Höhe	25 % Abgeltungssteuer
Hinweis: 1. Der Veräußerungsgewinn eines Optionsscheins ist abgeltungssteuerpflichtig. 2. Bei der „Abgeldvariante" handelt sich um eine Finanzinnovation, d. h., ein Veräußerungserlös ist unabhängig vom Erwerbszeitpunkt immer steuerpflichtig.	

13.19 Stufenzinsanleihen

Stufenzinsanleihen, Gleitzinsanleihen oder Kombizinsanleihen zeichnen sich während der Laufzeit durch steigende oder fallende Zinskupons aus.

Zur Besteuerung siehe Kapitel 13.7 Finanzinnovationen.

13.20 Umtauschanleihen

Der Anleger erwirbt mit Kauf einer Umtauschanleihe die Option, am Laufzeitende entweder den Nennwert oder Aktien eines im Vorfeld bekannten Emittenten und festgelegten Umfangs zu erhalten. Damit ist die Umtauschanleihe das Spiegelbild zur Aktienanleihe.

Steuerliche Behandlung	
Kapitalertragsteuerpflicht für ...	... die Zinsen (§ 20 Abs. 1 Nr. 7 EStG) und Stückzinsen ... Gewinne aus der Veräußerung oder Einlösung der Umtauschanleihe (§ 20 Abs. 2 Satz 1 Nr. 7 EStG) ... einen über dem Kaufkurs der Anleihe erzielten Mehrbetrag bei Veräußerung der Aktien
Höhe	25 % Abgeltungssteuer
Hinweis: Umtauschanleihen sind Finanzinnovationen. Sollte in Aktien gewandelt werden, ist ein Gewinn erst bei Veräußerung der Aktien zu versteuern.	

13.21 Wandelanleihen

Neben einer festen Verzinsung beinhaltet die Wandelanleihe das Recht, sie innerhalb einer festgelegten Wandlungsfrist in Aktien tauschen zu können.

Steuerliche Behandlung	
Kapitalertragsteuerpflicht für ...	... die Zinsen (§ 20 Abs. 1 Nr. 7 EStG) ... Gewinne aus der Veräußerung oder Einlösung der Wandelanleihe (§ 20 Abs. 2 Satz 1 Nr. 7 EStG) ... Stückzinsen (§ 20 Abs. 2 Satz 1 Nr. 7 EStG)
Höhe	25 % Abgeltungssteuer
Hinweis: Veräußerungsgewinne bei vor dem 01.01.2009 erworbenen Wandelanleihen sind steuerfrei (keine Finanzinnovation). Die Wandlung selbst stellt keinen steuerrelevanten Vorgang dar (auch bei Wandlungsgewinnen).	

13.22 Zerobonds (Null-Zins-Kuponanleihen)

Zerobonds realisieren den Ertrag vollständig über Kursgewinne. Einen laufenden Zinsertrag über Zinskupons gibt es nicht.

Zur Besteuerung siehe Kapitel 13.7 Finanzinnovationen.